“治超”非现场执法体系及技术应用

王 东 张 新 著

群 众 出 版 社
中国人民公安大学出版社
·北 京·

图书在版编目（CIP）数据

“治超”非现场执法体系及技术应用／王东，张新著．—北京：群众出版社：中国人民公安大学出版社，2022．10

ISBN 978-7-5014-6255-1

Ⅰ．①治…　Ⅱ．①王…②张…　Ⅲ．①超载车辆—道路交通安全法—研究—中国　Ⅳ．①D922．144

中国版本图书馆 CIP 数据核字（2022）第 174248 号

“治超”非现场执法体系及技术应用

王东　张新　著

出版发行：群众出版社
地　　址：北京市丰台区方庄芳星园三区 15 号楼
邮政编码：100078
经　　销：新华书店
印　　刷：北京市泰锐印刷有限责任公司

版　　次：2022 年 10 月第 1 版
印　　次：2022 年 10 月第 1 次
印　　张：15．25
开　　本：787 毫米×1092 毫米　1/16
字　　数：250 千字

书　　号：ISBN 978-7-5014-6255-1
定　　价：56．00 元

网　　址：www．qzcbs．com
电子邮箱：qzcbs@ sohu．com

营销中心电话：010-83903991
读者服务部电话（门市）：010-83903257
警官读者俱乐部电话（网购、邮购）：010-83901775
教材分社电话：010-83901837

序　一

当今时代，信息化与数字化已经渗透到每一个行业和业务职能领域，数据资源作为生产要素、无形资产和社会财富，日益成为与能源、材料同等重要的国家战略资源。尤其是交通领域，如何以数据为关键要素和核心驱动，赋能交通运输管理及关联产业发展，推动模式、业态、产品、服务等联动创新，提升出行和物流服务品质，让数字红利惠及人民，增强人民获得感，已成为交通强国建设的重要关注方向。

在以互联网为代表的信息技术与交通运输行业深度融合的当下，交通运输发展进入了新一轮的更替阶段，车路协同、自动驾驶、大数据中心等数字化、智能化交通基础设施成为各国竞相布局的热点。交通运输部印发的《数字交通“十四五”发展规划》，强调要以数字化、网络化、智能化为主线，强化交通数字治理，加强网络安全保障体系和能力建设，有效提升精准感知、精确分析、精细管理、精心服务能力，为我国交通运输信息化建设明确了发展方向。

充分查找公路行业在运输、建设和管理各个方面的痛点，围绕这些痛点来设计交通信息化技术的应用场景，是实现“一流管理、一流服务”目标的有效途径。技术只有在现实场景中满足或引导潜在需求，才能激发出价值。例如，利用区块链技术的分布式共享、不可篡改特点，将其应用到“两客一危”的信用体系建设当中，可大幅提升信用管理能力。依托信息技术手段，实现“治超”非现场执法能力、效率和规范性的提升等，有着现实的针对性与可行性。

我们要顺应信息消费、数字消费发展趋势，改进交通运输管理方式和客货运输服务模式，不断解决行业管理的难题顽疾，不断培育新的服务产品，满足新的消费需求，实现既普惠共享又满足个性需求的目标，大力提升交通运输的服务效能。要构建数据驱动的政务运行机制，使政府管理更高效、决策更精细、服务更精心。尤其要深化“互联网+”政务服务，提升大数据运用能力，提升行业治理和决策分析水平。

《“治超”非现场执法体系及技术应用》这本专著，系统论述了“治超”非现场执法的技术、政策、管理和应用，将“治超”非现场执法工作总结为“十二项制度、五大系统、三大保障”，为推进公路“治超”非现场执法顺利实施和消除超载顽疾作出了有益的理论探索和积极的贡献。特别是本书结合新一代信息科学技术、物联网、大数据以及传感器技术的应用，以公路“治超”非现场执法制度信息化为目标，站在全国的角度，开展了“治超”综合执法信息化顶层设计，力图通过科技手段实现超载治理的精准化管理，为我们打开了一条新的思路。

开卷有益。这些内容，对从事公路“治超”工作的管理者、执法者和研究者都富有借鉴意义和参考价值，值得大家一读。

是为序。

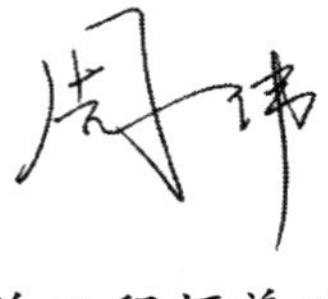

交通运输部原总工程师兼政策研究室主任

2022 年 9 月 22 日

序 二

随着经济社会快速发展，我国汽车保有量和公路货物运输量大幅度提升。2021年底，我国已有民用汽车3亿多辆（包括低速三轮汽车和低速货车732万辆），是20年前的30倍左右。公路货物运输总量达391.4亿吨，超过铁路、水路、民航、管道货物运输量总和的二倍以上。公路货物运输堪称国民经济发展的主动脉，市场经济大流通的主力军。但另一方面，由于片面追求经济利益等原因，我国公路货运车辆超载、超限现象比较严重，不仅损坏桥梁道路，而且成为重特大交通事故的主要原因之一，造成人民生命财产的重大损失。为遏制重特大交通事故发生，降低事故伤害率、死亡率，政府相关部门开展联合整治“双超”（超载、超限）行动，持续多年，取得了重大进展。但由于公路货运车辆的机动性、快速流动性和分散性，给“双超”治理，特别是行政执法、现场执法造成困难。执法人员不足，现场查验、执法效率低，易引发纠纷，堵塞交通。为破解这一难题，技术执法、科技执法、非现场执法等治理方式应运而生，为“双超”治理提供了新工具。

技术执法、非现场执法，就是充分运用现代科技手段、物联网、大数据、信息化、传感器、可视化、智能化等计量、测试仪器，形成网络化，在线检测，获取数据、证据链、车辆货物信息链、驾驶人员情况等，综合分析判断，依照执法程序作出执法决定，线上告知送达、线上申诉质证、线上监督审查、线上执行结案，一般用于简易执法程序，轻微、小额处罚，即时、现场处罚。这种执法的好处是，不影响道路的正常运行，全天候自动测量数据、自动上传，不需要执法人员到现场就可以获取完整的超限、超载的违法证据链，大大节省了人力、物力和时间，大大提高了执法的规范性、准确性、公平性和科学性，大大减少了面对面执法的纠纷及车辆逃逸。用技术监控设备的电子检测、自动称重、图像拍摄记录行驶中的车辆长宽高和车货总重数据，是传统执法走向技术执法、智能执法、非现场执法，走向现代化、人性化、高效化治理模式的新路径。技术执法、非现场执法在依法行政，建设法治政府、法治社会、法治国家中具有不可或缺的重要地位，是法治现代化的重要组成部分，值得认真进行理论分析、实践应用和大力推广。

《“治超”非现场执法体系及技术应用》一书，对国内外“治超”工作进行了比较分析，总结了我国现有“治超”的八种方式，论证了技术执法、非现场执法的必要性、可行性、效率性和公平性，分析了非现场执法的技术手段、主要特征以及在“治超”工作中的重大现实意义，具有实用性、理论性、科学性。本书的一大亮点，是不局限于非现场执法的技术手段分析，而是用系统论的方法，从政府依法行政、综合治理，交通运输现代化、执法科学化、高效化的顶层架构方面，进行深入研究，提出了进一步完善“治超”非现场执法的三个方面，即组织管理体系、法律体系和技术标准体系的保障措施，展示了作者对实际应用的熟练把握和理论分析的深厚功底，体现了其为构建更加安全、高效、绿色、便捷的交通运输体系作出的可贵努力以及提升执法能力、水平的价值贡献。

技术执法、非现场执法是一个创新，是一种探索，需要进一步完善提高。特别是在执法依据、执法程序、执法监督、证据链的合规性、当事人的救济权力，以及技术监控设备的标准、计量、认证、检定、校准和准确性、可靠性、溯源性等众多方面，还需要深入研究，以期达到高质量执法，让所有人享受到法律的公正、公平，遵从法治，信仰法治，建设法治国家。

原国家质检总局总工程师
中国质量万里行促进会会长
2022 年 10 月 18 日

序 三

大数据、互联网、云计算等技术的蓬勃发展，促进新业态不断涌现，带来了科技发展模式的变革。信息时代迎来了很好的发展机遇。已建设的大量视频、雷达激光等路侧检测设备，每天都在产生海量数据。新基建的投入使用，能够精准探测到交通服务和交通事件。所有的大数据在智能网联的时代，因为信息采集自动化全过程的发展，具有高实时、大样本、低成本、高精度、全链条的特征，时空大数据则为交通规划实施和调整提供了新的机遇。

公路货运车辆超限、超载运输问题是危害公路交通可持续发展的“顽疾”。近年来，全国各级政府不断加大治理公路车辆超限、超载运输的力度，取得了重要的阶段性成果。但是，由于复杂的社会经济因素，全国超限检测形势仍很严峻，反弹的隐患并未消除。巩固治理成果，持久推进超限检测工作压力依然很大。持之以恒，把治理超限、超载工作纳入长效机制至关重要。“治超”非现场执法是在扬弃传统“治超”手段，利用物联网和大数据技术，顺应政府职能转变、促进政府能力提升的现实需求下作出的公共政策系统研究。

《“治超”非现场执法体系及技术应用》从智慧交通科学技术创新入手，应用创新的理念，将“‘治超’+非现场执法”作为一个完整、有机且相互关联的整体进行研究，形成从国家层面到地方层面全国统筹的“治超”非现场执法制度体系和完整的遏制超载运输的政策工具，对于推动“科技‘治超’”应用，保障交通运输行业健康有序发展，具有重要意义。

陈艳艳

北京工业大学城市交通学院院长

交通运输部城市公共交通智能化交通运输行业重点实验室主任

2022 年 10 月 9 日

前 言

治理公路货车超载运输是社会公认的难题，面对非法超载造成的人员伤亡、道路损毁、环境污染等巨大危害，各国政府采用各种手段进行管控和治理。我国政府开展集中“治超”十多年来，政策法规、执法力度、交通秩序、路桥保护等各项工作取得阶段性成果，但超载行为仍然屡禁不止，非法超载运输还未从根本上杜绝，社会各界对“治超”的成效还不是很满意。当今世界，互联网思维和互联网技术革命正席卷全球，深刻改变着生产方式、消费方式、商业模式、法律体系、经济政策、社会治理等各个方面，这为开展“治超”非现场执法研究，探索适用于我国公路“治超”的新模式，实现“治超”动能转换，从根本上遏制超载，提供了现实的选择。

我们坚持问题导向原则，以系统理论、治理理论、外部性理论、政策理论等为理论依据，从政策分析的角度，按照“发现问题—界定问题—确立目标—制定政策方案—预测政策有效性—策略建议”的思路，对我国传统的“治超”方式进行了对比和反思，从问题出发提出并全面设计了“治超”非现场执法制度，解决的关键问题是“治超”非现场执法这一“治超”新模式在选择上的正确性和在制度设计、理论推演上的合理性，以期为丰富“治超”理论、健全“治超”制度、推进交通事业创新与发展提供新的思路。

本书第 1 章介绍了货物超载的危害与治理，公路超载、非现场执法等相关概念，指出开展“治超”非现场执法研究是遏制非法超载运输对经济社会造成巨大危害的需要，是提升政府“治超”监管能力现代化的需要，是建立“治超”非现场执法监管制度体系的需要。政府公共管理迫切需要通过"治超"非现场执法研究建立相关制度体系，为从国家层面到地方层面统筹执行"治超"非现场执法制度创造条件。

第2章对美国、英国、日本等国家"治超"制度、技术措施和我国"治超"的发展阶段、制度建设和主要方式方法进行描述性研究，通过国内外"治超"比较和我国现有八种"治超"方式方法的优劣性比较分析，论证"治超"非现场执法的必然性趋势，归纳"治超"非现场执法的特征和意义。

第3章选取经济性、法治化、受外部影响程度等7个一级指标、15个二级指标和39个三级指标，建立评价"治超"方式优劣性的指标体系，按照层次分析法确定指标权重和评价标准，建立模糊综合评价模型，定量分析、综合评价不同方式公路超载治理效率，印证"治超"非现场执法符合我国现行"治超"管理制度和技术现状的发展方向，实施"治超"非现场执法是促进公路超载治理能力现代化的正确选择。

第4章基于"治超"博弈论、行为控制理论和方法对"治超"非现场执法政策目标和制度进行了总体设计。针对"治超"非现场执法在管理制度层面存在的问题，考虑政治、经济、行业、民生、人文等多方面影响因素，坚持合法性、合理性、可行性、适时适用、系统性等原则，立足我国现有"治超"管理体制和相关制度，设计非现场执法处罚一般流程，按照核心制度、紧密层支撑制度、延伸处罚制度、豁免制度和基本保障制度五大类别，细化了由跨区域联动制度、跨部门联动制度、与计重收费联动制度、统一指挥调度制度、超载运输许可制度、绿通车备案制度、超载入刑、"黑名单"、信用体系、执法监督等12个具体制度构成的"治超"非现场执法制度体系，为"治超"非现场执法奠定了坚实的制度保障。

第5章依托以信息技术为代表的科技手段构建了实现"治超"非现场执法的技术体系，对支撑"治超"非现场执法制度实施的政策工具进行系统研究，力图通过科技手段实现超载治理的精准化管理。本章结合新一代信息科学技术、物联网、大数据以及传感器技术的应用，以公路"治超"非现场执法制度信息化为目标，站在全国的角度，开展了"治超"综合执法信息化顶层设计，对全国"治超"非现场执法信息化的结构、功能、层次、布局等进行统筹考虑和规划，将超载非现场取证采集系统、超载数据处置审核系统、非现场执法管理系统、非现场执法监察系统、智能分析和决策支持系统作为“治超”非现场执法技术平台的五大核心系统，构成初步的开发建设方案，指导和规范“治超”非现场执法管理信息系统建设，确保“治超”非现场执法平台建设和管理的思路统一性、目标合理性、工作规范性，为未来一段时期我国“治超”非现场执法信息化建设的统筹有序开展提供建设路径。“治超”非现场执法系统的实施有望提高执法处罚率，而这一目标的实现主要建立在检测设备的精准性上。本章通过非参数检验模型定量分析、预测、判断得出非现场执法是提高处罚率的有效模式。

第6章针对“治超”非现场执法制度实施，从组织机构、证据合法性、执法程序规范化、政府职能实现以及综合执法信息化顶层架构等多个角度，对实现“治超”非现场执法的需求进行了分析。为保证“治超”非现场执法制度体系和技术体系的顺利推进，提出进一步完善“治超”非现场执法组织管理体系、法律支撑体系和技术标准体系三个方面的保障措施。组织管理体系主要是从上至下建立快捷的执行力量；法律支撑体系主要是解决目前上位法缺乏的问题；技术标准体系主要是为全国“治超”非现场执法场外设施建设提供统一的标准，确保“治超”数据和图像最终互联互通、共享共用。

最后一章将全书的研究成果从政策策略的角度总结为“十二项制度、五大系统、三大保障”，在逻辑上形成相互支撑的关系，期望能够将研究成果纳入我国公路“治超”制度，并在全国范围内统一推广应用公路“治超”非现场执法技术方案，为推进公路“治超”非现场执法顺利实施和消除超载作出理论和实操上的贡献。

C目录 ontents

第 1 章
概　论

货运是我国最早放开的高度市场化的行业，进入门槛低，货运价格低迷，经营主体无序竞争，运营秩序过度混乱，产业结构长期在低端徘徊，从业司机守法意识普遍淡薄，上下游产业链中各种利益错综复杂，造成违法超载久治不愈，带来大量社会负外部效益。[①] 公路货运车辆超载已经成为社会公认的危害危险源和公共治理难题。

1.1　货运超载具有严重危害

1.1.1　引发恶性交通事故

在公路建设取得举世瞩目成就的同时，我国公路货运车辆超载运输现象愈演愈烈，对交通安全、生态环境和公路设施造成了巨大的破坏。[②] 据最高人民法院发布的《司法大数据专题报告之交通肇事罪特点和趋势（2016.1—2019.12）》，从案发车辆类型来看，货车占比为 32.04%。据公安部发布的数据，截至 2019 年6 月，载货汽车保有量达 2694 万辆，占汽车总量的 10.71%。报告指出，货车涉案量占比远高于其保有量占汽车总量的

① 黄浩丰，顾敬岩．如何走出“不超载不挣钱”的怪圈［N］．中国交通报，2016-08-25（2）．

② 聂胜华．车辆超载运输的危害及整治措施［J］．交通世界，2010（2）：113-114.

比例。此外，货车超速、超载、车况等问题较为突出，合计占比近三成，货车交通安全问题不容忽视。例如，2022 年 2 月 26 日，云南省玉溪市驾驶人尹某某驾驶严重超限超载（最大允许总质量 31 吨，实际车货总重 83.44 吨）且刹车系统存在故障的重型自卸货车，从玉溪江川区江城镇清水沟磷矿山运载矿石废料下山途中，行驶至一下坡弯道处时，因车货过重、刹车失灵、操作不当，货车发生侧翻，并将对向行驶的面包车（核载7 人，实载 6 人）压在车下，造成面包车上 2 人当场死亡、4 人经医院抢救无效死亡的重大事故。

1.1.2 破坏桥梁和路基路面

超载车辆被喻为"掠夺性命的武器，道路设施的天敌"。根据路面设计规范标准，理论上如果车货总重增加一倍，车轴对路面的破坏力就会增加 16 倍，远远超出公路设计承载能力，将会导致公路的实际使用时间大为缩短。① 一般情况下，一级公路设计使用寿命为 15 年，二级为 12 年，三级为 8 年。研究表明，一条正常使用年限为 15 年的公路，如果行驶车辆全部超载 100%，其使用年限将缩短 90%；如果车辆轴重超载 10%，其使用年限将缩短 30%左右。超载还造成公路养护费用大幅上升，车辆超载 30%时，公路养护费用要增加 200%；承运人超载运输每获利 1 元，公路建设养护要多付出 100 元。② 全国公路因车辆超载造成的损失每年超过 300 亿元。一方面建设，一方面破坏，这种粗放式的发展是不可持续的。

1.1.3 造成大气污染

当前我国面临严峻的大气治理形势，在传统煤烟型污染问题尚未解决的情况下，PM2.5 区域性复合型空气污染日益突出，未来相当长的一段时期内，我国将面临严重大气污染问题。生态环境部发布的《中国机动车环境管理年报（2018）》指出，机动车污染已成为我国空气污染的重要来源，

---

① 陆原．超载运输对道路使用性能影响的研究［D］．南京：东南大学，2001：2.

② 张琼．严重超限入刑十分必要［N］．中国交通报，2016-03-10（1）.

是造成环境空气污染的重要原因，机动车污染防治的紧迫性日益凸显。重污染天气，硝酸盐是 PM2.5 组分中占比最大且上升最快的。北京、天津、上海等 15 个城市大气 PM2.5 源解析工作结果显示，本地排放源中移动源对 PM2.5 浓度的贡献范围为 13.5%～52.1%。货车排放的 NOx 和 PM 明显高于客车，其中重型货车是主要贡献者。以北京为例，虽然北京市重型柴油车仅占机动车保有量的 4%左右，但其排放的氮氧化物和颗粒物分别占机动车排放总量的 50%和 90%以上。有研究数据显示，一辆重型柴油车一次排放的 PM2.5 相当于 40 辆小轿车排放的，氮氧化物相当于 20 辆小轿车排放的。

1.2　“治超”非现场执法 PEST 分析

下面借助企业所处宏观环境分析模型 PEST（Politics 政治、Economy 经济、Society 社会、Technology 技术）从政治、经济、社会和技术 4 个方面对“治超”非现场执法进行分析。

1.2.1　政策法律环境分析

1. 法律保障

在法律保障方面，开展“治超”非现场执法主要依据《公路安全保护条例》《道路交通安全法》。《超限车辆行驶公路管理规定》（交通运输部令 2016 年第 62 号）第三十三条提出“公路管理机构应当对货运车辆进行超限检测。超限检测可以采取固定站点检测、流动检测、技术监控等方式”，第三十九条第二款规定“公路管理机构有权查阅和调取公路收费站车辆称重数据、照片、视频监控等有关资料”。2019 年颁布的《交通运输行政执法程序规定》解决了非现场执法中采集视听资料、电子数据的问题。《交通运输部、公安部关于治理车辆超限超载联合执法常态化制度化工作的实施意见（试行）》对现场执法中路警联合执法进行了规定。2019 年针对高速公路称重检测出台了《高速公路称重检测业规范和技术要求》，对高速公路出入口超限判断给出了统一标准，对布设的称重检测设施设备提出相关技术要求，为非现场执法点建设提供了依据。

2. 监管政策

《浙江省公路条例》第四十条第四款规定"货运车辆所有人或者违法行为人逾期不按照规定接受处理的，交通运输主管部门根据技术监控记录资料，可以对违法超限运输车辆所有人作出处罚"。这是一个创新性的举措，通过地方立法为公路"治超"非现场执法提供重要依据。现如今，无处不在的传感器、先进的电脑分析技术和机器人技术，以及广泛采纳的网络技术已经为带有执法算法的传感器系统与惩罚反馈结合铺平道路，应进一步提升公路"治超"智能化水平，提出相应的智慧化实施方案和操作标准，确保非现场"治超"能够实现。①

3. 产业政策

当前政府各部门掌握的车辆运输信息基本上都存在统计口径不一致问题，且各有关部门普遍建立了行业内部的计算机信息管理系统，只是这些系统的信息无法互联互通，因此对信息传递造成困扰，迫切需要连成"一张网"，实现信息共享。此问题的解决需要发挥政府协调推进作用，应明确牵头部门，建立非现场执法信息平台，将数据分析结果自动与其他相关部门信息交互，根据信息间的协同确立联合治理机制。针对各地存在的非现场违法车辆后续处罚实施难的问题，应探索建立全国统一数据平台，对违法行为人或者违法车辆，实行跨区域协同处理。

4. 信用惩戒

非现场执法工作价值的实现最终要体现在后续制约力上，要让非现场执法的后续约束力能够取得实质效果和法律效力。需建立一套非现场执法程序，使得非现场执法的数据采集与证据的获得有规程可依。合理发挥人的能动性与机器的智能化水平，对非现场执法的逃逸车辆采用现场执法查获后，需督促其对历史违法记录进行处理。对长期不处理违法行为的承运

① 张小锋，吴志华，侯艳艳．大数据时代下公路"治超"非现场执法的浙江经验［J］．黑龙江交通科技，2022，45（2）．

人或车辆管理人，可由交通执法部门依法向司法机构申请强制执行，或在法制建设层面探索实施信用惩戒。

1.2.2 经济环境分析

1. 物流运输安全

无人值守式动态检测卡点，提供对货物运输车辆的自动称重、抓拍及车牌识别等非现场执法。执法点能够实现全天候、24 小时不间断执法，通过在货运车辆集中的路段设置非现场执法监测点，在不影响车辆行驶的情况下对货车司机产生威慑作用，使司机不敢超载，凡超载必惩罚，大大减少超限超载车辆，保证物流运输安全。

2. 经济秩序需要

“压价→超限超载→运力过剩→再超限超载”这样一种畸形的发展严重破坏市场规则，守法经营者处于劣势，“劣币驱逐良币（格雷欣法则）”对市场的作用使得那些原本正常运输的供给者也不得不加入超限超载的队伍中。非现场执法可规范物流运输经营行为，形成良好的物流经济秩序。

3. 降低执法成本

执法成本既包括现场需要的人力、物力和财力等直接成本，也包括因现场查处违法行为产生的矛盾纠纷以及可能增加的人身和财产安全风险等间接成本。无论是何种形式的现场执法成本，都会在通行道路上出现。这也意味着会因占用有限的道路交通资源而影响秩序。非现场查处行为“有效避免了违法行为人的现场对抗情绪，缓解了有可能产生的执法矛盾，缩短了执法者和违法行为人因现场纠违而滞留在公路上的时间”。

1.2.3 社会环境分析

1. 提升执法能力，改进执法方式

推广非现场执法等模式可充分利用视频监控设备、大数据共享等信息化手段发现违法问题，探索建立“前端及时发现+后端依法处置”的执法模式。

2. 新秩序观

非现场执法虽然不能立即制止违法行为，不能及时对违法当事人进行教育，但是对于形成良好的交通安全秩序具有重要意义。[①]《法治政府建设实施纲要（2021—2025）》明确了"探索推行以远程监管、移动监管、预警防控为特征的非现场监管，解决人少事多的难题"的监管执法新模式。

1.2.4 技术环境分析

1. 大数据

治理公路违法超限超载运输既要脱离"守株待兔"式传统固定站点引导检查的模式，又不能卷入漫无目的"流动式"寻找违法对象的怪圈。而要做到有的放矢，需要充分运用"大数据"对案源信息分析的作用。加强对非现场数据的分析，既有系统内的数据分析，也有系统外的数据分析。运用"大数据"技术对视频、车辆重量、行驶情况进行分析，可以找出违法行为集中的行业，违法现象发生频率高的地段、时段，以及违法行为严重与否的关键性数据，针对性地开展集中执法，实施行政处罚，起到社会警示作用。重视和加强对运输行业、社会舆情信息的收集和分析，可以获取治理违法超限超载现象的社会热点问题；分析交通运输行业系统内各类监管信息与处罚信息，可以从中查找各种突出问题，实施针对性治理，精准发力，可以有效地防范公路安全隐患。

2. 区块链

区块链技术以可靠、透明、高效、低成本的方式，对非现场执法信息进行全面托管，实现证据的多方共识保存，实现非现场采集信息的上链，极大地降低了人工处理的错误。建立多方信任机制，可以大大提高证据可靠和可信度，提升执法效能。

---

① 刘启川．交警非现场执法的根基及其法治意义［J］．政治与法律，2022（4）：15-29.

3. 物联网

“治超”非现场执法技术基于视频检测技术，高速不停车称重技术，计算机、网络的快速发展。视频检测技术的成熟可以实现运动中车牌号码的精确识别，为获得车辆核定总重奠定基础；高速不停车称重技术让车辆在公路上正常行驶过程中，即可精确称重，实现“不停车”执法；计算机和网络的快速发展，可以实现现场数据的采集和高速传送，保证系统、高效、稳定运行。

信息化能力是“治超”能力现代化的突出体现，运用信息技术破解“治超”发展难题、提升管理和服务水平，已经成为国内外交通发展的战略选择，“‘治超’非现场执法技术”对提升超载治理能力、探索破解执法“瓶颈”是一次良好的契机，是符合社会、时代和科技发展需要的技术和管理模式。

1.3 “治超”非现场执法具有现实意义

2004年以来的全国性“治超”集中行动并未从根本上消除超载，随着传统的以人防、物防和行政手段为主的“治超”模式治理效应递减，国家更强调法律手段、科技手段的应用和长效机制的建立。《国务院关于加强道路交通安全工作的意见》（国发〔2012〕30号）明确提出，将车辆动态监控系统记录的交通违法信息作为执法依据；《国务院办公厅关于实施公路安全生命防护工程的意见》（国办发〔2014〕55号）提出，在货物运输主通道、重要桥梁入口处、高速公路入口处等公路网的重要路段和节点，设立公路“治超”站或设置动（静）态监测等技术设备，加强车辆超载情况监测。与此同时，国家相关委办局积极推进科技“治超”。交通运输部在《关于加强公路路政执法规范化建设的若干意见》（交公路发〔2014〕106号）中明确要求，各地政府“加快试行和推广公路路政非现场执法，逐步减少路面执法人员，提高执法工作效率”；《关于全面深化交通运输改革的意见》（交政研发〔2014〕242号）提出，“探索实行计重前置、非现场执法等公路‘治超’方式”。2017年5月，交通运输部办公厅《关于贯彻实施〈超限运输车辆行驶公路管理规定〉的通知》（交公路发〔2017〕63号）提出，“充分发挥技术优势，加快推进大件运输网上审批系统建设，逐步推广非现场执法技术应用，将技术监控手段作为路面执法的有益补充，实现协调联动，优化治理手段”。2017年11月发布的《交通运输部 公安部关于治理车辆超限超载联合执法常态化制度化工作的实施意见（试行）》中要求，“加快推广完善技术监测设备，推进相关信息交换和共享，逐步实现自动识别和精准查纠，减少路面检查频次，从源头环节减少和杜绝不规范执法行为”。2021年8月11日，交通运输部《关于修改〈超限运输车辆行驶公路管理规定〉的决定》，明确了公路管理机构可以依照相关法律、行政法规的规定，利用技术监控设备记录资料，对违法超限运输车辆给予处罚。

区别于干线公路设站检查执法、高速公路入口称重劝返、农村公路防宽限高保护等传统“治超”手段，“治超”非现场执法具有提高执法效率、强化执法手段、保持高压态势的优点。但是“治超”非现场执法还停留在概念阶段和个别试点层面，真正把它作为一项制度来实施的相关工作，如制定非现场管理办法或者实施细则，在省部级层面还没有实质性开展，“治超”非现场执法如何落地是当前迫切需要解决的问题。

1.4 相关概念和理论基础

本书研究的对象是行驶在公路上的货运车辆的超载行为，本节对与其相关的概念进行厘清。同时，“治超”非现场执法研究是一项较为复杂的系统工程，研究的理论基础涉及管理学、政治学、系统科学等多个学科，本节亦对研究中应用的主要理论及应用情况进行总体的概括介绍。

1.4.1 相关概念

“治超”研究涉及客、货运输及不同部门对同一管理对象的不同定义，相关概念边界模糊且容易使被管理者产生混淆，厘清相关概念可以更好地界定本书的研究范围，并代表笔者对未来管理体制改革和所主张价值的取向。

1. 公路超载

按照运输对象的不同，公路超载运输分为客运超载和货运超载两种类型；按照运输的合法性，公路超载运输分为合法超载运输和非法超载运输。[①] 本书研究的对象是公路货运车辆非法超载。实际工作中，同是超载，国外称为“overload”，国内公安部门称为“超载”，交通运输部门称为“超限”，而且公安部门和交通运输部门对超限超载的认定和处罚有不同的表述，下面介绍相关概念并表明笔者的主张。

（1）国家标准

对超载的认定主要依据《道路车辆外廓尺寸、轴荷及质量限值》（GB 1589—2016）这一国家强制性标准。该国标由工信部、交通运输部和公安部共同提出，相关科研院所负责制修订，国家质检总局和国家标准化管理委员会批准并发布，对货车载重质量限值作出了规定，详细内容如表1-1所示。

表1-1 汽车、挂车及汽车列车最大允许总质量限值

<table>
<tr><th colspan="3">车辆类型</th><th>最大允许
总质量限值</th></tr>
<tr><td rowspan="6">汽车</td><td colspan="2">三轮汽车</td><td>2000[a]</td></tr>
<tr><td colspan="2">乘用车</td><td>4500</td></tr>
<tr><td colspan="2">二轴客车、货车及半挂牵引车</td><td>18000[b]</td></tr>
<tr><td colspan="2">三轴客车、货车及半挂牵引车</td><td>25000[c]</td></tr>
<tr><td colspan="2">单铰接客车</td><td>28000</td></tr>
<tr><td colspan="2">具有双转向轴的四轴货车</td><td>31000[c]</td></tr>
<tr><td rowspan="6">挂车</td><td rowspan="3">半挂车</td><td>一轴半挂车</td><td>18000</td></tr>
<tr><td>二轴半挂车</td><td>35000</td></tr>
<tr><td>三轴半挂车</td><td>40000</td></tr>
<tr><td rowspan="3">其他挂车</td><td>二轴挂车，每轴每侧为单轮胎</td><td>12000</td></tr>
<tr><td>二轴挂车，一轴每侧为单轮胎、另一轴每侧为双轮胎</td><td>16000</td></tr>
<tr><td>二轴挂车，每轴每侧为双轮胎</td><td>20000</td></tr>
</table>

① 吕静．公路超载运输治理对策研究［D］．西安：长安大学，2012：8.

续表

车辆类型		最大允许总质量限值
汽车列车	具有三轴的汽车列车	27000
	具有四轴的汽车列车	35000[d]
	具有五轴的汽车列车	43000
	具有六轴的汽车列车	49000

[a] 安装名义断面宽度不小于425mm轮胎的车轴，最大允许轴荷限值为10000kg；驱动轴安装名义断面宽度不小于445mm轮胎，则最大允许轴荷限值为11500kg。

[b] 装备空气悬架时最大允许轴荷的最大限值为11500kg。

[c] 二轴挂车最大允许轴荷限值为11000kg。

[d] 汽车驱动轴为每轴每侧双轮胎且装备空气悬架时，最大允许轴荷的最大限值为19000kg。

（2）交通运输部门的“超限”

交通运输部门对超载概念的理解主要依据《公路法》，并且使用了“超限”一词，以示一事不二罚。从保护公路基础设施的角度出发，交通运输部门制定了公路行驶的车辆、工程机械的限值标准，并以部令《超限运输车辆行驶公路管理规定》的形式发布，对运输车辆的限值标准作出了规定，如图1-1所示。

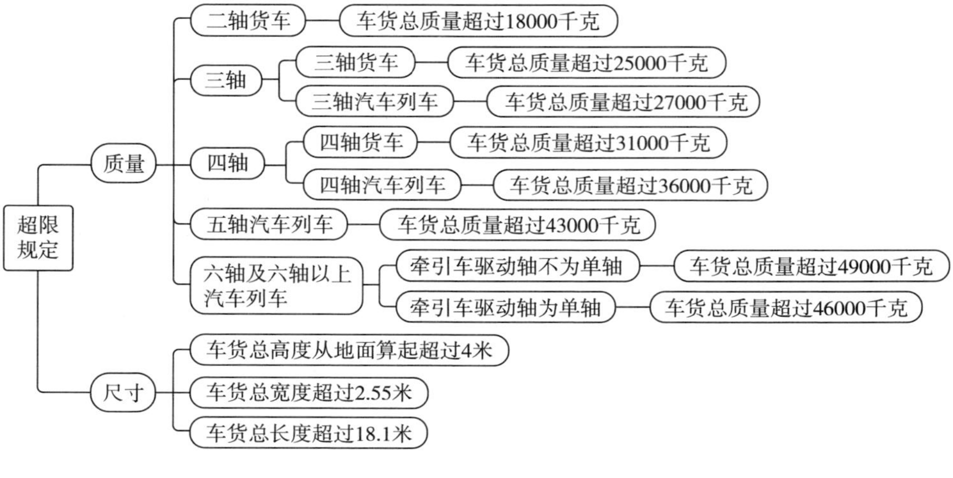

图1-1 交通运输部对公路货运车辆质量超载和尺寸的规定

但是，在“治超”初期，综合考虑执法对象的规模性、复杂性和“治超”力量的有限性以及认定与处罚操作的便捷性，交通部、公安部、国家发改委于 2004 年共同发布了《关于进一步加强车辆超限超载集中治理工作的通知》（交公路发〔2004〕455 号），简化和明确了运输车辆超载的限值标准：二轴车辆的车货总重限定在 20 吨；三轴车辆的车货总重限定在 30 吨；四轴车辆的车货总重限定在 40 吨；五轴车辆的车货总重限定在 50 吨；六轴及六轴以上的车辆车货总重限定在 55 吨。可以说这个标准简单好记，在集中“治超”很长一段时期内起到了很好的宣传和执行效果，在司机和执法人员心中留下了很深的印迹。2021 年 8 月，交通运输部审议通过了《超限运输车辆行驶公路管理规定》修订版，超限运输车辆执行新的认定标准：二轴货车，其车货总质量超过 18000 千克；三轴货车，其车货总质量超过 25000 千克；三轴汽车列车，其车货总质量超过 27000 千克；四轴货车，其车货总质量超过 31000 千克；四轴汽车列车，其车货总质量超过 36000 千克；五轴汽车列车，其车货总质量超过 43000 千克；六轴及六轴以上汽车列车，牵引车驱动轴不为单轴的，其车货总质量超过 49000 千克，其中，牵引车驱动轴为单轴的，其车货总质量超过 46000 千克。

（3）公安部门的“超载”

公安部门将货车载重超过车辆行驶证上的核定载质量限值定义为“超载”，其出发点是车辆机动性承受能力及车辆运行安全，其认定的依据是《道路交通安全法》。交通运输部门将货车载重超过车辆载重量限值定义为“超限”，其出发点是公路设计承载能力和道路基础设施及桥梁安全，其认定的依据主要是《超限运输车辆行驶公路管理规定》。根据《道路交通安全法》第九十二条的规定，货运机动车超过核定载质量的，处 200 元以上 500 元以下罚款；超过核定载质量 30%或者违反规定载客的，处 500 元以上 2000 元以下罚款。根据《道路交通安全违法行为记分分值》的规定，驾驶货车载物超过核定载质量未达 30%的，一次性扣 3 分；驾驶货车载物超过核定载质量 30%以上或者违反规定载客的，一次性扣 6 分。

2. 非现场执法

国内关于非现场执法的研究和实践始于公安部门。深圳市公安交通管理局于1997年率先使用“冲红灯自动拍照仪”，投入使用后收效明显，之后各地公安交通管理部门纷纷效仿，对机动车违法推行“非现场执法”，亦即人们常说的“电子眼”“电子警察”，以提高机动车交通违法行为的查处率。到底何为“非现场执法”，目前仍无统一定义。笔者认为，一般情况下，非现场执法是指行政管理部门根据技术监控记录资料对违法行为进行查处的一种执法手段，其处理程序主要包括数据采集、审核、录入、分发、告知和处罚等环节。其特点主要表现在：

（1）自动化、高效率

在非现场执法中，执法人员不出现场，主要利用科技监控设备、摄（录）像器材对违法行为进行取证，作为后续执法处罚的依据，现场环节无人值守、全部自动化处理，最大限度地提高了执法工作效率。

（2）全天候、无空当

非现场执法设备对道路交通的全天候监控，弥补了交通管理空当和执法人员不在现场等短板，解决了执法人员拦车带来的安全问题，延伸了交通管理的时空维度，增强了智能化查处能力，同时对心怀侥幸的违法分子形成威慑，保证了法律的严肃性。

（3）重事实、重证据

非现场执法可以避免说情者的干扰，在查处交通违法行为的时候，最大限度地做到公开、公正、公平对待当事人，用客观的证据和不为人所左右的数据、图像说话。数据一旦进入信息管理系统，任何更改都会留下痕迹，这相当于在执法者和当事人之间建立了一道无形的防火墙。

随着我国经济和科技的飞速发展，非现场执法在公安系统得到了广泛应用，依据《道路交通安全违法行为图像取证技术规范》（GA/T 832—2014），目前已有126种违法行为纳入公安交管非现场执法模式，其中包括最为大家所熟知的超速、闯红灯等违法行为。采用非现场执法模式后，公安系统的执法和结案数量迅速增长，交通事故与之呈现出明显的反比例关系和趋势，非现场执法作为一种新的执法模式，在公安交通管理工作中被广泛应用，在保障道路交通安全方面起到了重要和积极的作用。①

① 张怀阳．道路交通安全管理非现场执法研究［D］．苏州：苏州大学，2009：1.

《行政处罚法》《行政诉讼法》《民事诉讼法》《刑事诉讼法》分别规定了视听资料是证据之一。公安交管非现场执法方式是符合法律规定的一种交通管理执法方式，公安交管部门目前主要依据《道路交通安全法》第一百一十四条，《道路交通安全违法行为处理程序规定》（2020年修正）第十五条、第十六条、第十八条、第十九条、第二十条的规定来执法。

3. “治超”非现场执法

本书中的“治超”非现场执法是指交通超载管理部门、公安交管部门根据安装在公路上的不停车称重设施、视频监控设备提供的图像和数据等电子资料，对违法超载的机动车驾驶人及其他相关人员和单位依法予以处罚的一种超载治理方式。“治超”非现场执法的电子资料主要包括车货总重量、车辆牌号、车速、时间、地点、车主等信息。

“治超”非现场执法综合运用行政、经济、法律、技术等手段对公路超载现象进行系统治理，具有监控货车运行状况、管理社会从业人员、处罚非法超载运输、调整司机预期心理和行为的功能。其根本目的是提高“治超”执法能力和效率，遏制超载运输，维护道路运输市场秩序，保障公路交通有序、安全和畅通，保护道路桥梁等基础设施和人民群众生命财产安全。

1.4.2 理论基础

1. 系统理论

（1）系统理论概述

“系统”一词起源于古希腊，是站在一起或放在一起的意思，由此可见系统由相互关联、相互影响、相互制约、相互作用的若干部分组成，是一个按一定关系结合起来的有机整体。系统理论研究的对象是复杂结构体的运行模式、性能行为和规律。奥地利贝塔朗菲（Bertalanffy）的《抗体系统论》和《一般系统论》完整地提出了系统论的思想和原理，奠定了这门科学的基础。系统的建立需满足三个条件：一是由两个或两个以上要素构成；二是各要素相互作用、互相依存；三是系统受环境影响和干扰，与外部环境进行交互，相互影响、制约、作用。① 系统分析是政策分析、政策研究最常用和普遍的方法，系统的基本特征见表 1-2。

表 1-2 系统的基本特征

整体性	系统由各要素组成，但各要素之间不是简单地相加组合，而是按一定的结构和层次构成一个综合的、有机的整体
相关性	各要素之间相互关联、相互制约，是局部与全局的关系，系统的性质是由要素的性质决定的，系统出了问题不仅仅只能"脚疼医脚，头疼医头"
功能性	系统具有单个要素所没有的新功能，能够产生"1+1>2"的效应
环境性	每个系统都在一定的环境中生存和演进，与环境发生着能量和信息的交换，外部环境的变化会引起系统内部各要素之间关系的变化和功能的变化，为了保持系统的稳定性，系统必须适应环境并对环境的变化作出自我调整
动态性	系统不是静止不变的，始终处于不停的变化当中，系统具有生命周期
有序性	系统根据目的而设定，在其结构、层次中，各要素存在严格的等级层次，需要充分考虑各不同组成部分之间的等级、层次关系
协同性	为了实现系统总体发展目标，各子系统、子要素通过有效协作，与外界顺利完成能量和信息的交换，实现一次价值创造

（2）系统理论在"治超"非现场执法中的应用

"治超"非现场执法是由政策主体和政策客体共同组成的一个行为控制系统。政策主体具有审批、执法、处罚、监管等权力，在本书中主要包括交通、路政、运政、公安交管、工信、国土、规划、财政、发改等政府部门；政策客体主要包括高速公路公司、货运业户、源头末端企业、司机（家庭）、新闻媒体、社会公众（消费者）等。在这个系统中，政策主体作为管理者希望作为被管理者的政策客体只从事提倡行为（合法装载），而不从事不提倡行为（超载运输）。本书第 4 章把"治超"非现场执法制度系统看作一个类似"过滤器"的箱子，输入的不仅是合法装载的良好行为，而且还有违法超载的不良行为，经过制度系统的过滤处理，输出的是有序的、提倡的合法装载运输行为。"治超"非现场执法系统强化守法行为、抑制违

① 魏宏森．系统论［M］．北京：世界图书出版公司，2009：205-228.

法行为的处理方式如图 1-2 所示。

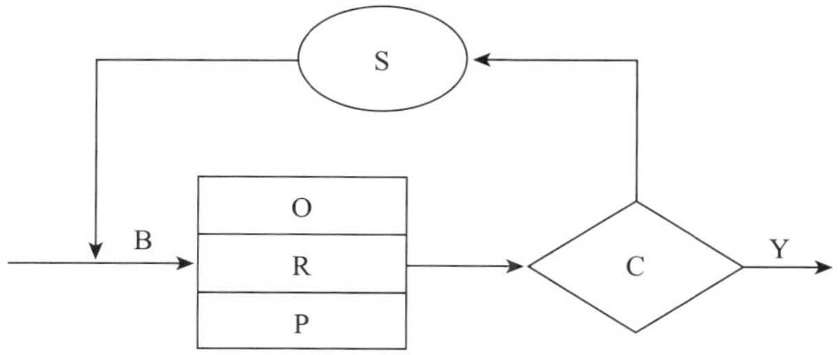

图 1-2 “治超”非现场执法结构和功能示意图

图 1-2 中 B 代表政策客体中被管理对象的输入行为，Y 指输出行为，O、R、P 代表“治超”非现场执法制度系统，C 代表政策主体的监管行为，S 代表行为矫正器。

此外，因为单项政策的功能与社会系统的复杂性之间始终存在着矛盾，所以本书在第 4 章制度设计时突出了非现场执法制度的整体性，每项制度都受其他制度的影响和制约，同时其本身也影响和制约其他制度，离开相关制度的支持，单项优化的制度也会效力衰减，甚至产生事与愿违的后果。例如，跨区域治理是空间上的相互联系，延伸处罚是时间上的相互作用。

2. 外部性理论

(1) 外部性理论概述

经济学家马歇尔（Alfred Marshall）1890 年在《经济学原理》中提出了外部经济理论。外部经济的概念一经提出就引起了社会的广泛关注，也引出了政府对经济进行干预的话题。庇古（A. C. Pigou）首次使用了外部性的概念，在马歇尔“外部经济”的基础上扩充了“外部不经济”的概念，将外部性问题的研究从外部因素对企业的影响效果转向企业或居民对其他企业或居民的影响效果。庇古认为政府干预成为实现社会福利的必需，政府对污染者征收等于其向社会产生的外部成本的税收，即“庇古税”成为政府干预经济、解决外部性问题的重要形式。科斯（R. Coase）是外部性理论发展第二阶段的代表人物，他提出的交易费用论证了庇古税可能是有效的制度安排，也可能是低效的制度安排。[①] 外部性的定义是一个难题，多数人认为私人成本或收益与社会成本或收益的不对等及未通过市场交易获益或付费分别是外部性问题产生的原因与条件。[②] 外部性分为正外部性和负外部性，某一经济主体的生产或消费使另一经济主体受益但未得到另一经济主体的补偿为正外部性，某一经济主体的生产或消费使得另一经济主体受损但未补偿给另一经济主体为负外部性。[③]

（2）外部性理论在"治超"非现场执法中的应用

外部性理论是本书分析"治超"原因和设计"治超"非现场执法制度内容方案的理论依据。根据经验模型计算，车辆由于超载增加 1.2 倍、1.4 倍、1.6 倍、1.8 倍、2.0 倍时，其对公路的破坏程度将分别递增至 2.2 倍、4.3 倍、7.7 倍、12.9 倍、20.4 倍，车辆对公路的损坏程度不是车辆载重的线性而是递增的幂函数。[④] 公路具有公共产品的属性，超载的本质是公共产品的过度利用，超载的结果是严重的外部不经济，具体表现为缩短公路寿命、增加养护成本和制造交通拥堵。[⑤] 超载外部性特征明显，运输企业受到利润动机的诱惑而过度超载，对道路和环境造成极大损害，但一般不会主动去修复道路或治理环境，而是将治理道路或大气污染的成本转嫁给了全体纳税人。由于超载造成的损害治理成本远大于私人成本且由整个社会承担，结果使得运输价格并没有在市场中体现出来，整个产业链中的资源配置被扭曲，运价严重偏离实际情况。解决超载外部性问题的办法主要是让外部成本内部化，其中一个重要选择就是对违法超载货运企业进行经济罚款以补偿外部的不经济，即通过"治超"非现场执法制度安排使经济主体经济活动所产生的社会成本转为私人成本，使技术上的外部性转为金钱上

---

① 金书秦．流域水污染防治政策设计：外部性理论创新和应用［M］．北京：冶金工业出版社，2011：18-19.

② 马中．环境与资源经济学概论［M］．北京：高等教育出版社，1999：24-27.

③ 郑海霞．中国流域生态服务补偿机制与政策研究：基于典型案例的实证分析［M］．北京：中国经济出版社，2010：10-28.

④ 柳茂森．论超限运输的性质与治理［J］．综合运输，2004（7）：73-76.

⑤ 白永亮．我国公路超载超限的经济学解释及长效治理机制构建［J］．中国软科学，2006（10）：64-73.

的外部性。由于经济处罚，如路政部门对超载的罚款等，是原来已有措施，加上笔者精力和能力所限以及本书研究聚焦在顶层设计上，故书中并未应用费用效益分析法、交易成本分析法等经济数量模型对现有政策进行评价性研究，而是在某种程度上认可或定性强化了原来的经济处罚政策。

3. 治理理论

（1）治理理论概述

治理（governance）这个词起源于古希腊语和拉丁文，起始是“控制、操纵”或“引导”的意思，20 世纪 90 年代以来，西方政治学家、社会学家等对治理作出了新的界定。我国学者俞可平认为，“治理”的概念不同于“统治”的概念，从统治走向治理是人类政治发展的普遍趋势。从政治理论看，与统治相比，治理的主体更加多元化、协商性更强、权力平行运行、非国家强制契约作用范围更广等。① 治理理论的主要创始人詹姆斯·罗西瑙（James N. Rosenau）在《没有政府统治的治理》和《21 世纪的治理》等文章中提出，治理区别于政府统治，它是一种现实目标的管理机制，管理活动的主体不一定只有政府，也包括非正式或非政府的组织，其目标不单依靠国家的强制力来实现。② 治理理论的代表人物罗茨（R. Rhodes）按照国家、公司、政府、社会、自组织网络等不同主体对治理下了六种定义，阐述治理是以新的方法统治社会。③

但是治理也有失效的可能性，在治理的有效性研究中，善治理论最有影响。治理理论认为，善治就是使公共利益最大化的过程，善治的本质特征在于政府与公民对公共事务的合作管理。④ 我国学者俞可平对善治的要素作了十个方面的综合归纳，核心观点见表 1-3。

---

① 俞可平．论国家治理现代化［M］．北京：社会科学文献出版社，2015：2.

② James N. Rosenau, Ernst - Otto Czempiel (eds.), Governance without Government: Order and Change in World Politics, Cambridge University Press, 1992, p. 5; Rosenau, “Governance in the Twenty-first Century”, Global Governance, Vol. 1, No. 1, 1995.

③ R. Rhodes. “The New Governance: Governing without Government”, Political Studies, 44, 1996.

④ 杜胜利．农村组织分化背景下的村庄治理与和谐村庄建设［J］．农村经济，2012（8）：3-6.

表 1-3　善治的十要素

合法性	社会秩序或统治权威被一定范围内的人们内心认可和接受
法治	不仅仅是对公民行为的规范，更是对政府行为的制约，任何组织和个人都不能凌驾于法律之上
透明性	每一个公民都有权获得与自己的利益相关的政府政策信息
责任	在所有的治理主体中政府具有压倒一切的重要性，这意味着权力部门及其人员必须履行一定的职能和义务
回应	政府部门必须对公民的要求作出及时和负责任的反应，不得无故拖延
有效性	公共机构设置合理，管理程序科学，管理行为灵活，管理成本低廉
参与	公民积极参与社会秩序整治，自愿与权威部门合作
稳定	国内和平、生活有序而安全、公民团结、公共政策连贯等
廉洁	主要是指政府官员奉公守法、廉洁自律，不以权谋私
公正	实质是社会的政治、经济和其他利益在全体社会成员之间合理而平等的分配，有效消除和降低贫富两极分化

（2）治理理论在“治超”非现场执法中的应用

“治超”涉及交通、公安、工信、质监等众多政府部门和司机、车主、车企、发货方、收货方等市场主体，是一项涉事面广、关联度强的社会公共事务，因此“治超”非现场执法是一项需要多方都能够接受的公共政策。治理理论在“治超”非现场执法过程中的应用主要表现为以下几个方面：

①以善治指导制度设计。在制度设计过程中坚持善治原则，避免“制度打架”，保证制度设计的合理性，确保政策实质性条款趋向公共利益最大化，体现制度的现代化。

②在制定“治超”非现场执法制度具体方案和实施系统时体现出善治要素。例如，管理部门要最大限度地协调运输产业链条上的各个主体与政府之间的利益冲突，以便“治超”政策取得相关主体充分认可（对应合法性）；政府执法部门坚持法无授权不可为的原则（法治）；用大数据“治超”来实现非现场执法制度（透明性）；开发“治超”监察系统以启动问责（责任）；建立公众服务和信息互动平台（回应）；促进政府部门综合执

法体制改革（有效性）；建立人人关注和参与的“治超”格局（参与）；不会激发或引发货运行业的不良情绪（稳定）；全程监控，全程取证（廉洁）；提高货运从业者的收入（公正）。

4. 公共政策理论

（1）公共政策理论概述

拉斯韦尔（Harold Lasswell）是现代政策科学的奠基人，1951年，他与别人合编的《政策科学：范围和方法的最新发展》被当作政策科学诞生的标志。德洛尔（Yehezkel Dror）是发展现代政策科学的重要代表人物，他的《公共政策制定检讨》《政策科学构想》《政策科学进展》继承了拉斯韦尔的理论。他认为，“政策是一个有目的的活动过程，而这些活动是由一个或一批行为者，为处理某一问题或有关事务而采取的”“公共政策是由政府机关或政府官员制定的政策”；政策分析过程包括情报、建议、规定、行使、运用、评价和终止七个因素。① 美国著名学者戴维·伊斯顿（David Easton）认为制定公共政策是为了价值（利益）分配，这也是公共政策的本质。我国学者陈振明认为，政策是国家机关、政党及其他政治团体在特定时期为实现或服务于一定社会政治、经济、文化目标所采取的政治行为或规定的行为准则，它是一系列谋略、法令、措施、制度、办法、条例的总称。政策系统是由政策主体（政策制定者）、政策客体（政策作用对象）及其与政策环境相互作用而构成的社会政治系统，它是政策运行的载体。政策分析框架主要包括：公共政策问题的构建，政策目标的确立，公共政策方案的制定，公共政策的执行，公共政策效果的评价。

（2）公共政策理论在“治超”非现场执法中的应用

交通政策是公共政策的一个分类，“治超”非现场执法是交通非现场执法的重点突破政策。基于以上理论，本书中“治超”非现场执法政策分析过程的主要环节包括：

①政策问题的构建。社会上关于超载的关注度一直很高，可以说其早已成为一个社会问题，利益受损者要求增进社会利益，以此谋生者说不超

---

① 安德森．公共决策［M］．北京：华夏出版社，1990：27.

不挣钱，物流货运又是城市得以正常运行的基本保障，超载的影响足以使其进入政策议程。

②政策目标的确定，即在多大程度上解决超载问题。自律或迫使运输业户100%内部化是不可能的，由于内部化的程度受运价等现实条件极大地约束，因此本书只能在第4章定性地描述政策目标。

③优先解决问题的确定。虽然“治超”非现场执法制度有很多正的溢出效应，但按重要性来排序，本书主要讨论的是管理和执法问题。

④政策方案的制定。政策设计意味着公共政策问题进入议程后，为决策者所提供的方案。制定几个方案以供决策是一项工作量很大的工作，因此本书的政策制定不再考虑多种政策方案以及政策方案是如何被正式通过和颁布的。

⑤政策实现途径的确定。创造什么条件、通过采取哪些行动措施，如技术的、体制机制的、法律的手段等来实现政策预期。

第 2 章 国内外“治超”情况介绍

随着中国公路建设快速发展，超载问题开始出现并对社会造成多方面的严重危害。国家为此投入了大量人力、物力、财力开展治理活动，然而目前我国传统的现场执法管理手段效果有限，传统管理政策措施效力不断衰减，货车超载现象还比较突出，造成安全隐患和不同程度的交通事故。本章通过介绍国外“治超”经验和国内“治超”历史，得出传统的现场“治超”管理模式已经难以满足超载治理需要的结论。因此，在公路主路上设置动态称重检测设备，采用新一代信息技术实时检测车辆载重进行非现场执法将是国内外超载治理的一个共同手段。

2.1 国外“治超”主要做法

“治超”是一个世界性难题，发达国家也饱受其苦，在其长期“治超”的过程中，积累了许多好的经验和做法。本节以美国、英国、日本等国家为例，系统介绍各国在治理超载运输中的法规建设、技术支撑等，总结规律，启发当下。

2.1.1 各国超载治理的制度、措施和方法

由于社会发展阶段、经济实力、技术力量、法律渊源的不同，各国“治超”的措施也不尽相同，但运用的主要手段大同小异，包括法律手段、行政手段、经济手段、技术手段等。目前经济发达国家处于“标本兼治”

阶段，并且效果较好，如美国超载率（超载车辆占被检测货运车辆的比率）控制在3%左右，韩国超载率约1.5%。[①]

1. 美国

美国超载治理管理体制上实行联邦统筹、各州分级负责，联邦公路管理局（FHWA）通过控制公路资助资金的方式，加强对各州的管理，强化治理力度。[②] 另外，联邦从国家层面上制定车辆超载标准，并监督各州实施，[③] 州基于联邦制定的标准，按照自身实际情况可以进行修改完善。美国对超载车辆的经济处罚主要是罚款，在亚利桑那州，超载1吨的罚款金额相当于人民币4822元。行政手段主要是许可运输、违章记录、卸载，与我国类似。美国可以对超载行为进行刑事处罚、起诉，司法手段比我国强硬。在亚利桑那州，第一次超载会被罚款，第二次超载还会被判6个月监禁，第三次超载将面临1年的监禁。

美国超载治理技术在世界上处于领先地位，不停车检测技术已实现称重检测、车牌识别、视频监控三位一体，在美国道路货运安全运输中发挥了关键作用。[④] 美国给车辆及驾驶员建立了电子档案，当车辆驶过检测站的某一地点时，检测站内设置的电子扫描装置即时将置于驾驶员车窗的车牌号码扫入计算机系统，并将电子档案中的静态数据与当前采集到的动态数据进行比对，从而准确地对车辆超载运输情况进行判别。

2. 英国

英国政府十分重视超载运输车辆管制，治理政策也是经济手段和司法手段并用，执法程序严谨、处罚措施严格，超载运输的驾驶司机、车辆所属企业都会受到处罚。在英国，超载运输是一种违法行为，一起超载行为要被处以5000英镑的罚款，对于长期的屡犯者，法律规定必须采取重罚，

---

① 蒋在文．道路超限超载运输治理的机理与对策［D］．西安：长安大学，2010.

② Stephen J. Shaw. Transport Strategy and Policy［M］. Oxford United Kingdom：Blackwell Publishers，1993.

③ 李扬．美国车辆超载治理综述［J］．交通世界，2004（12）：20-22.

④ TRB. SPeeial RePort 267. Regulation of Weights，Lengths and Widths of Commereial Motor Vehicles［R］. Washington. D. C. 2002.

处罚措施包括驾驶执照强制性背书、以“使用危险车辆”罪处罚司机或车主等。① 在行政管理方面，英国货车载重量超过3.5吨，必须依法申请办理运输证。政府主管部门对非法超载检查和处罚程序包括路上检查、现场治理、寄送执法信函、法院裁定等几个步骤。现场治理的办法主要有卸载和警告；对于严重超载司机，警察还会寄送执法信函，司机按照法院传票的裁定接受处罚。②

英国的检测区域一般设置在与主路平行的引道上，这样做的好处是减少拥堵、增强通行能力、提高检测效率，其也采用美国动态称重标准ASTM E1318—02，尤其注重车辆称重检测设备的安装要求。③

3. 德国

德国在货物运输局内设有超载治理专门机构，并在各州设立分支机构，700多个超载检测站覆盖全国高速公路。同美国类似，驾驶司机首次超载处罚较轻，一般只进行口头警告，第二次将处以3个月监禁；一年内超载3次，将被吊销驾驶执照，终身不得在货运行业从事驾驶工作。

德国是欧洲制造业强国，信息技术在“治超”工作中得到广泛应用。例如，德国很早就在重点监控的货车上安装卫星定位系统，对移动源进行监控。从服务的角度，德国还在驾驶室配置了先进的通信、物流配送、应急管理等支撑技术系统。

4. 日本

日本20世纪70年代的高速公路载货车辆超载比例约为20%，而且夜间超载比例较大。在过去几十年里，日本一直坚持严格的超载治理政策，稳定持续、效果突出。与其他大部分国家不同的是，日本用汽车重量税来调节公路货运超载现象；另外，其在车辆源头治理上特色明显，大力推广车辆超载运输自动熄火技术。

---

① 李扬．英国对道路超载运输的治理［J］．交通世界，2005（1）：12-17.

② 李扬．英国对道路超载运输的治理［G］．国外交通发展动态，2004（4）.

③ M Halimic, W Balachandran, M Hodzic, F Cecelja. Performance Improvement of Dynamic Weighing Systems using Linear Quadratic Gaussian Controller: IMTC '03. Proceedings of the 20th IEEE［C］. IEEE, 2003: 1537-1540.

日本是一个西化最彻底的亚洲国家，其自身相对完备的法律体系为超载的全方位治理提供了可操作的配套法规。① 例如，日本的"一超三罚"制度，处罚的对象不仅仅是司机，货主（托运方）、第三方运输企业（受托方）也负有相应责任，连带处罚促进了"标本兼治"良性循环。日本法律健全，惩罚措施也较为严厉，司机超载运输超过行驶证最大核定载质量时，将面临6个月以下的刑期惩罚，同时处相当于7400元人民币的罚款。

5. 其他国家

澳大利亚的超载处罚独树一帜，一般是谁破坏谁修路，修理的范围从货物起运点到交付点。1994年，超载货车压塌圣水大桥后，韩国政府在全国范围内设立超载检测站，站内布设不停车检测系统，车辆如果超载，系统将自动拍照取证。韩国"治超"法律明确，对驾驶司机或者强迫驾驶司机超载运输的车主处以1年以下徒刑；对非法改装车辆或暴力抗法者处2年以下有期徒刑。南非也采用自动称重技术检测车辆，电子秤应用普遍，建有车辆检测信息系统，在"治超"工作中发挥了很大作用，有效降低了车辆超载率。

2.1.2 国外"治超"策略借鉴

虽然各国超载治理的历程艰辛漫长复杂，但从各国取得的成果看，通过努力将超载的外部性因素降到尽可能低的程度是可以实现的。世界范围的"治超"经验对我们的启发有以下几点：

一是加快经济结构调整，促进产业向中高端发展，鼓励货运企业的规模化、集约化、专业化、网络化发展，优化铁路、公路、水路运输结构，跨越中等国家经济发展阶段，货运车辆向标准化、轻型化、厢式化、环保型、智慧型快速顺利过渡。

二是运用法治思维和法治方式加强依法"治超"。美国、日本、英国等发达国家在公路管理、交通管理和道路运输方面法律完善、法令详细，执

---

① 鲍鑫荣．日本车辆超载治理综述［J］．交通世界，2005（21）．

法严格，行政、刑事处罚严厉，相比之下，我们应以法治中国建设为契机，进一步加大法律手段在“治超”中的作用。

三是发挥经济处罚与合理运价作用。国外超载罚款标准细致，经济处罚力度很大，目的是提高企业外部成本以达到有效治理。这给我们的启发是如何在货运高度市场化的环境下加强运输市场价格监测，通过宏观调控促使运价合理回归，引导超载运输者放弃违法动机。

四是推进称重检测技术发展和实施实时监控。各国在重点监控路段都设置了先进的称重检测设备，尤其是美国法律规定强制称重，在地下埋设电子磅，与路侧车辆数据读取设备连接，车辆重量信息与电子档案比对后，违法超载车辆信息及时发送至公路管理中心，并推送给公路巡警作为执法依据。笔者深受启发，将动态车辆称重检测技术作为制定“治超”非现场执法制度的重要条件和实施制度的重要保障，对超载运输治理的非现场执法理论进行深入研究，在此基础上结合我国超载运输成因分析，建立“治超”智能信息化系统，探讨推进超载车辆治理体系和治理能力的基本途径，提出切实可行的超载运输长效治理对策。

2.2　我国“治超”历程和主要措施

我国“治超”始于 20 世纪 80 年代，其间虽然几经反复，但通过集中治理车辆超载和构建长效“治超”机制工作的开展，“治超”工作取得了明显效果，集中表现为“两下降”“两提高”“一好转”：平均超载率已由集中“治超”前的 80%以上下降为 5%左右，货运车辆道路交通安全事故明显下降；路况完好率提高、路网运行效率提高；道路货运秩序状况明显好转。

2.2.1　发展阶段

我国的“治超”工作在危急时起步，在探索中前行，在发展中完善，大概经历了以下三个阶段。

第一阶段为 2004 年以前，主要是单部门作战，交通部门主导治理。

第二阶段从2004年开始，以全国性的集中治理、综合治理为特点。当时，货运车辆超载情况非常严重，几乎到了逢车必超的地步。因此，我国从2004年开始多部门进行全面"治超"、综合"治超"，从源头治理、路面执法、部门联动等多方面入手，采用了多方面的技术和手段，推进车辆超载治理工作。其标志是2004年4月交通运输部等国家七部委联合下发《关于在全国开展车辆超限超载治理工作的实施方案》（交公路发〔2004〕219号），决定在全国开展货运机动车辆超载治理工作。2005年6月，国务院办公厅发布《关于加强车辆超限超载治理工作的通知》（国办发〔2005〕30号），明确要求各级政府加强统筹领导，以路面执法、更正改装车辆、整顿改装企业、监督源头装载、布防监控网络和建立长效机制为重点，进一步做好超限超载治理工作。2005年10月，交通运输部颁布的《公路超载检测站设计指南（试点工程版）》对全国"治超"检测站点建设规模、选址、连接道路设计、检测设备配备、交通工程及房屋建筑设计等提出具体技术要求，以规范公路超载检测站点的建设和管理。2006年4月，交通运输部下发《关于进一步加强道路运输车辆改装管理工作的通知》（交公路发〔2006〕158号），对打击非法改装道路运输货车提出六点措施。2007年10月，交通运输部等九部委联合下发了《关于印发全国车辆超限超载长效治理实施意见的通知》（交公路发〔2007〕596号），总结集中治理以来的问题，提出新的三年工作目标，强调综合运用行政、法律、经济、技术手段，明确各部门工作职责，要求机构不散，力度不减。2008年3月，交通运输部公路局下发《关于开展"治超"检测站点建设有关情况调查的函》（交公便字〔2008〕115号），明确提出"治超"信息要在全国范围内实现互联互通，促进"治超"检测站由单个站点向联防联控的全国超载车辆监控网络的转变。2009年10月，交通运输部下发《关于进一步加强和规范治理车辆非法超限运输工作的通知》（交公路发〔2009〕527号），从完善路面监控网络、统一超限认定标准、推行违法处罚基准制等方面对"治超"工作提出新的要求。2011年6月，交通运输部颁布《公路超载检测站管理办法》（交通运输部令2011年第7号），明确规定了我国公路超载检测站分类、分级、运行管理及执法管理等事项。2011年10月，交通运输部等六部委联合下发《关于进一步加强车辆违法超限超载治理工作的通知》（交公路发

〔2011〕577 号），从车辆生产改装监管、源头单位监管、货车查验审核、信息共享、桥梁安全、监督检查等十个方面提出要求。

第三阶段从党的十八大开始，以党的十八届三中全会为标志，以建立超载治理现代体系、提高“治超”能力为特点。2012 年 7 月，国务院发布《关于进一步加强道路交通安全工作的意见》（国发〔2012〕30 号），强调严厉惩治道路超载违法运输行为，明确可以将车辆动态监控系统记录的交通违法信息作为执法依据，定期进行检查，依法严格处罚；要求各地推进高速公路全程监控等智能交通管理系统建设，强化科技装备和信息化技术在道路交通执法中的应用，提高道路交通安全管控能力；在各部门联合执法方面，要求整合道路交通管理力量和资源，建立部门、区域联勤联动机制，实现监控信息等资源共享。交通运输部也根据当前“治超”工作实际，有针对性地提出了要切实利用科技手段、创新执法方法，通过加强动态称重监控非现场执法手段，完善路面执法体系的工作要求。2014 年 11 月，国务院办公厅发布《关于实施公路安全生命防护工程的意见》（国办发〔2014〕55 号），明确提出严厉打击车辆超载违法运输等破坏损害公路设施行为，着力解决影响和制约道路交通安全的源头性、根本性问题，夯实道路交通安全基础。可见，党的十八大以后，“治超”工作的出发点是安全至上、生命至上，“治超”的价值取向在实际工作中向真正的以人为本、可持续发展转变。2016 年 10 月，交通运输部联合工业和信息化部、公安部、工商总局、质检总局发布《关于进一步做好货车非法改装和超限超载治理工作的意见》以及《车辆运输车治理工作方案》。“治超”非现场执法为越来越多的执法机构所认可。

2.2.2 制度建设

我国目前的“治超”制度绝大部分都包含在针对公路安全、交通安全的综合性法律法规中。按照法律等级来分，国家层面的法律体系可以分为国家法律、行政法规、部门规章，地方层面的可以分地方性法规和地方规章。

关于超载治理的国家法律主要有两部，但都不是专门针对超载制定的部门法，只是部分法律条款适用于超载治理。一是《公路法》，主要作用是加强道路的建设、养护和管理，促进公路事业的发展，适应经济社会发展和人民生活的需要。二是《道路交通安全法》，主要作用是管制交通秩序，减少交通事故，保护公民人身和财产安全，提高道路通行效率。《公路法》与《道路交通安全法》是公路建设和交通管理的上位法，也是“治超”执法最主要的法律依据。

表 2-1 分层级列出了我国超载治理制度体系。

表 2-1　我国超载治理制度体系

层级	名称	备注
法律法规	《公路法》	1997 年 7 月 3 日中华人民共和国主席令第 86 号公布；依据 1999 年 10 月 31 日中华人民共和国主席令第 25 号第一次修订；依据 2004 年 8 月 28 日中华人民共和国主席令第 19 号第二次修订；依据 2009 年 8 月 27 日中华人民共和国主席令第 18 号第三次修订；依据 2016 年 11 月 7 日中华人民共和国主席令第 57 号第四次修订；依据 2017 年 11 月 4 日中华人民共和国主席令第 81 号第五次修订
	《道路交通安全法》	2003 年 10 月 28 日中华人民共和国主席令第 8 号公布；依据 2007 年 12 月 29 日中华人民共和国主席令第 81 号第一次修订；依据 2011 年 4 月 22 日中华人民共和国主席令第 47 号第二次修订
	《道路交通安全法实施条例》	2004 年 4 月 30 日中华人民共和国国务院令第 405 号发布；根据 2017 年 10 月 7 日中华人民共和国国务院令第 687 号修订
	《行政处罚法》	1996 年 3 月 17 日中华人民共和国主席令第 63 号公布；依据 2009 年 8 月 27 日中华人民共和国主席令第 18 号第一次修订；依据 2017 年 9 月 1 日中华人民共和国主席令第 76 号第二次修订
	《行政强制法》	2011 年 6 月 30 日中华人民共和国主席令第 49 号公布

续表

层级	名称	备注
法律法规	《公路安全保护条例》	2011 年 3 月 7 日中华人民共和国国务院令第 593 号公布
	《道路运输条例》	2004 年 4 月 30 日中华人民共和国国务院令第 406 号公布；依据 2012 年 11 月 9 日中华人民共和国国务院令第 628 号第一次修订；依据 2016 年 2 月 6 日中华人民共和国国务院令第 666 号第二次修订
	《交通行政处罚程序规定》	交通部令 1996 年第 7 号
	《公路超限检测站管理办法》	交通运输部令 2011 年第 7 号
	《道路运输车辆技术管理规定》	交通运输部令 2016 年第 1 号
	《道路货物运输及站场管理规定》	交通运输部令 2016 年第 35 号
	《超限运输车辆行驶公路管理规定》	交通运输部令 2016 年第 62 号，依据交通运输部令 2021 年第 12 号修订
	《路政管理规定》	交通运输部令 2016 年第 81 号
政策文件	《国务院关于加强道路交通安全工作的意见》	国发〔2012〕30 号
	《国务院办公厅关于进一步推进物流降本增效促进实体经济发展的意见》	国办发〔2017〕73 号
	《交通运输部等十四个部门关于印发促进道路货运行业健康稳定发展行动计划（2017—2020 年）的通知》	交运发〔2017〕141 号
	《关于印发交通行政执法风纪等 5 个规范的通知》	交体法发〔2008〕562 号
	《交通运输部关于印发路政文明执法管理工作规范的通知》	交公路发〔2012〕171 号
	《交通运输部　工业和信息化部　公安部　工商总局　质检总局关于进一步做好货车非法改装和超限超载治理工作的意见》	交公路发〔2016〕124 号

续表

层级	名称	备注
政策文件	《交通运输部办公厅　国家发展和改革委员会办公厅　工业和信息化部办公厅　公安部办公厅　国家质量监督检验检疫总局办公厅关于印发〈车辆运输车治理工作方案〉的通知》	交办运〔2016〕107号
	《交通运输部办公厅　公安部办公厅关于印发〈整治公路货车违法超限超载行为专项行动方案〉的通知》	交办公路〔2016〕109号
	《交通运输部办公厅关于进一步做好车辆运输车治理工作的通知》	交办运函〔2016〕1034号
	《交通运输部办公厅　公安部办公厅关于规范治理超限超载专项行动有关执法工作的通知》	交办公路〔2016〕130号
	《交通运输部办公厅关于界定严重违法失信超限超载运输行为和相关责任主体有关事项的通知》	交办公路〔2017〕8号
	《印发〈关于对严重违法失信超限超载运输车辆相关责任主体实施联合惩戒的合作备忘录〉的通知》	发改财金〔2017〕274号
	《交通运输部办公厅　公安部办公厅　工业和信息化部办公厅关于做好车辆运输车第二阶段治理工作的通知》	交办运函〔2017〕546号
	《交通运输部办公厅关于加强车辆运输车第二阶段执法检查的通知》	交办运函〔2017〕1213号
	《交通运输部办公厅　公安部办公厅关于印发规范公路“治超”执法专项整治行动工作方案的通知》	交办公路〔2017〕130号
	《交通运输部　公安部关于治理车辆超限超载联合执法常态化制度化工作的实施意见（试行）》	交公路发〔2017〕173号

续表

层级	名称	备注
政策文件	《交通运输部办公厅关于印发〈2019 年交通运输信用体系建设工作要点〉的通知》	交办政研函〔2019〕474 号
	《交通运输部关于进一步提升公路桥梁安全耐久水平的意见》	交公路发〔2020〕127 号
	《交通运输部关于进一步加强全国治理车辆超限超载工作的通知》	交公路函〔2020〕298 号
	《交通运输部关于印发〈农村公路中长期发展纲要〉的通知》	交规划发〔2021〕21 号
	《交通运输部关于进一步加强全国治理车辆超限超载工作的通知》	交公路函〔2020〕298 号
	《交通运输部办公厅　公安部办公厅关于印发〈公路安全设施和交通秩序管理精细化提升行动方案〉的通知》	交办公路〔2022〕14 号
	《交通运输部关于印发〈“十四五”公路养护管理发展纲要〉的通知》	交公路发〔2022〕46 号
标准	《汽车、挂车及汽车列车外廓尺寸、轴荷及质量限值》	CB 1589—2016
	《汽车和挂车类型的术语和定义》	GB/T 3730. 1—2001
	《高速公路改扩建交通组织设计规范》	JTG/T 3392—2022

2. 2. 3　超载治理主要方式方法

从 20 世纪 80 年代以来，各级政府按照“高速公路入口称重阻截、干线公路设站检查执法、农村公路限高限宽保护”等原则①，坚持人防、物防、技防相结合的工作格局，主要采取了以下“治超”方式：

① 何伟雄. 广东省治理车辆超载运输问题研究［D］. 广州：华南理工大学，2011：16-18.

1. 设站检查

设站检查，是指为了保障公路安全运输、保护公路设施完好、提高公路管理水平而在公路上设立执法场所和设施对货运车辆实施超载检测、认定、查处和纠正违法行为。设站需要按照《公路超限检测站管理办法》（交通部令 2011 年第 7 号）进行规划，并经省级人民政府批准。公路检查站一般设置于各省市主要公路市界及交通节点处，能够满足“治超”、公安、交管、路政、运政等部门执法需求，设有综合楼（含综合执法大厅、办公区、住宿区、食堂等）、检测场地、卸载场、停车场、场内外道路、各种机电设施等。截至 2021 年 12 月底，全国在运行的超限检测站共 1789 个，初步构建了省市交界公路以固定“治超”站为主、腹地及重点绕行路段以流动检测为辅的公路超载管控网络。

2. 流动执法

近年来，随着超载治理工作的深入开展，固定站点“治超”工作已步入常态化管理，固定站区超载率已稳定控制在目标要求以内。但是新的问题又出现了，营运车辆为追求超额利润，绕行固定超载检测站，逃避静态精准检测及处罚。为此，各地交通路政、运政和公安交管、治安等部门定期开展路面流动“治超”，高峰期一般每周不少于一次，依法查处绕道逃避检查的车辆。

3. 源头治理

源头治理，是指把超载治理的重点放在货物集散地、货物装卸现场。例如，在砂石料场、水泥厂、搅拌站、矿山、港口等厂区安装秤台，对进出车辆进行称重，保证超载车辆进不来、出不去、上不了路。政府监管企业的主要方式是运政人员驻点和巡查源头以及建立信息化监管网络。2011 年 7 月，交通运输部下发《关于加强道路货运车辆超限超载源头治理工作的通知》（交运发〔2011〕355 号），要求各地交通运输部门和道路运输管理机构认真学习和推广重点货运站场运政人员派驻和巡查管理办法，从货运源头入手实施监管，杜绝超载车辆出场上路行驶。例如，内蒙古坚决取缔非法货运源头，以矿山、煤场、水泥厂为重点进行驻点监管，并安装称重检测设备进行出场称重，促使货运源头按标准装载。陕西省建立源头

“治超”保证金制度，申请人在办理砂石料开采许可时，必须到交通部门缴纳源头“治超”保证金、安装计重设备、电子监控设施，并建立装载台账。[①] 车辆生产、改装、年检查验是源头管控的重点，如果每辆车都是标准车型和合理用途，货物超载将是很难的事情。但是从各地实施的情况来看，政府源头监管的效果极其有限。

4. 计重收费

计重收费在历史上发挥了一定的作用。2005 年，交通部下发《关于印发收费公路试行计重收费指导意见的通知》（交公路发〔2005〕492 号），指导各地积极推广收费公路计重收费管理办法，通过经济调节手段，消除车辆因超载而获得的超额利润，减少合法运输车辆的通行费支出，鼓励车辆合法装载运输。同时，结合成品油税费改革，全面取消了公路养路费、公路客货运附加费等六项收费，逐步有序取消政府还贷二级公路收费，进一步减少了公路货运车辆的缴费支出。高速公路计重收费的基本原则是“标准车型、标准装载、标准收费；标准车型、超额装载、超额收费”，充分体现了公平合理，多载多缴费，少载少缴费，对超载运输加价收费，保护了守法运输户的利益，遏制了超载运输行为。2001 年起，天津等省市先行试点计重收费，计重收费已在全国推广。计重收费对严重超载实行加价收费，加价后的费率为基本费率的 16 倍，对超载幅度比较高的车辆起到了预期的遏制作用，高速公路超载运输车辆显著减少。以河北省石太高速为例，实施计重收费后，超载 100%以上的车辆控制在 0.5%以内，效果显著。随着国务院办公厅《深化收费公路制度改革取消高速公路省界收费站实施方案》的印发，2020 年 1 月 1 日起，取消高速公路省界收费站，货车通行计费方式由计重收费改为按轴收费。

5. 高速公路入口阻截

国内目前做得好的省份如山西，主要做法是在高速公路货车比例高的收费站前端，首选在收费广场右侧、匝道入口处设置超载预检系统、劝返站和劝返通道，劝返站采取合法装载车辆不停车检测自动放行、超载车辆

---

① 白秋薇．凝聚多方合力重拳出击“源头”［N］．中国交通报，2013-10-25（4）．

人为干预的模式。由于后天改造受条件和环境制约且成本很高，因此应在新建、在建项目中结合主体工程进展同步进行，有效整合收费站、服务区等空间资源，优化检测、劝返、收费区域交通组织，合理设置各类设施设备，在保障安全畅通的前提下，为提升高速公路"治超"水平和管理水平创造环境。

6. 物防保护

主要做法是按县级政府主抓、乡镇为主、群防群治的工作机制，构筑县级及县级以下道路物防体系，在重点桥梁、城乡接合部和货场、厂矿、砂石料厂等存在超载车辆绕行可能性较大、等级相对较低的农村公路重要出入口及节点位置，设置限宽、限高、限载标识标牌，设置限宽墩、梅花桩、龙门架、升降架等多种物防设施，防止重型、大型超载车辆绕行逃避检查，有效保护重点桥梁和农村公路。例如，青海省编制了《农村公路限高、限宽设施执行标准》和《农村公路限高、限宽设施设计指南》，统一规范、合理设置全省农村公路限高、限宽标准，防止超载车辆破坏农村公路，保护农村公路建设成果。

7. 专项行动

2004 年 6 月，交通部会同公安部等七部委，在全国范围内联合开展了集中治理专项行动，联合打击超载运输行为。公安部负责对超载车辆记分，配合交通部门引导货车进站检测；质监部门制定载重限值标准和动态称重技术要求；工信部门负责车辆合法生产，杜绝大吨小标车辆出厂；工商部门负责查处非法销售不合格车辆和非法改装窝点。在地方，都建立了综合整治的临时机构，水利、国土、建设、安监、发改、财政等部门都履行各自职责，参加超载综合治理。地方政府是"治超"专项行动的组织者，如京津冀三省市连续多年开展联合"治超"专项行动，高水平完成了一系列重大活动"治超"保障工作。

综上所述，经过多种措施的综合运用，"治超"工作政策法规不断健全，执法力度不断加强，超载率大幅下降，交通秩序显著好转，道路污染明显减少，路桥设施得到有效保护，公路"三乱"得到有效遏制，"治超"工作成效显著。但在传统的多方式"治超"手段共同作用下，产生超载的各种条件和基础并未完全消除，在一些地区的一些重点路段，违法超载运输的现象仍然比较严重，严重威胁人民群众生命财产安全和国家道路基础设施安全，这说明基本消除超载还需继续寻找更加有效的方式。

2.2.4 “治超”非现场执法——一种新的解决问题的手段

正如上文所述，面对我国公路网的快速发展、总里程的不断加长，传统的固定式检测站覆盖率较低，已经难以满足超载治理的需要。在公路主路上设置动态称重检测设备，采用新一代信息技术实时检测车辆载重已经成为超载治理的一个重要手段。[①] 信息化能力是“治超”能力现代化的突出体现，以智慧交通为引领，运用信息技术破解“治超”发展难题、提升管理和服务水平，已经成为国内外交通发展的战略选择。

1. “治超”非现场执法的提出

基于第1章中政治、经济、社会和技术进步的时代背景，可以判断“治超”工作必将呈现出“变革、智慧、全面、融合”的发展趋势。[②]

（1）变革

传统执法模式下，很难解决厌战情绪、工作松懈、执法力度衰减、执法过程和痕迹记录不全面、责任追究制度不完善、强行冲卡逃逸、聚众抗法、恶意殴打执法人员等难题，传统的“治超”手段可以挖掘的潜力在逐步衰减。随着社会的进步及新的技术革命，“治超”自身的革命也将会发端于“治超”技术，而后推动“治超”制度、组织、流程和装备变革，并引发该领域生产力和生产关系的调整。

（2）智慧

随着物联网、云计算、移动互联网、大数据等新兴信息技术日趋成熟，“治超”的方式方法必将从人防、物防向智慧“治超”转变。智慧“治超”的实施，必将在“治超”领域产生海量的数据，通过对数据的挖掘分析，

---

① 林鑫．公路车载动态称重系统的设计与开发［D］．南昌：华东交通大学，2008.

② 张新，杨建国．智慧交通发展趋势、目标及框架构建［J］．中国行政管理，2015（4）：150-152.

发现超载运输运行规律，预测超载的未来趋势，及时调整和制定相应措施，实现"治超"工作由被动式治理向主动式治理转变。

（3）全面

"治超"是从进站检查、路面查纠到源头管控的系统工程，有效的治理必会涉及超载治理的所有业务、所有人、所有设施、所有装备、所有企业，涉及超载的各方面、各环节，统筹协调、综合整治、标本兼治是对未来"治超"手段的根本要求。

（4）融合

科技"治超"与依法"治超"融合发展是行业主流。[①] 科技"治超"提升执法的智能化水平，形成新的管理和服务形态，实现执法方式线上与线下，跨区域、跨部门协同联动、无缝衔接，最终也会促进从根本上解决"治超"执法多头管理、职责不清、机制不活、效率不高、管理体制不顺等一系列问题。

基于以上趋势，本书提出"治超"非现场执法是主导未来"治超"的主要模式，并对其开展制度设计和技术框架研究，强化政策手段，建立多部门协同、跨区域联动、全国联网联控的高效"治超"执法体系，探索"治超"根本之策。这是创新执法模式、从根本上加快消除公路货运车辆超载运输的一个方向性选择。目前我国浙江、江苏、安徽、广西、广东等省已经开始局部试点工作。

截至 2020 年 12 月底，各省、自治区、直辖市"治超"非现场执法建设情况如下：

在建省份：广东、广西、浙江、江苏、河南、山东、福建、湖南、湖北、天津、北京；试点推广省份：山西、河北、吉林、辽宁、宁夏、安徽、四川、内蒙古、新疆。

以山东为例，至 2021 年 8 月末，增加点位累计批复超过 800 个，预计全省执法点位总数 1000+，目前完成建设点位 200 余处，在建近 200 处，处于建设高峰期。

---

① 王鑫涛，史丽平．科技手段在治理公路车辆超载中的应用［J］．中国交通信息化，2015（2）：118-120.

2. “治超”非现场执法的特征

“治超”非现场执法的特征，主要体现在以下几个方面：

（1）综合性

“治超”非现场执法技术的应用、扩散、推广及该技术的社会化，需要交管部门、公安部门、路政部门、技术监督及监测部门的共同参与配合才能取得更大成效。

（2）全覆盖

相比传统的“治超”检测站建设，对土地、建筑等自然资源的依赖性小，建设成本低，凡是需要监测的路段一般情况下均可以铺设。

（3）全天候

公路“治超”非现场执法技术是一个集视频监控、信息采集、卫星定位和互联网技术于一体的复杂系统，通过设置在路面上的外场设施设备，24 小时监测和抓拍来往车辆。非现场执法设备大多无人值守，符合机器换人的发展趋势，能有效化解车多人少、监管公路里程长的困境。

（4）高效性

在“治超”执法过程中，传统的“治超”站治理超载效率低，投入大量的人力资源，但监控的时间空间、处罚的数量都受限制。非现场执法与传统的固定式“治超”站相比，可以在不受时空限制的情况下，对公路过往车辆在不停车状态下完成检查、记录，能够通过“治超”非现场执法平台在第一时间发现、预警、告知、处理超载案件。

（5）直观性

非现场执法监控设备采集的图像、载重量、车型等数据相互匹配，形成相对直观的违法证据。更重要的是图像是多角度、多模式采集的数张图片，还有一小段视频可以回放，能够有效消除违法者的顾虑和疑惑。

（6）事后性

根据监测到的数据和图像，对于超载情形非常严重的货车，执法人员接到预警后立即出现场，在前方对违法车辆进行拦截和扣押。实践中，对于超载情形比较严重的车辆都应进行事后处罚，即违法事件发生后，通过文书、电话、短信等方式告知当事人按相关流程在一段时间内接受处罚和消除违法记录。

（7）非对抗性

在非现场执法中，大多数情况下执法人员不用现场拦截车辆，不会与当事人面对面发生冲突，有效地避免了暴力抗法、柔性抗法和由此引发的不必要的人员伤亡。

3. "治超"非现场执法的意义

长期以来，针对超载车辆，公路管理机构主要依靠设立的固定超载检测站点，采用人为拦车进站检测的传统治理模式。随着国家经济迅速发展，目前传统治理模式已不能完全满足现有"治超"管理的需求。"治超"非现场执法是公路"治超"从传统方式向现代化、智能化执法的一次重大转变，是科技引领下"数字公路"建设的成果体现，是利用科技装备和手段进行依法行政追查处理的一种崭新管理模式。

（1）弥补公路管理的空当，实现全天候执法

公路路线长，车辆机动性、流动性强，以往查获超载车辆实行的"人海战术""围追堵截"方式已无法满足当前需求，非现场执法设备实现了实时不间断监控执法，延伸公路管理的时间，形成立体化、多功能的科技管控网络，促进监管模式的科学转型。

（2）保障执法人员的权益，解决车辆拦截的安全问题

用自动化监管设备代替执法人员的巡查，减轻执法人员的工作量和劳动强度，优化人力资源，解决执法人员不足的问题，防止在执法工作中的面对面冲突和对抗，提高执法工作的安全性和执法效率。

（3）体现公正公平执法，契合依法治国的精神要领

"治超"非现场执法数据实时生成，重证据、重事实，按照统一的标准取证和裁量，不会因人而异、时紧时松，并且查、处分离，透明高效，阳光执法，避免现场执法尺度不统一的问题，有效保证法律面前人人平等，能够极大地消除违法当事人的怀疑心态和对抗心理。

（4）有利于震慑潜在的违法行为人，使其增强遵纪守法意识

"治超"执法专项行动给人的印象是一阵风似的突击性执法，风头一过，执法对象又开始猖獗起来，长效管控的效果难以维系。电子监控设备

的存在，让执法对象感觉到网络监控就像一双“天眼”，时刻监视着公路上行驶的一切车辆，法网恢恢，疏而不漏，让司机不敢、不愿、不想超载运输。

2.2.5　各种“治超”方式比较分析

为了论述“治超”非现场执法的先天优越性和可行性，下面对上文描述的八种“治超”方式的优势和局限性做进一步的比较，参见表 2-2。

表 2-2　主要“治超”方式及其优势与局限性比较

“治超”方式	优势	局限性
设站检查	卡口作用明显，执法威慑力大；能够查处各类违法行为，执法面广；能够现场处罚和消除超载行为	耗时耗力并容易造成交通严重拥堵；“一刀切”的逐一检查模式容易引起守法运营方的抱怨和误解；驻站执法人员的人数、人力难以保障；建站资金投入大，运维成本高；个别执法人员权力寻租
流动执法	针对性强，有目的、有目标执法；执法成本相对较小	检测率低，覆盖面小，挂一漏万；难以做到 24 小时运转；部门协作难度大，公安、交通等部门的执法力量难以同时配齐，执法检查频次难以达到目标；容易引发正面冲突，拦车检查风险大，有时执法人员甚至会付出生命的代价
源头治理	有利于治本；让企业承担“治超”的主体责任	政府管理人员入驻厂区不具可持续性；称重和计量设备位于厂区，容易受到厂家破坏；巡查和责任倒查流于形式；事关地方经济发展和城市建设，地方政府积极性不高
计重收费	检测率高；多载多付费，采取经济杠杆约束司机超载动机，体现公平；有利于减轻超载对道路的破坏，减少交通事故，减少高速公路养护费用	企业行为与执法行为目标不一致，联动性差；计重系统精度差异引发司机与收费站矛盾，收费延误，通行效率不高；引发逃费、搓磅、跳磅等违法行为；司机绕行普通公路，加重非收费公路的压力
高速公路入口阻截	阻止超载大货车驶入高速公路，弥补计重收费的不足	受地理条件限制，施工难度大，尤其是在已建成高速公路上补建阻截站审批手续周期长、成本高；如果没条件设置大货车劝返通道，极易造成交通拥堵和交通事故

续表

“治超”方式	优势	局限性
物防保护	简单易行，造价成本低，保护农村公路	容易引发交通事故，如大型车冲撞限高架有可能被削顶；限宽设施有可能对公交车、消防车、救护车等特种车辆通勤造成影响；主要农村公路设施，设置范围受限
专项行动	集中精力打“歼灭战”；声势大，宣传效果好；威慑力大	难以形成长效机制，类似“割韭菜”，时有反弹；对人力、财力要求比较高
非现场执法	全覆盖，全天候，非对抗，经济性，促使运输业户行为自律	在第一时间消除违法超载行为的难度较大；对司机自觉配合接受处罚依赖性很大

表2-2对各种“治超”方式的优势和劣势作了分析，传统手段劣势主要包括治理超载的手段相对比较滞后，治理效率较低，只有超载问题严重到一定程度时才予以重视，缺乏对超载事态及时、准确的把控；执法流程复杂，执法过程长、效率低，容易激化车主与执法人员的矛盾；需要专门的低速精检场地、设备以及人员，投入大、维护成本高；车辆低速精检的过程有可能严重影响车辆通行效率；在人员短缺的情况下，存在执法漏洞，车辆逃逸、逃费现象，并且逃逸后无据可查；可能导致执法不公等问题。

非现场执法方式通过违法监测、称重检测设备等技术手段的升级和应用，实现对超载运输车辆的全天候监控，有效延伸了管理的时空范围，缓解执法力量不足的矛盾，其表现的优势包括执法资源投入少，只需要专用的检测设备，不需要专门的检测场地、专门的检测人员，维护成本低；避免执法不公，封堵执法漏洞；所有的违法事件都有现场视频、图像证据和检测数据；提升交通通行效率，避免因检测引起交通拥堵；避免执法人员与违法车辆现场发生冲突的可能。

因此，从务实的角度出发，解决现实的问题需要把政策重心放在“治超”非现场执法的制度谋划上。

2.3　本章小结

本章介绍了国外典型国家在“治超”制度、措施等方面的经验以及我国“治超”发展历程，通过国内外“治超”比较和我国现有八种“治超”方式方法的优劣性比较分析，论证“治超”非现场执法的必然趋势，归纳“治超”非现场执法的特征和意义。

第3章 “治超”非现场执法与其他“治超”方式的比较评价

“治超”非现场执法立足于解决传统现场执法的弊端，借助科学技术手段，采取电子监控等方式，记录车辆违法违章行为，节约人力、物力，创新监管方式，提高“治超”工作的有效性。本章比较分析“治超”非现场执法的优劣性，查找“治超”工作中存在的问题，通过构建综合评价指标体系对多种“治超”方式进行定量化评价，并对“治超”非现场执法的可行性进行评估。

3.1 评价指标体系构建

上节定性对比分析了八种超载治理方式实施过程中在经济、社会、环境方面存在的优势和各自的局限性，本节将以科学性、可操作性、可比性以及明确性为原则，构建一个涉及治理方法实施过程中成本效益的综合评价指标体系，目的是运用这一指标体系实现所有治理方式之间的可比性，对各种“治超”方式的优缺点展开更为定量化的评价分析。

3.1.1 评价指标体系构建的原则

1. 符合科学性要求

评价指标对“治超”部门的实际工作应具有一定的导向和指挥棒作用，

选择的指标含义明确，客观性指标便于计量，主观性指标没有歧义，科学地反映各种“治超”方式的综合水平，既建立在系统、善治等理论基础之上，又能反映“治超”工作实践；既有结果指标，又有过程指标；指标的设置既能测量超载治理的现状，也要适当反映未来治理的趋势。

2. 符合可操作性要求

“治超”方式评价指标体系的设计必须考虑其指标的可获得性，用以测评的数据如果无法量化或难以取得，也不必过于强求，如司机自律情况、“治超”对清洁空气的贡献率等。主客观指标比例要适中，防止评价失真。

3. 符合可比性要求

区域不平衡、发展不平衡是中国的特点，有些“治超”方式过去有效，现在未必有效；在有些地方有效，在有些地方未必有效。有比较才有评价，而比较建立在可比性之上，“治超”方式的评价指标应当在口径、数值等设计上，满足不同的时间跨度或空间分布具有可比性的需求，即横向可比、纵向也可比。

4. 符合属性一致性要求

面对不同的“治超”方式，指标数值的大小与所反映的治理效果均成正比例关系或者成反比例关系，则属性一致，指标分值与权重不用调整；如指标属性不一致，则应根据“治超”方式综合评价的重点适时调整，在不同层面赋予不同的分值与权重。如果指标体系比较复杂，后一种情况应当尽力避免。

3.1.2 评价指标体系设计

从治理方法实施过程中成本效益的经济性，对超载行为控制情况和覆盖情况，手段实施过程中法律法规的保障和健全程度，方法实施后对公众、管理者和被管理者带来的影响等方面细化，笔者将评价“治超”方式的指标分成三级指标，其中一级指标 7 个、二级指标 15 个、三级指标 39 个，构成一个总的评价指标体系（见表 3-1），综合反映“治超”所要达到的目标。

表 3-1　治理超载方式评价指标体系

一级指标	二级指标	三级指标
1. 经济性	1. “治超”效益	1. 超载罚款额
		2. “治超”预期收益值
	2. “治超”成本	3. 人员投入
		4. 经费投入
2. 执行情况	3. 工作执行情况	5. 站点经费比
		6. 实际效率
	4. 车辆被检情况	7. 受检率
		8. 超载率
		9. 车辆处罚率
		10. 超载 10%以下车辆占比
	5. “治超”手段效率	11. “治超”手段检测效率
		12. “治超”手段检测精度
3. 覆盖范围	6. “治超”站覆盖情况	13. “治超”检测站点个数
		14. 站点覆盖率
	7. 人员覆盖情况	15. 运政执法人员监测情况
		16. 路政执法人员监测情况
		17. 交管执法人员监测情况
		18. 治安执法人员监测情况
		19. 人员覆盖有效范围
4. 技术手段健全性	8. 监测设备自动化程度	20. 检测设备配备
		21. 监控设备配备
		22. 网络设备配备
	9. “治超”设备质量	23. “治超”设备的检测精度
		24. “治超”设施设备

续表

一级指标	二级指标	三级指标
5. 法治化程度	10. “治超”处罚灵活性	25. 多部门执法
		26. 处罚标准
		27. 监督程序
	11. 制度健全性	28. 执行程序标准化
		29. 辅助手段
		30. 多部门协调
		31. 保障措施
6. 用户满意程度	12. 用户反馈情况	32. 社会负面舆情
		33. 政府建设积极性
	13. “治超”内部情况	34. 引起正面冲突的程度
		35. 部门协作程度
7. 外部影响程度	14. 受外部影响	36. 受天气影响程度
		37. 对外部条件依赖程度
	15. 对外部影响	38. 控制交通事故的程度
		39. 造成交通拥堵的程度

1. 经济性

经济性反映在“治超”过程中投入的成本和带来的收益，具体包括管理部门投入的人力、物力等相关成本和养护资金的投入，以及由此给管理部门和社会带来的效益等方面。在评价过程中，经济性指标包含“治超”效益和“治超”成本两个二级指标。

（1）“治超”效益

开展治理超载行为为政府、社会等带来的收益或是预期收益，包括超载罚款额和“治超”预期收益值。

①超载罚款额：在治理超载工作中对超载车辆依据超出额度所作出的惩罚金额。计算过程中，根据车辆超出规定限额的百分比设置不同的罚款额度值或按照超载额度 500 元/吨，平均每辆车最少超载 10 吨，对超载预期收益值进行计算。

②“治超”预期收益值：在治理过程中，如果没有意外事件发生时，

根据已知信息所预测“治超”能得到的收益。例如，通过养护资金投入和超载车辆线性函数关系分析，建立养护投入与超载的线性关系公式：

$$y=0.0886x+3.0317$$

y：养护资金投入（万元）；

x：超载车辆数（辆）。

根据以上数据模型，经测算，每减少1辆超限车，相对应的养护资金投入将减少约4万元。计算过程中以每月超载车辆数计。

（2）“治超”成本

“治超”工作开展过程中需要投入的人员和相关经费，包括人员投入和经费投入。

①人员投入：投入到“治超”工作中的到岗人员，其计算方法为将投入到“治超”工作中的包括路政、运政、交管、治安和协管等到岗的人员总数进行加和。

②经费投入：治理超载投入的财政经费，计算方法为将按站点等级标准转移支付各地“治超”站的建设运行经费、地方财政投入和“治超”手段投入等进行加和。

2. 执行情况

执行情况反映“治超”工作和“治超”手段的有效性，描述“治超”工作实施过程中管理人员工作执行情况、对于道路上行驶车辆检测的执行情况以及对非法超载行为的处罚情况等方面。执行情况指标包括工作执行情况、车辆被检情况和“治超”手段效率三个二级指标。

（1）工作执行情况

综合评估“治超”工作的经费、人员等投入与工作实施效果情况。

①站点经费比：描述“治超”工作的投入与产出情况，分析比较财政下划经费数额与“治超”工作量，计算方法为运行费用与站点数比值。

②实际效率：描述在单位时间里实际完成的检测车辆数目，计算方法为治理过程中检测的车辆数除以相应的检测时间。

（2）车辆被检情况

车辆在通过“治超”检查站时依据检测流程开展的实际工作。

①受检率：描述“治超”检查站对通过车辆的检测情况，即执行过程中受检车辆或被查处货车占全部路段通行货车流量的比值。

②超载率：描述在受检车辆中查出的有超载行为的车辆的情况，即超载车辆占全部受检车辆的比值。

③车辆处罚率：描述“治超”工作中因超载受到处罚的车辆情况，即处以卸载、经济、行政或刑事惩罚的车辆数量占全部超载车辆的比值。

④超载 10%以下车辆占比：描述“治超”中查处的超过限重 10%以下车辆的情况，也就是超载比例并不大的车辆，即超载 10%的车辆数量与超载车辆总数的比值。

（3）“治超”手段效率

常用的“治超”手段在施行过程中带来的效果，包括“治超”手段检测效率和“治超”手段检测精度。

①“治超”手段检测效率：描述设站检查、流动执法、物防、计重收费和高速公路入口阻截等“治超”手段检测效率的相对高低。

②“治超”手段检测精度：各“治超”手段实行“治超”检测过程中相对精度的高低。

3. 覆盖范围

覆盖范围反映“治超”站点设置和人员分布的区域范围，包括对站点设置的位置、范围以及不同类型管理人员配备和监测情况的描述。覆盖范围指标包括“治超”站覆盖情况和人员覆盖情况两个二级指标。

（1）“治超”站覆盖情况

在“治超”工作中所设置的“治超”站，以及由于这些“治超”站存在对路面交通的有效覆盖范围，包括“治超”检测站点个数和站点覆盖率。

①“治超”检测站点个数：在不同的行政区划内设置的检查站的数量，计算方法为将同一地区内“治超”检测站点个数进行加和。

②站点覆盖率：设站公路条数除以公路总条数，描述“治超”检查站在检查过程中所能覆盖的地理区域范围。

（2）人员覆盖情况

执法过程中不同职责执法人员监测车辆数量与配备的人员数量的比值

以及这些人员工作所能覆盖的地理范围，包括运政执法人员监测情况、路政执法人员监测情况、交管执法人员监测情况、治安执法人员监测情况和人员覆盖有效范围。

①运政执法人员监测情况：交通运输行政执法过程中监测车辆数量与配备人员数量的比值，计算方法为将统一行政区划内多个检查站的运政执法公路条数除以人员配备数量。

②路政执法人员监测情况：交通主管机关及其授权的公路管理机构根据国家法律、法规、规章，对公路使用者以及其他相对人执法过程中监测车辆数量与配备人员数量的比值，计算方法为将统一行政区划内多个检查站的路政执法人员监管公路条数除以人员配备数量。

③交管执法人员监测情况：“治超”过程中交通警察监测车辆数量与配备警察数量的比值，计算方法为将统一行政区划内多个检查站的交管执法人员监管公路通行货车除以相应人员配备数量。

④治安执法人员监测情况：“治超”过程中配备的公安派出所工作人员监测的车辆数量与工作人员数量的比值，计算方法为将统一行政区划内多个检查站的治安执法人员监管公路条数除以人员配备数量。

⑤人员覆盖有效范围：描述“治超”人员配备在检查过程中所能覆盖的地理区域范围。

4. 技术手段健全性

技术手段健全性反映不同“治超”手段配备的硬件设备的完备性以及这些检测手段的自动化程度。技术手段健全性指标包括监测设备自动化程度和“治超”设备质量两个二级指标。

（1）监测设备自动化程度

综合检查站、单一“治超”站、源头监管点和无人值守站点等监测站点设备配备的情况，包括检测设备配备、监控设备配备和网络设备配备。

①检测设备配备：不同检测站点检测型设备的数量分布，计算方法为将统一行政区划内多个检查站的检测设备配备数量加和。

②监控设备配备：不同检测站点监控型设备的数量分布，计算方法为将统一行政区划内多个检查站的监控设备配备数量加和。

③网络设备配备：不同检测站点网络型设备的数量分布，计算方法为将统一行政区划内多个检查站的网络设备配备数量加和。

（2）“治超”设备质量

设站检查、流动执法、物防、计重收费和高速公路入口阻截等手段检测的精度和检测过程中设施设备完善程度。

①“治超”设备的检测精度：各“治超”手段检测的低、中或高三种不同的精度。

②“治超”设施设备：不同“治超”手段中所配备及使用的执法设施设备等的完备程度。

5. 法治化程度

法治化程度反映与“治超”相关的法律法规的健全程度以及超载行为处罚的完备程度，法治化程度包括“治超”处罚灵活性和制度健全性两个二级指标。

（1）“治超”处罚灵活性

从“治超”手段实施方式、对超载行为处罚以及最后对该方法后续监管全过程追踪，包括多部门执法、处罚标准和监督程序。

①多部门执法：“治超”过程中依靠多个部门投入开展执法行为的必要性。

②处罚标准：针对超载处罚、卸载、非法改装处罚、超载记分所制定的与路政执法、交通运政执法和公安交管执法相关的处罚标准数量的加和。

③监督程序：指对执行“治超”处罚过程的监督程序以及是否完备。

（2）制度健全性

在“治超”过程中对各种超载行为作出处罚时制度的完备程度。

①执行程序标准化：“治超”手段是否有统一的流程，各阶段的执行是否有规范性文件或标准。

②辅助手段：“治超”手段在实施过程中是否需要其他手段的辅助作用。

③多部门协调：“治超”手段在实施过程中是否需要政府其他相关部门的协助。

④保障措施：是否存在与“治超”手段相配套的保障措施，确保该

“治超”手段在“治超”过程中起到有效作用。

6. 用户满意程度

用户满意程度反映在“治超”过程中不同手段可能会对社会、政府、司机、其他交通参与者等带来的影响程度，以及民众对这些手段实施效果的反馈和评价。用户满意程度指标包括用户反馈情况和“治超”内部情况两个二级指标。

（1）用户反馈情况

民众对超载治理的信息反馈或者政府对不同“治超”手段的积极性。

①社会负面舆情：民众对超载治理的信息反馈情况，计算方法为将一段时间内“治超”负面信息报道数量进行加和。

②政府建设积极性：不同“治超”手段在实施过程中地方政府的反应情况，政府对推广这一方法的积极性。

（2）“治超”内部情况

不同“治超”方式所引起的用户之间的协作或冲突程度，包括引起正面冲突的程度和部门协作程度。

①引起正面冲突的程度：“治超”方法在实施过程中可能会引起执法人员和超载人员之间的冲突。

②部门协作程度：执法过程中多个部门之间是否可以合作以及合作可能实现的程度。

7. 外部影响程度

外部影响程度反映“治超”手段与外部环境之间的相关影响过程，包括受外部影响和对外部影响两方面：受外部影响如受到司机自觉性的影响、受到天气的影响、受到道路条件的制约等；对外部影响如“治超”手段可能会造成交通拥堵、因“治超”导致驾驶员绕道行驶而造成其他道路路面破坏等。外部影响程度指标包括受外部影响和对外部影响两个二级指标。

（1）受外部影响

不同的“治超”手段受到外界天气以及其他环境等外部条件的影响程度，包括受天气影响程度和对外部条件依赖程度。

①受天气影响程度：各种“治超”手段是否受到天气影响以及受到天

气影响程度的大小。

②对外部条件依赖程度：“治超”手段在实施过程中受地理条件、场地环境等的制约情况。

（2）对外部影响：在实施“治超”手段过程中查验车辆、称重等可能会带来的交通拥堵或是由于车辆超载行为而导致的交通事故。

①控制交通事故的程度：采取“治超”手段在治理车辆超载行为时能够控制的交通事故的程度。

②造成交通拥堵的程度：采取“治超”手段对车辆超载进行管控时可能造成的交通堵塞程度。

3.2　评价指标权重及评价标准的确定

权重反映指标在评价体系中的重要程度，合理确定一个指标的权重，是对公路超载治理各方式科学评判的关键。本书二级指标和三级指标的权重值直接影响最终评价的结果，权重值的调整也会引起八种“治超”方式优劣顺序排名的变动。指标权重的确定方法分为客观赋权法和主观赋权法，客观赋权法主要是利用客观数据来计算指标权重，主观赋权法根据主观对各项指标重视程度对其赋权，主要有德尔菲法（Delphi）、层次分析法（AHP）等。[①]

“治超”统计工作基础薄弱，大量的信息需要向长期从事这项工作的管理人员或专家咨询，因此，本书选择主观赋权法中的层次分析法作为确定指标权重的方法。层次分析法是匹兹堡大学教授萨蒂（T. L. Saaty）1973 年提出的政策评价方法，最大的特点是对定性问题作定量分析。[②]

3.2.1　指标权重的确定

本书选取了对超载治理情况比较熟悉的管理人员作为确定评价指标权

① 姜启源．数学模型［M］．北京：高等教育出版社，1999：241.

② 王莲芬，许树柏．层次分析法引论［M］．北京：中国人民教育出版社，1999：2-5.

重值的专家。根据“治超”方式综合效率一级评价指标分成七部分，每部分根据表3-2所给出的判断矩阵标度进行对比。

表 3-2　一级指标判断矩阵及其权重计算结果

评价指标	判断矩阵	权重	一致性检验
经济性 B_1	1 1 3 5 5 7 9	0.3357	CR=0.0346
执行情况 B_2	1 1 1 3 3 5 7	0.2271	
覆盖范围 B_3	1/3 1 1 3 3 5 7	0.1957	
技术手段健全性 B_4	1/5 1/3 1/3 1 1 3 5	0.0871	
法治化程度 B_5	1/5 1/3 1/3 1 1 3 5	0.0871	
用户满意度 B_6	1/7 1/5 1/5 1/3 1/3 1 3	0.0429	
外部因素影响程度 B_7	1/9 1/7 1/7 1/5 1/5 1/3 1	0.0243	

1. 一级指标各因素权重计算

笔者按照和积法对其中一位专家调查问卷进行计算，具体过程如下：

①判断矩阵每一列进行正规化：

$$\sum_{i=1}^{7} b_{i1} = 1 + 1 + \frac{1}{3} + \frac{1}{5} + \frac{1}{5} + \frac{1}{7} + \frac{1}{9} = 2\frac{311}{315},$$

$$q_{11} = \frac{b_{11}}{\sum_{i=1}^{7} b_{i1}} = 0.33,\ q_{21} = \frac{b_{21}}{\sum_{i=1}^{7} b_{i1}} = 0.33,\ q_{31} = \frac{b_{31}}{\sum_{i=1}^{7} b_{i1}} = 0.11,\ q_{41} = \frac{b_{41}}{\sum_{i=1}^{7} b_{i1}} = 0.07,\ q_{51} = \frac{b_{51}}{\sum_{i=1}^{7} b_{i1}} = 0.07,\ q_{61} = \frac{b_{61}}{\sum_{i=1}^{7} b_{i1}} = 0.05,\ q_{71} = \frac{b_{71}}{\sum_{i=1}^{7} b_{i1}} = 0.04$$

同理，对所有元素正规化，可得到正规矩阵：

$$Q = \begin{bmatrix} 0.33 & 0.25 & 0.50 & 0.37 & 0.37 & 0.29 & 0.24 \\ 0.33 & 0.25 & 0.17 & 0.22 & 0.22 & 0.21 & 0.19 \\ 0.11 & 0.25 & 0.17 & 0.22 & 0.22 & 0.21 & 0.19 \\ 0.07 & 0.08 & 0.06 & 0.07 & 0.07 & 0.12 & 0.14 \\ 0.07 & 0.08 & 0.60 & 0.07 & 0.07 & 0.12 & 0.14 \\ 0.05 & 0.05 & 0.03 & 0.02 & 0.02 & 0.04 & 0.08 \\ 0.04 & 0.04 & 0.02 & 0.01 & 0.01 & 0.01 & 0.03 \end{bmatrix}$$

②对正规矩阵 Q 按行相加：

$$a_1 = \sum_{j=1}^{7} q_{1j} = 0.33 + 0.25 + 0.50 + 0.37 + 0.37 + 0.29 + 0.24 = 2.35$$

$$a_2 = \sum_{j=2}^{7} q_{2j} = 0.33 + 0.25 + 0.17 + 0.22 + 0.22 + 0.21 + 0.19 = 1.59$$

$$a_3 = \sum_{j=3}^{7} q_{3j} = 0.11 + 0.25 + 0.17 + 0.22 + 0.22 + 0.21 + 0.19 = 1.37$$

$$a_4 = \sum_{j=4}^{7} q_{4j} = 0.07 + 0.08 + 0.06 + 0.07 + 0.07 + 0.12 + 0.14 = 0.61$$

$$a_5 = \sum_{j=5}^{7} q_{5j} = 0.07 + 0.08 + 0.06 + 0.07 + 0.07 + 0.12 + 0.14 = 0.61$$

$$a_6 = \sum_{j=6}^{7} q_{6j} = 0.05 + 0.05 + 0.03 + 0.02 + 0.02 + 0.04 + 0.08 = 0.30$$

$$a_7 = \sum_{j=7}^{7} q_{7j} = 0.04 + 0.04 + 0.02 + 0.01 + 0.01 + 0.01 + 0.03 = 0.17$$

③将向量 $a = [2.35, 1.59, 1.37, 0.61, 0.61, 0.30, 0.17]^T$ 正规化得到特征向量，即指标权重 $w = [0.3357, 0.2271, 0.1957, 0.0871, 0.0871, 0.0429, 0.0243]^T$。

④计算最大特征值 λ_{max}：

$$BW = \begin{bmatrix} (BW)_1 \\ (BW)_2 \\ (BW)_3 \\ (BW)_4 \\ (BW)_5 \\ (BW)_6 \\ (BW)_7 \end{bmatrix} = \begin{bmatrix} 1 & 1 & 3 & 5 & 5 & 7 & 9 \\ 1 & 1 & 1 & 3 & 3 & 5 & 7 \\ 1/3 & 1 & 1 & 3 & 3 & 5 & 7 \\ 1/5 & 1/3 & 1/3 & 1 & 1 & 3 & 5 \\ 1/5 & 1/3 & 1/3 & 1 & 1 & 3 & 5 \\ 1/7 & 1/5 & 1/5 & 1/3 & 1/3 & 1 & 1 \\ 1/9 & 1/7 & 1/7 & 1/5 & 1/5 & 1/3 & 1 \end{bmatrix} \circ \begin{bmatrix} 0.3357 \\ 0.2271 \\ 0.1957 \\ 0.0871 \\ 0.0871 \\ 0.0429 \\ 0.0243 \end{bmatrix} = \begin{bmatrix} 2.5400 \\ 1.6657 \\ 1.4419 \\ 0.6324 \\ 0.6324 \\ 0.3063 \\ 0.1711 \end{bmatrix}$$

$$\lambda_{max} = \frac{1}{7}\sum_{i=1}^{7}\frac{(BW)_7}{w_7} = \frac{1}{7}\left(\frac{2.5400}{0.3357} + \frac{1.6657}{0.2271} + \frac{1.4419}{0.1957} + \frac{0.6324}{0.0871} + \frac{0.6324}{0.0871} + \frac{0.3063}{0.0429} + \frac{0.1711}{0.0243}\right) = 7.2822$$

⑤一致性检验：

$$CI = \frac{\lambda_{max} - n}{n - 1} = \frac{7.2822 - 7}{6} = 0.047$$

$$CR = \frac{CI}{RI} = \frac{0.047}{1.36} = 0.0346 < 0.1$$

上述过程仅为对一位专家询问中的一级指标权重计算及一致性检验，对于其他专家中各级指标权重的计算及一致性检验方法均相同，综合各位专家的打分权重计算结果如表 3-3 所示。利用相同方法对二级指标和三级指标的权重进行计算。

表 3-3　一级指标权重计算结果

一级指标	权重（W）
经济性	0.3139
执行情况	0.2341
覆盖范围	0.2031
技术手段健全性	0.0946
法治化程度	0.0873
用户满意程度	0.0416
外部因素影响程度	0.0253

2. 二级指标计算结果（见表 3-4）

表 3-4　二级指标权重计算结果

二级指标（B_1-C）	权重（W）
“治超”效益	0.5000
“治超”成本	0.5000
二级指标（B_2-C）	权重（W）
工作执行情况	0.0747
车辆被检情况	0.5717
“治超”手段效率	0.3535
二级指标（B_3-C）	权重（W）

续表

“治超”站覆盖情况	0.5000
人员覆盖情况	0.5000
二级指标（B_4-C）	权重（W）
监测设备自动化程度	0.7500
“治超”设备质量	0.2500
二级指标（B_5-C）	权重（W）
“治超”处罚灵活性	0.5000
制度健全性	0.5000
二级指标（B_6-C）	权重（W）
用户反馈情况	0.2500
“治超”内部情况	0.7500
二级指标（B_7-C）	权重（W）
受外部影响	0.2500
对外部影响	0.7500

3. 二级指标对一级指标的合成权重计算结果（见表 3-5）

表 3-5　二级指标合成权重计算结果

评价指标	B_1	B_2	B_3	B_4	B_5	B_6	B_7	合成权重（W）
	0.3139	0.2341	0.2031	0.0946	0.0873	0.0416	0.0253	
“治超”效益 C_1	0.5	0	0	0	0	0	0	0.1570
“治超”成本 C_2	0.5	0	0	0	0	0	0	0.1570
工作执行情况 C_1	0	0.0747	0	0	0	0	0	0.0175
车辆被检情况 C_2	0	0.5717	0	0	0	0	0	0.1338
“治超”手段效率 C_3	0	0.3535	0	0	0	0	0	0.0828
“治超”站覆盖情况 C_1	0	0	0.5	0	0	0	0	0.1016

续表

评价指标	B_1 0.3139	B_2 0.2341	B_3 0.2031	B_4 0.0946	B_5 0.0873	B_6 0.0416	B_7 0.0253	合成权重（W）
人员覆盖情况 C_2	0	0	0.5	0	0	0	0	0.1016
监测设备自动化程度 C_1	0	0	0	0.75	0	0	0	0.0710
“治超”设备质量 C_2	0	0	0	0.25	0	0	0	0.0237
“治超”处罚灵活性 C_1	0	0	0	0	0.5	0	0	0.0437
制度健全性 C_2	0	0	0	0	0.5	0	0	0.0437
用户反馈情况 C_1	0	0	0	0	0	0.25	0	0.0104
“治超”内部情况 C_2	0	0	0	0	0	0.75	0	0.0321
受外部影响 C_1	0	0	0	0	0	0	0.25	0.0063
对外部影响 C_2	0	0	0	0	0	0	0.75	0.0190

4. 三级指标对二级指标的合成权重计算结果（见表3-6）

表3-6 三级指标合成权重计算结果

一级指标	二级指标	三级指标	权重值
经济性 B_1 0.3139	“治超”效益 C_1 0.1570	超载罚款额 D_1	0.1178
		“治超”预期收益值 D_2	0.0393
	“治超”成本 C_2 0.1570	人员投入 D_1	0.0785
		经费投入 D_2	0.0785
执行情况 B_2 0.2341	工作执行情况 C_1 0.0175	站点经费比 D_1	0.0044
		实际效率 D_2	0.0131
	车辆被检情况 C_2 0.1338	受检率 D_1	0.0075
		超载率 D_2	0.0739
		车辆处罚率 D_3	0.0332
		超载10%以下车辆占比 D_4	0.0192
	“治超”手段效率 C_3 0.0828	“治超”手段检测效率 D_1	0.0414
		“治超”手段检测精度 D_2	0.0414

续表

<table>
<tr><th>一级指标</th><th>二级指标</th><th>三级指标</th><th>权重值</th></tr>
<tr><td rowspan="7">覆盖范围 B_3
0. 2031</td><td rowspan="2">“治超”站覆盖情况 C_1
0. 1016</td><td>“治超”检测站点个数 D_1</td><td>0. 0254</td></tr>
<tr><td>站点覆盖率 D_2</td><td>0. 0762</td></tr>
<tr><td rowspan="5">人员覆盖情况 C_2
0. 1016</td><td>运政执法人员监测情况 D_1</td><td>0. 0191</td></tr>
<tr><td>路政执法人员监测情况 D_2</td><td>0. 0114</td></tr>
<tr><td>交管执法人员监测情况 D_3</td><td>0. 0074</td></tr>
<tr><td>治安执法人员监测情况 D_4</td><td>0. 0059</td></tr>
<tr><td>人员覆盖有效范围 D_5</td><td>0. 0577</td></tr>
<tr><td rowspan="5">技术手段
健全性 B_4
0. 0946</td><td rowspan="3">监测设备
自动化程度 C_1
0. 0710</td><td>检测设备配备 D_1</td><td>0. 0237</td></tr>
<tr><td>监控设备配备 D_2</td><td>0. 0237</td></tr>
<tr><td>网络设备配备 D_3</td><td>0. 0237</td></tr>
<tr><td rowspan="2">“治超”设备质量 C_2
0. 0237</td><td>“治超”设备的检测精度 D_1</td><td>0. 0178</td></tr>
<tr><td>“治超”设施设备 D_2</td><td>0. 0059</td></tr>
<tr><td rowspan="7">法治化程度 B_5
0. 0873</td><td rowspan="3">“治超”处罚灵活性 C_1
0. 0437</td><td>多部门执法 D_1</td><td>0. 0046</td></tr>
<tr><td>处罚标准 D_2</td><td>0. 0277</td></tr>
<tr><td>监督程序 D_3</td><td>0. 0114</td></tr>
<tr><td rowspan="4">制度健全性 C_2
0. 0437</td><td>执行程序标准化 D_1</td><td>0. 0240</td></tr>
<tr><td>辅助手段 D_2</td><td>0. 0030</td></tr>
<tr><td>多部门协调 D_3</td><td>0. 0096</td></tr>
<tr><td>保障措施 D_4</td><td>0. 0072</td></tr>
<tr><td rowspan="4">用户满意
程度 B_6
0. 0416</td><td rowspan="2">用户反馈情况 C_1
0. 0104</td><td>社会负面舆情 D_1</td><td>0. 0078</td></tr>
<tr><td>政府建设积极性 D_2</td><td>0. 0026</td></tr>
<tr><td rowspan="2">“治超”内部情况 C_2
0. 0321</td><td>引起正面冲突的程度 D_1</td><td>0. 0241</td></tr>
<tr><td>部门协作程度 D_2</td><td>0. 0080</td></tr>
<tr><td rowspan="4">外部因素
影响程度 B_7
0. 0253</td><td rowspan="2">受外部影响 C_1
0. 0063</td><td>受天气影响程度 D_1</td><td>0. 0016</td></tr>
<tr><td>对外部条件依赖程度 D_2</td><td>0. 0047</td></tr>
<tr><td rowspan="2">对外部影响 C_2
0. 0190</td><td>控制交通事故的程度 D_1</td><td>0. 0143</td></tr>
<tr><td>造成交通拥堵的程度 D_2</td><td>0. 0048</td></tr>
</table>

3.2.2 评价指标分值的确定

针对评价指标体系的三个级别，分别根据指标内容的不同确定不同的评价标准，将标准划分为三个水平，对应分值分别为 1 分、2 分、3 分（见表 3-7）。

表 3-7 各方式公路超载治理效率评价标准

三级指标	评价分值		
	1	2	3
超载罚款额	<0.5 万元	<3 并且>0.5 万元	>3 万元
“治超”预期收益值	<8000 万元	<40 并且>8000 万元	>4 亿元
人员投入	>2 万人	<2 并且>1 万人	<1 万人
经费投入	>3000 万元	<3000 并且>1000 万元	<1000 万元
站点经费比	>200	<200 并且>100	<100
实际效率	<10%	<100%并且>10%	>100%
受检率	<10%	<60%并且>10%	>60%
超载率	>10%	<10%并且>5%	<5%
车辆处罚率	<30%	<60%并且>30%	>60%
超载 10%以下车辆占比	<10%	<30%并且>10%	>30%
“治超”手段检测效率	低	中	高
“治超”手段检测精度	低	中	高
“治超”检测站点个数	<2 个	<4 并且>2 个	>4 个
站点覆盖率	<50%	<80%并且>50%	>80%
运政执法人员监测情况	<100 辆/人/月	<200 并且>100 辆/人/月	>200 辆/人/月
路政执法人员监测情况	<200 辆/人/月	<300 并且>200 辆/人/月	>300 辆/人/月
交管执法人员监测情况	<500 辆/人/月	<800 并且>500 辆/人/月	>800 辆/人/月
治安执法人员监测情况	<100 辆/人/月	<200 并且>100 辆/人/月	>200 辆/人/月

续表

三级指标	评价分值		
	1	2	3
人员覆盖有效范围	小	中	大
检测设备配备	<4 个	<8 并且>4 个	>8 个
监控设备配备	<4 个	<8 并且>4 个	>8 个
网络设备配备	<4 个	<8 并且>4 个	>8 个
“治超”设备的检测精度	低	一般	高
“治超”设施设备	不完善	一般	完善
多部门执法	独立执行	一般参与	较多参与
处罚标准	<2 卷	<2 并且>5 卷	>5 卷
监督程序	不完善	较完善	完善
执行程序标准化	一般	较明确	明确
辅助手段	无辅助手段	一般	较多
多部门协调	不紧密	一般衔接	十分紧密
保障措施	不完善	一般	完善
社会负面舆情	>80 件	<80 并且>40 件	<40 件
政府建设积极性	不积极	较积极	积极
引起正面冲突的程度	容易引起	一般	不引起
部门协作程度	不协作	一般	密切协作
受天气影响程度	容易	一般	不容易
对外部条件依赖程度	依赖	一般	不依赖
控制交通事故的程度	不能控制	一般	能控制
造成交通拥堵的程度	容易	较容易	不会造成拥堵

3.3 各种公路超载治理方式效率评价

上节构建了评价超载治理方式的指标体系、指标权重以及指标分值标准，本节采用模糊综合评价法对各种“治超”方式做定量化分析。模糊评价法是以模糊数学为基础，应用模糊关系合成的原理，设置评价指标，以专家对指标的熟悉程度为依据对评价价值加权处理，采用一定的方法对各指标评价价值进行统计，最终得到该项目对代表整体实施效果的评价价值的隶属度，从而对项目的优劣作出较为科学的评价。①

3.3.1 各种公路超载治理方式效率模糊综合评价模型

本书构建的公路超载治理效率评价指标体系是一个多层次的指标体系，整个评价过程中共使用三次模糊综合评价法，由下至上依次对三级指标、二级指标、一级指标进行模糊综合评价，分别得出三级指标相对于二级指标的综合评价结果，二级指标相对于一级指标的综合评价结果，最终得出各方式公路超载治理效率评价的综合评价结果。

1. 各级评价指标集合评语集

根据上一节构建的公路超载治理效率评价指标体系，将指标集 U 分为七个层次：

一级指标集：$U=\{u_1,u_2,u_3,u_4,u_5,u_6,u_7\}$ = {经济性，执行情况，覆盖范围，技术手段健全性，法治化程度，用户满意程度，外部因素影响程度}；

二级指标集：

$u_1=\{u_1^{(1)}, u_2^{(1)}\}$ = {“治超”效益，“治超”成本}；

$u_2=\{u_1^{(2)}, u_2^{(2)}, u_3^{(2)}\}$ = {工作执行情况，车辆被检情况，“治超”手段效率}；

---

① 陈水利，李敬功，王向公．模糊集理论及其应用［M］．北京：科学出版社，2005：235-264.

$u_3=\{u_1^{(3)}, u_2^{(3)}\}$ = {“治超”站覆盖情况，人员覆盖情况}；

$u_4=\{u_1^{(4)}, u_2^{(4)}\}$ = {监测设备自动化程度，“治超”设备质量}；

$u_5=\{u_1^{(5)}, u_2^{(5)}\}$ = {“治超”处罚灵活性，制度健全性}；

$u_6=\{u_1^{(6)}, u_2^{(6)}\}$ = {用户反馈情况，“治超”内部情况}；

$u_7=\{u_1^{(7)}, u_2^{(7)}\}$ = {受外部影响，对外部影响}；

三级指标集：

$u_1^{(1)}=\{u_{11}^{(1)}, u_{12}^{(1)}\}$ = {超载罚款额，“治超”预期收益值}；

$u_2^{(1)}=\{u_{21}^{(1)}, u_{22}^{(1)}\}$ = {人员投入，经费投入}；

$u_1^{(2)}=\{u_{11}^{(2)}, u_{12}^{(2)}\}$ = {站点经费比，实际效率}；

$u_1^{(2)}=\{u_{21}^{(2)}, u_{22}^{(2)}, u_{23}^{(2)}, u_{24}^{(2)}\}$ = {受检率，超载率，车辆处罚率，超载10%以下车辆占比}；

$u_3^{(2)}=\{u_{31}^{(2)}, u_{32}^{(2)}\}$ = {“治超”手段检测效率，“治超”手段检测精度}；

$u_1^{(3)}=\{u_{11}^{(3)}, u_{12}^{(1)}\}$ = {“治超”检测站点个数，站点覆盖率}；

$u_2^{(3)}=\{u_{21}^{(3)}, u_{22}^{(3)}, u_{23}^{(3)}, u_{24}^{(3)}, u_{25}^{(3)}\}$ = {运政执法人员监测情况，路政执法人员监测情况，交管执法人员监测情况，治安执法人员监测情况，人员覆盖有效范围}；

$u_1^{(4)}=\{u_{11}^{(4)}, u_{12}^{(4)}, u_{13}^{(4)}\}$ = {检测设备配备，监控设备配备，网络设备配备}；

$u_2^{(4)}=\{u_{21}^{(4)}, u_{22}^{(4)}\}$ = {“治超”设备的检测精度，“治超”设施设备}；

$u_1^{(5)}=\{u_{11}^{(5)}, u_{12}^{(5)}, u_{13}^{(5)}\}$ = {多部门执法，处罚标准，监督程序}；

$u_2^{(5)}=\{u_{21}^{(5)}, u_{22}^{(5)}, u_{23}^{(5)}, u_{24}^{(5)}\}$ = {执行程序标准化，辅助手段，多部门协调，保障措施}；

$u_2^{(6)}=\{u_{11}^{(6)}, u_{12}^{(6)}\}$ = {社会负面舆情，政府建设积极性}；

$u_2^{(6)}=\{u_{21}^{(6)}, u_{22}^{(6)}\}$ = {引起正面冲突的程度，部门协作程度}；

$u_1^{(7)}=\{u_{11}^{(7)}, u_{12}^{(7)}\}$ = {受天气影响程度，对外部条件依赖程度}；

$u_2^{(7)}=\{u_{21}^{(7)}, u_{22}^{(7)}\}$ = {控制交通事故的程度，造成交通拥堵的程度}；

2. 各级评价指标的权重向量 A

评价指标集中的每个指标对各方式公路超载治理效率的反映和影响程度是不同的。在上一节中已经通过层次分析法确定出了每个评价指标的权重值，这里暂用字母代表各级指标的权重值，各级指标的权重集为：

一级指标的权重集：$A=(a_1, a_2, a_3, a_4, a_5, a_6, a_7)$；

二级指标的权重集：$A_i=(a_1^{(i)}, a_2^{(i)}, \cdots, a_n^{(i)})$，$i=1, 2, 3, 4, 5, 6, 7$；

三级指标的权重集：$A_j^{(i)}=(a_{11}^{(i)}, a_{12}^{(i)}, \cdots, a_{jn}^{(i)})$，$i=1, 2, 3, 4, 5, 6, 7$　$j=1, 2, \cdots, n$；

3. 通过单因素模糊评价得到模糊综合评价矩阵 R

各指标与评价集之间的关系，可用模糊评价矩阵 $R\in F(U\times V)$ 描述，用各评价矩阵对评价对象进行评价。由对各方式公路超载治理效率比较熟悉的“治超”管理人员分别对各方式公路超载治理效率的三级评价指标进行考察分析，评出等级后经归一化处理即可得到 R。对三级指标的评价，有模糊评价矩阵：

$$R_j^{(i)}=(r_{ij}^{(i)})_{m\times n}=\begin{bmatrix} r_{11}^{(i)} & r_{12}^{(i)} & \cdots & r_{1m}^{(i)} \\ r_{21}^{(i)} & r_{22}^{(i)} & \cdots & r_{2m}^{(i)} \\ \vdots & \vdots & \ddots & \vdots \\ r_{n1}^{(i)} & r_{n2}^{(i)} & \cdots & r_{nm}^{(i)} \end{bmatrix} \tag{2-3}$$

其中，r 是评价对象 u 对于评语等级 v 的特征指标，即 u 对于评价等级 v 的隶属度，每个对象可以得到 m 个特性指标。

4. 三级指标的复合运算

$$B_j^{(i)}=A_j^{(i)}\cdot R_j^i=(a_{j1}^{(i)}, a_{j2}^{(i)}, \cdots, a_{jn}^{(i)})\cdot\begin{bmatrix} r_{11}^{(i)} & r_{12}^{(i)} & \cdots & r_{1m}^{(i)} \\ r_{21}^{(i)} & r_{22}^{(i)} & \cdots & r_{2m}^{(i)} \\ \vdots & \vdots & \ddots & \vdots \\ r_{n1}^{(i)} & r_{n2}^{(i)} & \cdots & r_{nm}^{(i)} \end{bmatrix}$$

$$=(a_{j1}^{(i)}, r_{j1}^{(i)}, a_{j2}^{(i)}, r_{j2}^{(i)}, \cdots, a_{jn}^{(i)}, r_{jn}^{(i)})=(b_{j1}^{(i)}, b_{j2}^{(i)}, \cdots, b_{jn}^{(i)})$$

$$=(r_{j1}^{(i)\prime}, r_{j2}^{(i)\prime}, \cdots, r_{jn}^{(i)\prime})\xrightarrow{\text{归一化}}(b_{j1}^{(i)\prime}, b_{j2}^{(i)\prime}, \cdots, b_{jn}^{(i)\prime})j=1, 2, \cdots, n$$

由此得到二级评价指标的模糊评价矩阵为：

$$R_i=(r_k)_{m\times n}=\begin{bmatrix} r_{11}^{(i)\prime} & r_{12}^{(i)\prime} & \cdots & r_{1m}^{(i)\prime} \\ r_{21}^{(i)\prime} & r_{22}^{(i)\prime} & \cdots & r_{2m}^{(i)\prime} \\ \vdots & \vdots & \ddots & \vdots \\ r_{n1}^{(i)\prime} & r_{n2}^{(i)\prime} & \cdots & r_{nm}^{(i)\prime} \end{bmatrix} i=1,\ 2,\ \cdots,\ n$$

5. 二级指标的复合运算

$$B_i=A_i\cdot R_i=(a_1^{(i)},\ a_2^{(i)},\ \cdots,\ a_n^{(i)})\cdot\begin{bmatrix} r_{11}^{(i)\prime} & r_{12}^{(i)\prime} & \cdots & r_{1m}^{(i)\prime} \\ r_{21}^{(i)\prime} & r_{22}^{(i)\prime} & \cdots & r_{2m}^{(i)\prime} \\ \vdots & \vdots & \ddots & \vdots \\ r_{n1}^{(i)\prime} & r_{n2}^{(i)\prime} & \cdots & r_{nm}^{(i)\prime} \end{bmatrix}$$

$$=(b_1^{(i)},\ b_2^{(i)\prime},\ \cdots,\ b_m^{(i)\prime})\xrightarrow{\text{归一化}}(b_1^{(i)\prime},\ b_2^{(i)\prime},\ \cdots,\ b_m^{(i)\prime})i=1,\ 2,\ \cdots,\ n$$

由此得到一级评价指标的模糊评价矩阵为：

$$R=r_{7\times m}=\begin{bmatrix} r_{11}' & r_{12}' & \cdots & r_{1m}' \\ r_{21}' & r_{22}' & \cdots & r_{2m}' \\ r_{31}' & r_{32}' & \cdots & r_{3m}' \\ r_{41}' & r_{42}' & \cdots & r_{4m}' \\ r_{51}' & r_{52}' & \cdots & r_{5m}' \\ r_{61}' & r_{62}' & \cdots & r_{6m}' \\ r_{71}' & r_{72}' & \cdots & r_{7m}' \end{bmatrix}$$

6. 一级指标的复合运算

$$B=A\cdot R=(a_1,\ a_2,\ a_3,\ a_4,\ a_5,\ a_6,\ a_7)\cdot\begin{bmatrix} r_{11}' & r_{12}' & \cdots & r_{1m}' \\ r_{21}' & r_{22}' & \cdots & r_{2m}' \\ r_{31}' & r_{32}' & \cdots & r_{3m}' \\ r_{41}' & r_{42}' & \cdots & r_{4m}' \\ r_{51}' & r_{52}' & \cdots & r_{5m}' \\ r_{61}' & r_{62}' & \cdots & r_{6m}' \\ r_{71}' & r_{72}' & \cdots & r_{7m}' \end{bmatrix}$$

$$=(b_1, b_2, \cdots, b_m) \xrightarrow{\text{归一化}} (b_1', b_2', \cdots, b_m')$$

综合评价结果 $B_j^{(i)}$，B_i 和 B 均为行向量，反映出评价各方式公路超载治理效率的各因素和整体水平对各评价等级的隶属度。根据最大隶属度原则对 B 进行处理，得出最终评价结果。

3.3.2 基于B市的各种"治超"方式效率评价实证分析

B市在"治超"过程中采取多种手段相结合的方式，在各区县设置综合检查站、单一"治超"站、源头监管点或路面轴载检测点，这些站点的设置基本覆盖全市各重要出入口及市内的超载源头。另外，这些区县从2013年起加强流动执法，于2011年制定《B市高速公路计重收费方案》，启动货车计重收费。在京津冀一体化发展的背景下，B市积极参与京津冀"治超"一体化，共同推动专项行动开展，同时结合物防手段，开展重点路段的联合治理行动。

1. 数据准备

结合超载治理评价标准，将公路超载治理效率模糊综合评价的评价集V分为3个等级，"优秀、一般、差"，即 $V=\{v_1, v_2, v_3\}$ = {优秀，一般，差}。

以B市2013年至2015年超载治理工作的相关统计数据为基础，根据超载治理指标评价标准，对不同方式公路超载治理效率的三级指标分值区间进行计算，部分定性评价指标以专家打分的方法进行量化，尽量实现评价指标的客观性，得到各项指标的值进行归一化处理后的公路超载治理效率评价集分值表。受篇幅限制，仅以设站检查为例对计算过程进行展开，表3-8为设站检查方式的效率评价表。

表 3-8 设站检查治理效率评价

<table>
<tr><th rowspan="2">评价对象</th><th rowspan="2">一级指标</th><th rowspan="2">二级指标</th><th rowspan="2">三级指标</th><th colspan="3">评价集</th></tr>
<tr><th>优秀</th><th>一般</th><th>差</th></tr>
<tr><td rowspan="27">各方式公路超载治理效率评价</td><td rowspan="4">经济性</td><td rowspan="2">“治超”效益</td><td>超载罚款额</td><td>0.46</td><td>0.35</td><td>0.19</td></tr>
<tr><td>“治超”预期收益值</td><td>0.52</td><td>0.35</td><td>0.13</td></tr>
<tr><td rowspan="2">“治超”成本</td><td>人员投入</td><td>0</td><td>0</td><td>1</td></tr>
<tr><td>经费投入</td><td>0</td><td>1</td><td>0</td></tr>
<tr><td rowspan="8">执行情况</td><td rowspan="2">工作执行情况</td><td>站点经费比</td><td>0.4</td><td>0.6</td><td>0</td></tr>
<tr><td>实际效率</td><td>0.58</td><td>0.42</td><td>0</td></tr>
<tr><td rowspan="4">车辆被检情况</td><td>受检率</td><td>0.7</td><td>0.3</td><td>0</td></tr>
<tr><td>超载率</td><td>0.7</td><td>0.1</td><td>0.2</td></tr>
<tr><td>车辆处罚率</td><td>0.45</td><td>0.25</td><td>0.3</td></tr>
<tr><td>超载 10%以下车辆占比</td><td>0.3</td><td>0.2</td><td>0.5</td></tr>
<tr><td rowspan="2">“治超”手段效率</td><td>“治超”手段检测效率</td><td>0</td><td>0</td><td>1</td></tr>
<tr><td>“治超”手段检测精度</td><td>0</td><td>0</td><td>1</td></tr>
<tr><td rowspan="7">覆盖范围</td><td rowspan="2">“治超”站覆盖情况</td><td>“治超”检测站点个数</td><td>0.3</td><td>0.3</td><td>0.4</td></tr>
<tr><td>站点覆盖率</td><td>0</td><td>1</td><td>0</td></tr>
<tr><td rowspan="5">人员覆盖情况</td><td>运政执法人员监测情况</td><td>0.1</td><td>0.7</td><td>0.2</td></tr>
<tr><td>路政执法人员监测情况</td><td>0.8</td><td>0.1</td><td>0.1</td></tr>
<tr><td>交管执法人员监测情况</td><td>0.7</td><td>0.3</td><td>0</td></tr>
<tr><td>治安执法人员监测情况</td><td>0.5</td><td>0.4</td><td>0.1</td></tr>
<tr><td>人员覆盖有效范围</td><td>0</td><td>1</td><td>0</td></tr>
<tr><td rowspan="5">技术手段健全性</td><td rowspan="3">监测设备自动化程度</td><td>检测设备配备</td><td>0.4</td><td>0.6</td><td>0</td></tr>
<tr><td>监控设备配备</td><td>0.3</td><td>0.7</td><td>0</td></tr>
<tr><td>网络设备配备</td><td>0.2</td><td>0.8</td><td>0</td></tr>
<tr><td rowspan="2">“治超”设备质量</td><td>“治超”设备的检测精度</td><td>0</td><td>0</td><td>1</td></tr>
<tr><td>“治超”设施设备</td><td>0</td><td>0</td><td>1</td></tr>
<tr><td rowspan="3">法治化程度</td><td rowspan="3">“治超”处罚灵活性</td><td>多部门执法</td><td>0</td><td>1</td><td>0</td></tr>
<tr><td>处罚标准</td><td>0.1</td><td>0.5</td><td>0.4</td></tr>
<tr><td>监督程序</td><td>0</td><td>0</td><td>1</td></tr>
</table>

续表

评价对象	一级指标	二级指标	三级指标	评价集		
				优秀	一般	差
各方式公路超载治理效率评价	法治化程度	制度健全性	执行程序标准化	0	1	0
			辅助手段	0	1	0
			多部门协调	0	1	0
			保障措施	0	0	1
	用户满意程度	用户反馈情况	社会负面舆情	0.3	0.5	0.2
			政府建设积极性	0	1	0
		“治超”内部情况	引起正面冲突的程度	1	0	0
			部门协作程度	0	1	0
	外部因素影响程度	受外部影响	受天气影响程度	0	0	1
			对外部条件依赖程度	1	0	0
		对外部影响	控制交通事故的程度	0	0	1
			造成交通拥堵的程度	0	1	0

注：评价数据为专家对该指标在不同分值打分人数与总人数的比值。

2. 设站检查方式效率综合评价过程

对经济性的综合评价，单因素评价矩阵为：

$R_1^{(1)}=\begin{bmatrix}0.46 & 0.35 & 0.19\\ 0.52 & 0.35 & 0.13\end{bmatrix}$，权重 $A_1^{(1)}=(0.1178,\ 0.0393)$

计算得 $B_1^{(1)}=A_1^{(1)}\times R_1^{(1)}=(0.1178,\ 0.0393)\times\begin{bmatrix}0.46 & 0.35 & 0.19\\ 0.52 & 0.35 & 0.13\end{bmatrix}$

$=(0.0746,\ 0.0550,\ 0.0275)$

同样的计算方法可得：

$B_2^{(1)}=(0,\ 0.0785,\ 0.0785)$；$B_1^{(2)}=(0.0094,\ 0.0081,\ 0)$；

$B_2^{(2)}=(0.0777,\ 0.0218,\ 0.0343)$；$B_3^{(2)}=(0,\ 0,\ 0.0828)$；

$B_1^{(3)}=(0.0076,\ 0.0838,\ 0.0102)$；$B_2^{(3)}=(0.0192,\ 0.0768,\ 0.0056)$；

$B_1^{(4)}=(0.0213,\ 0.0497,\ 0)$；$B_2^{(4)}=(0,\ 0,\ 0.0237)$；

$B_1^{(5)}=(0.0028,\ 0.0185,\ 0.0225)$；$B_2^{(5)}=(0,\ 0.0365,\ 0.0072)$；

$B_1^{(6)}$ = （0.0023，0.0065，0.0016）；$B_2^{(6)}$ = （0.0241，0.0080，0）；

$B_1^{(7)}$ = （0.0047，0，0.0016）；$B_2^{(7)}$ = （0，0.0048，0.0143）；

根据上述计算结果，可得经济性的综合评价矩阵：

$R_1=\begin{bmatrix}0.0746 & 0.0550 & 0.0275\\ 0 & 0.0785 & 0.0785\end{bmatrix}$，权重 A_1 = （0.1570，0.1570），计算可得：$B_1 = A_1 \times R_1$ = （0.1570，0.1570）$\times\begin{bmatrix}0.0746 & 0.0550 & 0.0275\\ 0 & 0.0785 & 0.0785\end{bmatrix}$ = （0.0117，0.0210，0.0166）；

同理可求执行情况、覆盖范围、技术手段健全性、法治化程度、用户满意度、外部因素影响程度的综合评价结果：

B_2 = （0.0106，0.0031，0.0115）；B_3 = （0.0027，0.0163，0.0016）；B_4 = （0.0015，0.0035，0.0006）；B_5 = （0.0001，0.0024，0.0013）；B_6 = （0.0008，0.0003，0）；B_7 = （0，0.0001，0.0003）。

最后，对设站检查方式的效率进行综合评价：

$R=\begin{bmatrix}0.0117 & 0.0210 & 0.0166\\ 0.0106 & 0.0031 & 0.0115\\ 0.0027 & 0.0163 & 0.0016\\ 0.0015 & 0.0035 & 0.0006\\ 0.0001 & 0.0024 & 0.0013\\ 0.0008 & 0.0003 & 0\\ 0 & 0.0001 & 0.0003\end{bmatrix}$，权重 A = （0.3139，0.2341，0.2031，0.0946，0.0873，0.0416，0.0253），

计算得：$B=A\times R$ = （0.0069，0.0112，0.0084）。

将 B 归一化后得到最终结果：B = （0.2603，0.4221，0.3176）。

通过计算汇总，根据最大隶属度原则，可得一、二级指标得分和设站检查方式治理效率的评价等级，如表 3-9 所示。

表 3-9 设站检查方式治理效率的评价等级

评价对象	最大比重	对应等级	一级指标	最大比重	对应等级	二级指标	最大比重	对应等级
设站检查方式治理效率	0.4221	一般	经济性	0.0210	一般	“治超”效益	0.0746	优秀
						“治超”成本	0.0785	一般
			执行情况	0.0115	差	工作执行情况	0.0094	优秀
						车辆被检情况	0.0777	优秀
						“治超”手段效率	0.0828	差
			覆盖范围	0.0163	一般	“治超”站覆盖情况	0.0838	一般
						人员覆盖情况	0.0768	一般
			技术手段健全性	0.0035	一般	监测设备自动化程度	0.0497	一般
						“治超”设备质量	0.0237	差
			法治化程度	0.0024	一般	“治超”处罚灵活性	0.0225	差
						制度健全性	0.0365	一般
			用户满意程度	0.0008	优秀	用户反馈情况	0.0065	一般
						“治超”内部情况	0.0241	优秀
			外部因素影响程度	0.0003	差	受外部影响	0.0047	优秀
						对外部影响	0.0048	一般

从评价结果可以看出，设站检查方式的公路超载治理效率中的技术手段健全性和用户满意程度均处于优秀水平，而经济性、覆盖范围和法治化程度处于一般水平。另外，执行情况和外部因素影响程度处于差，也就是说设站检查方式的公路超载治理效率整体处于一般水平。

同理，综合评价流动执法、物防、计重收费、入口阻截、源头治理、专项行动六种方式的综合效率，评价结果如表 3-10 所示。

表 3-10 其他六种“治超”方式的综合效率评价结果

“治超”方式	流动执法	物防	计重收费	入口阻截	源头治理	专项行动
最大比重分值	0.5063	0.4161	0.4285	0.4639	0.5367	0.5241
等级	一般	差	一般	差	差	差

由表 3-10 分析结果可知，B 市现有的七种"治超"手段中，设站检查、流动执法和计重收费"治超"效率适中，能够起到一般的效果，而物防、入口阻截、源头治理和专项行动四种方法发挥的作用较差。综合七种"治超"手段而言，仍然没有一种效率优良、能够在"治超"方面起到突出作用的"治超"手段。

3.3.3　基于 Z 市的"治超"非现场执法效率评价实证分析

考虑 B 市仍未建设完善的非现场执法配套设施及其保障手段，利用本书建立的综合评价方法对国内已试点非现场执法的地区进行评价，力求为 B 市非现场执法方式的未来实施提供发展方向。Z 市交通运输部门自 2014 年 7 月起开始对超载运输车辆实施动态监控及后续处理，开启非现场执法尝试。利用本书建立的评价指标体系，对 Z 市开展非现场执法进行综合评价，利用 3.3.1 和 3.3.2 中评价"治超"方式综合效率评价的方法，构建评价 Z 市"治超"非现场执法效率的评价指标（见表 3-11）。

表 3-11　Z 市"治超"非现场执法效率评价

评价对象	一级指标	二级指标	三级指标	评价集		
				优秀	一般	差
"治超"非现场执法效率评价	经济性	"治超"效益	超载罚款额	0.35	0.55	0.2
			"治超"预期收益值	0.52	0.35	0.13
		"治超"成本	人员投入	1	0	0
			经费投入	0	1	0
	执行情况	工作执行情况	站点经费比	0.8	0.2	0
			实际效率	0.6	0.4	0
		车辆被检情况	受检率	0.3	0.7	0
			超载率	0.7	0.1	0.2
			车辆处罚率	65	0.25	0.1
			超载 10%以下车辆占比	0.6	0.2	0.2
		"治超"手段效率	"治超"手段检测效率	1	0	0
			"治超"手段检测精度	1	0	0

续表

评价对象	一级指标	二级指标	三级指标	评价集		
				优秀	一般	差
“治超”非现场执法效率评价	覆盖范围	“治超”站覆盖情况	“治超”检测站点个数	0.7	0.2	0.1
			站点覆盖率	1	0	0
		人员覆盖情况	运政执法人员监测情况	0.3	0.5	0.2
			路政执法人员监测情况	0.4	0.5	0.1
			交管执法人员监测情况	0.5	0.5	0
			治安执法人员监测情况	0.4	0.5	0.1
			人员覆盖有效范围	1	0	0
	技术手段健全性	监测设备自动化程度	检测设备配备	0.4	0.6	0
			监控设备配备	0.3	0.7	0
			网络设备配备	0.2	0.8	0
		“治超”设备质量	“治超”设备的检测精度	1	0	0
			“治超”设施设备	1	0	0
	法治化程度	“治超”处罚灵活性	多部门执法	0	1	0
			处罚标准	0.5	0.4	0.1
			监督程序	1	0	0
		制度健全性	执行程序标准化	1	0	0
			辅助手段	1	0	0
			多部门协调	0	1	0
			保障措施	1	0	0
	用户满意程度	用户反馈情况	社会负面舆情	0.3	0.5	0.2
			政府建设积极性	0	1	0
		“治超”内部情况	引起正面冲突的程度	1	0	0
			部门协作程度	0	1	0
	外部因素影响程度	受外部影响	受天气影响程度	1	0	0
			对外部条件依赖程度	1	0	0
		对外部影响	控制交通事故的程度	1	0	0
			造成交通拥堵的程度	0	1	0

得到评价等级如表 3-12 所示：

表 3-12　Z 市非现场执法治理效率的评价等级

<table>
<tr><th>评价对象</th><th>最大比重</th><th>对应等级</th><th>一级指标</th><th>最大比重</th><th>对应等级</th><th>二级指标</th><th>最大比重</th><th>对应等级</th></tr>
<tr><td rowspan="16">非现场执法治理效率</td><td rowspan="16">0.5752</td><td rowspan="16">优秀</td><td rowspan="2">经济性</td><td rowspan="2">0.0246</td><td rowspan="2">一般</td><td>“治超”效益</td><td>0.0785</td><td>一般</td></tr>
<tr><td>“治超”成本</td><td>0.0785</td><td>优秀</td></tr>
<tr><td rowspan="3">执行情况</td><td rowspan="3">0.0187</td><td rowspan="3">优秀</td><td>工作执行情况</td><td>0.0114</td><td>优秀</td></tr>
<tr><td>车辆被检情况</td><td>0.0871</td><td>优秀</td></tr>
<tr><td>“治超”手段效率</td><td>0.0828</td><td>优秀</td></tr>
<tr><td rowspan="2">覆盖范围</td><td rowspan="2">0.0171</td><td rowspan="2">优秀</td><td>“治超”站覆盖情况</td><td>0.0940</td><td>优秀</td></tr>
<tr><td>人员覆盖情况</td><td>0.0741</td><td>优秀</td></tr>
<tr><td rowspan="2">技术手段健全性</td><td rowspan="2">0.0035</td><td rowspan="2">一般</td><td>监测设备自动化程度</td><td>0.0497</td><td>一般</td></tr>
<tr><td>“治超”设备质量</td><td>0.0237</td><td>优秀</td></tr>
<tr><td rowspan="2">法治化程度</td><td rowspan="2">0.0026</td><td rowspan="2">优秀</td><td>“治超”处罚灵活性</td><td>0.0252</td><td>优秀</td></tr>
<tr><td>制度健全性</td><td>0.0341</td><td>优秀</td></tr>
<tr><td rowspan="2">用户满意程度</td><td rowspan="2">0.0008</td><td rowspan="2">优秀</td><td>用户反馈情况</td><td>0.0065</td><td>一般</td></tr>
<tr><td>“治超”内部情况</td><td>0.0241</td><td>优秀</td></tr>
<tr><td rowspan="2">外部因素影响程度</td><td rowspan="2">0.0003</td><td rowspan="2">优秀</td><td>受外部影响</td><td>0.0063</td><td>优秀</td></tr>
<tr><td>对外部影响</td><td>0.0143</td><td>优秀</td></tr>
</table>

从评价结果中可以看出 Z 市非现场执法治理效率等级处于优秀水平，从一级指标情况分析，7 个指标中除了经济性和技术手段健全性属于一般水平外，其余指标结果都为优秀，说明非现场执法的方式由于其人员投入少、技术检测手段高、对交通影响较小、减少交通拥堵和交通事故频率，同时政府建设积极性较高，使得这一方式在评价等级方面结果优秀。同时，非现场执法“治超”手段在 Z 市刚开始实施，并处在建设发展阶段，其在制度建设、监管手段、执行情况和覆盖范围等方面还有很大的上升空间。

3.4 本章小结

本章通过对我国采用的设站检查、流动执法、源头治理、计重收费、高速公路入口阻截、物防保护、专项行动和非现场执法八种“治超”方式的优劣势对比和未来“治超”形势分析，定性得出我国“治超”的重点应从务实角度出发，把重心放在“治超”非现场执法制度谋划上，基于科学性、可操作性、可比性以及明确性原则，构建了一个评价超载治理方式效果的三级综合评价指标体系，从定量分析的角度出发，应用层次分析法、专家打分法等方法，设定各项指标的权重和分值标准。

在前两节的基础上设计了超载治理效率评估模型，以B市为实例采用模糊评价法定量评价了设站检查、流动执法、计重收费等七种“治超”方式的效果，以已经试点非现场执法的Z市为参考案例，评价“治超”非现场执法效率，通过两地对比说明“治超”非现场执法的优势，为在全国范围内推行非现场执法，建立超载运输长效治理对策提供了佐证。

第 4 章 “治超”非现场执法制度顶层设计

根据第 3 章的分析，现有的设站检查、流动执法、物防保护、计重收费、入口阻截等“治超”手段均存在一定的局限性，而且依据公共政策“浴盆模型”，上述政策手段的边际效应在逐步衰减。“治超”非现场执法作为新模式具有综合性、全覆盖、全天候、高效性、直观性、事后性、非对抗等特征，代表着“治超”发展的一个新的方向，在超载治理中将占据更加重要的地位。但是，现有的管理制度无法满足“治超”非现场执法这一创新的管理手段，迫切需要制定相关公共政策来保证“治超”非现场执法的应用实施。按照政策分析过程，首先应确定政策目标，然后进行政策方案制定。“治超”非现场执法不是一项孤立的管理制度，它与现有的“治超”方法之间存在各种联系，共同构成相互配合、相辅相成的有机整体和制度组合。因此，“治超”非现场执法制度体系的设计，不能仅仅从“治超”非现场执法本身出发，而应该从超载治理整体出发，进行顶层设计。本章通过运输者和“治超”管理部门之间的博弈分析，演绎推理“治超”管理部门应采取的“治超”措施，进而以现有的“治超”管理体制和管理制度为基础进行完善，充分考虑制度设计的相关因素和制度设计原则，以 ORP（项目、资源、回报）行为控制理论和方法为指导，设计了一整套“治超”非现场执法制度体系。

4.1 "治超"的博弈论分析

超载是交通运输行业的一大顽症，虽然"治超"管理部门历来很重视超载治理工作，采取过几次声势浩大的全国性"治超"行动，取得了一定的成效，但是机动车超载现象还是屡禁不止，因此有必要进一步深刻分析其背后的原因。运输者和"治超"管理部门之间是典型的博弈关系，[①] 本书应用博弈论对两者之间的关系进行深入探究，为"治超"非现场执法制度设计提供坚实的依据和基础。

4.1.1 模型建立

从管理和被管理的角度看，"治超"的博弈双方是运输者和"治超"管理部门。运输者有两种策略选择：一是超载运输；二是不超载运输。"治超"管理部门也有两种策略选择：一是治理超载运输；二是不治理超载运输。两者均追求效用的最大化，对运输者来说，效用最大化为经济效益最大化；对"治超"管理部门来说，效用最大化为社会利益损失和"治超"成本之和最小化。

假定运输者不超载时获利为 R_n，超载时获利为 R_y（显然，$R_y>R_n$）；超载运输被"治超"管理部门查处到的概率为 P_y，处罚的费用为 E_y。超载造成的道路桥梁的破坏、交通事故、环境污染等的社会利益损失为 L。假定 C 是道路交通管理部门的治理成本（一般来说 $L>C$，否则"治超"不具有必要性）。

根据上述分析，运输者和"治超"管理部门存在以下四种策略组合：

① {运输者不超载，"治超"管理部门不治理}

则运输者的效用为 R_n，"治超"管理部门的效用为 0，即没有任何社会利益损失，也没有任何治理成本。

---

① 朱超．基于博弈分析和效用理论的"治超"策略研究［J］. 公路，2009（2）：100-104.

② {运输者不超载，“治超” 管理部门治理}

则运输者的效用为 R_n，“治超” 管理部门的效用为 $-C$。

③ {运输者超载，“治超” 管理部门不治理}

则运输者的效用为 R_y，“治超” 管理部门的效用为 $-L$。

④ {运输者超载，“治超” 管理部门治理}

则运输者的效用为 $R_y-P_yE_y$，一般情况下 “治超” 管理部门的效用为 $-\{L(1-P_y)-P_yE_y+C\}$。

综上所述，运输者和 “治超” 管理部门的博弈论模型如表 4-1 所示。

表 4-1 运输者和“治超”管理部门的博弈论模型

运输者 / “治超” 管理部门	不超载运输	超载运输
不治理超载运输	$0, R_n$	$-L, R_y$
治理超载运输	$-C, R_n$	$-\{L(1-P_y)-P_yE_y+C\}, R_y-P_yE_y$

4.1.2 模型求解

从 “治超” 管理部门的角度，希望社会利益损失和 “治超” 成本之和最小化，理想情况是运输者不超载运输，运输管理部门不治理，社会利益损失为 0。然而，在此情况下，运输者的效用为 R_n，小于超载运输时的效用 R_y，运输者必然会选择超载运输。因此，不论在何种条件下，策略组合 {运输者不超载运输，“治超” 管理部门不治理} 都不可能是一个均衡策略。

通过详细分析，运输者和 “治超” 管理部门之间的博弈存在下面几种情况：

①若治理超载运输的成本 $L(1-P_y)-P_yE_y+C$ 大于超载运输造成的社会利益损失 L（即 $C>L$），“治超” 管理部门治理超载运输时社会利益损失和 “治超” 成本之和反而超过不治理时，所以 “治超” 管理部门选择不治理超载运输行为，而运输者为了效用最大化，则必然进行超载运输。所以，在此条件下，策略组合 {运输者超载运输，“治超” 管理部门不治理} 为纳什均衡。

②若治理超载运输的成本 C 小于超载运输造成的社会利益损失 L（$1-P_y$）$-P_yE_y+C$，且 $R_y-P_yE_y<R_n$，则超载运输行为受到了“治超”管理部门的大力处罚，运输者选择超载运输时的效用反而低于不超载运输时的效用，所以运输者选择不超载运输。如果运输者选择不超载运输，则“治超”管理部门选择不治理；如果“治超”管理部门选择不治理，则运输者选择超载。所以，在此条件下，{运输者不超载运输，“治超”管理部门治理}为混合策略。

③若治理超载运输的成本 L（$1-P_y$）$-P_yE_y+C$ 小于超载运输造成的社会利益损失 L（即 $C<L$），但 $R_y-P_yE_y>R_n$。在此条件下，虽然超载运输行为受到了“治超”管理部门的大力处罚，但运输者选择超载运输时的效用仍然大于不超载运输时的效用，所以运输者仍然会选择超载运输，而“治超”管理部门不得不继续加大治理力度，尽可能降低社会利益损失和“治超”成本之和。所以，在此条件下，{运输者超载运输，“治超”管理部门治理}为纳什均衡。

4.1.3 策略组合分析

针对运输者与“治超”管理部门之间的博弈，对于 4.1.2 情况②满足（$1-P_y$）$-P_yE_y+C>L$，并且 $R_y-P_yE_y<R_n$，此种情况下是没有纯策略纳什均衡模型，本节讨论其混合策略的纳什均衡。假定“治超”管理部门的混合策略为（θ，$1-\theta$），即“治超”管理部门以 θ 的概率选择治理超载，以 $1-\theta$ 的概率选择不治理超载，运输者混合策略为（γ，$1-\gamma$），即运输者以 γ 的概率选择不超载，以 $1-\gamma$ 的概率选择超载，那么“治超”管理部门的期望效益为：

$V_G=\theta((-C)\gamma+(-(L(1-P_y)-P_yE_y+C))(1-\gamma))+(1-\theta)(0\gamma+(-L)(1-\gamma))$

$=\theta(-(L(1-P_y)-P_yE_y)(1-\gamma)-C)+(1-\theta)(-L)(1-\gamma)$

$=\theta(-(L(1-P_y)-P_yE_y)(1-\gamma)-C+L(1-\gamma))+-L(1-\gamma)$

$=\theta(-(L(1-P_y)-P_yE_y-L)(1-\gamma)-C)+-L(1-\gamma)$

$=\theta((LP_y+P_yE_y)(1-\gamma)-C)+-L(1-\gamma)$

$= \theta\left(\left(L+E_y\right)P_y\left(1-\gamma\right)-C\right)+-L\left(1-\gamma\right)$

对上述期望效益对 θ 求微分，得到“治超”管理部门最优化的一阶条件为：

$$\frac{\partial V_G}{\partial \theta}=(L+E_y)P_y(1-\gamma)-C=0$$

$$\gamma=\frac{(L+E_y)P_y-C}{(L+E_y)P_y}$$

也就是说，在运输者与“治超”管理部门之间博弈的混合策略的纳什均衡中，运输者的最优策略是以 $\frac{(L+E_y)P_y-C}{(L+E_y)P_y}$ 的概率选择不超载运输，以 $1-\frac{(L+E_y)P_y-C}{(L+E_y)P_y}=\frac{C}{(L+E_y)P_y}$ 的概率选择超载运输。进一步，把 γ 化简得到：

$$\gamma=1-\frac{C}{(L+E_y)P_y}$$

可以看出 $1-\gamma$ 是 C 的增函数，即当治理成本增加时，意味着“治超”管理部门的策略会向不治理的策略倾斜，运输者选择超载策略会获得较大的收益。$1-\gamma$ 是 E_y 与 P_y 的减函数，意味着当惩罚力度增加或者查出超载的概率增加时，运输者的收益会降低，运输者倾向采取选择不超载。

为了进一步得到“治超”管理部门的最优策略，分析运输者的期望收益：

$V_T=\gamma(\theta R_n+(1-\theta)R_n)+(1-\gamma)(\theta R_y+(1-\theta)(R_y-P_yE_y))$

$=R_n\gamma+(1-\gamma)(R_y-P_yE_y+P_yE_y\theta)$

$=\gamma(R_n-R_y+P_yE_y-P_yE_y\theta)+(R_y-P_yE_y+P_yE_y\theta)$

对上述期望效益对 γ 求微分，得到运输者的最优化的一阶条件为：

$$\frac{\partial V_T}{\partial \gamma}=R_n-R_y+P_yE_y-P_yE_y\theta=0$$

$$\theta=\frac{R_n-R_y+P_yE_y}{P_yE_y}=\frac{R_n-R_y}{P_yE_y}+1=1-\frac{R_y-R_n}{P_yE_y}$$

即 $1-\theta=\frac{R_y-R_n}{P_yE_y}$

也就是说，在运输者与"治超"管理部门之间博弈的混合策略的纳什均衡中，"治超"管理部门的最优策略是以 $1-\frac{R_y-R_n}{P_yE_y}$ 的概率选择不治理超载，以 $\frac{R_y-R_n}{P_yE_y}$ 的概率选择治理超载。可以看出，θ 是 R_y-R_n 的减函数，即当运输者的超载与不超载收益之差减少时，运输者倾向于不超载运输，因此"治超"管理部门倾向于选择不治理。相反，当运输者的超载与不超载收益之差增加时，运输者倾向于选择超载运输，因此"治超"管理部门倾向于选择治理。θ 是 P_yE_y 的增函数，即当运输者的超载被处罚的力度增加时，运输者倾向于不超载运输，因此"治超"管理部门倾向于选择不治理。相反，当处罚力度减少时，运输者倾向于选择超载运输，因此"治超"管理部门倾向于选择治理。

对于 4.1.2 情况②满足（$1-P_y$）$-P_yE_y+C>L$，并且 $R_y-P_yE_y<R_n$，由于其不存在纯策略的纳什均衡解，可以这样理解，"治超"管理部门采取"治超"的措施时，运输者由于收益降低会采取不超载策略运输。由于"治超"成本的存在，又没有超载现象，"治超"管理部门会逐步降低"治超"的力度，当"治超"力度趋弱时，运输者又会采取超载的措施。整个管理过程是"治超"—不超载—不"治超"—超载—"治超"无限循环，这是管理部门面临的一个困境，也符合现实中的情况，管理者与被管理者是一个循环往复的博弈过程。因此选择一种全天候、常态化的监管模式是根"治超"载的基本条件。

4.1.4 博弈结果

分析上述策略，有三种纳什均衡：

第一种纳什均衡的前提条件是治理超载运输的成本 L（$1-P_y$）$-P_yE_y+C$ 大于超载运输造成的社会利益损失 L。但是，这种情况对社会利益造成了较大的损失，显然并不是"治超"管理部门愿意看到的，所以从政府部门的职责来说，"治超"管理部门必须通过多种手段来降低治理成本 L（$1-P_y$）$-P_yE_y+C$。

第二种纳什均衡是“治超”管理部门希望实现的，因为在此均衡下，社会利益损失和“治超”成本之和最低，所以“治超”非现场执法的核心目标就是要实现这个纳什均衡。而这个纳什均衡的前提条件有两个：一是治理超载运输的成本 C 小于超载运输造成的社会利益损失 L（即 $C<L$）；二是 $R_y-P_yE_y<R_n$。

首先，若要 $C<L$，由于可以假定在超载运输行为下社会利益损失 L 固定不变，则必须降低治理超载运输的成本 C。

其次，$R_y-P_yE_y<R_n$，可以转换成 $P_yE_y>R_y-R_n$，由于 R_y 和 R_n 可以认为是固定不变的，要使该不等式成立，就必须提高查处到超载运输的概率 P_y 和提高运输者超载运输受到处罚的费用 E_y。

第三种纳什均衡是目前实际情况下存在的，虽然“治超”管理部门不断加大力度治理超载运输，但运输者超载运输的效用仍然大于不超载运输时的效用，因此仍然选择超载运输。在此均衡下，“治超”管理部门为了降低社会利益损失和“治超”成本之和，如同第二种纳什均衡，同样需要降低治理超载运输的成本 C，提高查处到超载运输的概率 P_y。另外，由于第二种纳什均衡是“治超”管理部门理想的均衡，因此，“治超”管理部门同样需要不断提高运输者超载运输受到处罚的费用 E_y。

4.1.5 基于博弈分析的“治超”措施

通过前文分析，“治超”管理部门为了实现社会利益损失和“治超”成本之和最小化，需提高查处超载运输的概率，提高运输者超载运输受到处罚的费用以及降低治理超载运输的成本。下文将从目前“治超”工作的具体问题出发，提出实现上述目标可采取的主要措施。

1. 提高查处超载运输的概率

若要提高查处到超载运输的概率 P_y，则需回到具体的“治超”工作存在的问题上来。根据第三章，我国治理超载运输效果不佳的主要原因有以下三个方面：

一是管理体制机制不顺，跨部门、跨区域协同力度较差。

二是执法能力不足，主要体现在两个方面：固定式的超载检测站建设、运行成本较高，覆盖率较低，从空间上给超载运输者留下了真空地带；固定式的超载检测站检测效率较低，受检率不足。

三是执法流程烦琐，处罚效率较低。

综上，要提高查处到超载运输的概率 P_y，可采取以下几种措施：

一是理顺管理体制机制，提高跨部门、跨区域联动和统一指挥调度效率。

二是降低“治超”的管理成本，提高超载车辆监测覆盖率。由于非现场执法点的建设运行费用远小于固定式“治超”站，且可以全天候监测所有通过车辆，在较低的成本下可以较大提高监测点的覆盖率和车辆受检率。

三是强化执法监督能力，提高执法规范化水平，提高处罚效率。

2. 提高运输者超载运输受到处罚的费用

若要提高运输者超载运输受到处罚的费用 E_y，必须对该费用的构成进行分析。该费用不仅仅包括显性的罚款，还应包括超载运输行为的机会成本（指为了得到某种东西而所要放弃另一些东西的最大价值），如：

①追究严重超载运输车辆司机的刑事责任；

②将超载运输企业列入“黑名单”，责令其停止从事营业性运输；

③将严重超载行为纳入行业信用考核体系和社会信用体系，让失信者在企业经营和社会生活中寸步难行等；

④从事正当运输的收益。

3. 降低治理超载运输的成本

降低“治超”成本除了前文提到的通过采用“治超”非现场执法模式外，还需要提高“治超”管理工作的效率。目前，随着新一代信息技术的飞速发展，充分利用信息技术转变“治超”管理模式，大力推进科技“治超”，已经成为“治超”行业发展的必然趋势。因此，本书提出通过信息化技术手段来提高“治超”管理工作效率，降低“治超”工作运行管理的成本。

综上所述，为实现｛运输者不超载，“治超”管理部门治理超载运输｝这个纳什均衡，“治超”管理部门可采取的措施如表 4-2 所示。

表 4-2 基于博弈分析的“治超”措施

目的	措施
提高查处超载运输的概率	提高跨部门联动效率
	提高跨区域联动效率
	提高统一指挥调度效率
	提高超载车辆监测覆盖率
	强化执法监督能力
提高运输者超载运输受到处罚的费用	超载入刑
	将超载运输企业列入“黑名单”
	将严重超载行为纳入行业信用考核体系和社会信用体系
降低治理超载运输的成本	采用“治超”非现场执法模式
	提高“治超”信息化水平

4.2 制度体系设计

根据“4.1‘治超’的博弈论分析”提出的“治超”措施，本节将进行“治超”非现场执法制度框架体系的设计。从前文可看出，影响“治超”成效的因子非常多，需要采取多种措施，紧密配合，才能达到较为理想的“治超”效果。因此，“治超”非现场执法制度不是独立的制度，而是由多个制度构成的“政策包”和“组合拳”。

4.2.1 影响制度设计的因素

道格拉斯·诺斯（Douglass C. North）认为，制度是一系列被制定出来的规则、守法程序和行为的道德伦理规范，它旨在约束追求主体福利或效用最大化的个人行为。[①] 可见，好的制度是以社会共同认可的价值为标杆，从而达到控制人的行为和建立良好秩序的目的。新制度经济学的命名者奥利

① ［美］道格拉斯·诺斯．经济史中的结构与变迁［M］. 上海：上海人民出版社，1991.

弗·伊顿·威廉姆森（Oliver E. Williamson）认为，在制度化相当发达的现代社会，公共政策已经成为维护国家机器日常稳定运行的重要工具。[①] 国家治理体系包括政府治理、市场治理和社会治理三个子系统，在社会治理中，善治需要良策支撑，在制度和人的作用中，制度的好坏起着至关重要的作用。[②] 交通运输是国民经济的基础性、先导性、服务性行业，是基础设施的重点领域和连接生产、消费的重要环节，"治超"非现场执法的制度设计要充分考虑到制度针对的特定目标、制度功能、制度环境，考虑到交通行业的特定性，考虑到各种因素对制度实施的影响，避免副作用，实现政策主体和政策客体的共赢。

1. 政治因素

交通运输促进文化交流、促进国家和社会团结统一，有非常重要的政治、公共服务、国防、军事等作用，是促进政府和民众关系的重要途径。交通是利益攸关方交织最为复杂的行业，大量的社会矛盾、权利诉求带来的暂时不理解，最终可能呈现在交通这一末梢上，很容易成为利益分配和舆情炒作的热点、安全保障的焦点以及社会不满情绪宣泄的载体。其中典型案例有近年来异军突起的互联网网约车对传统出租车行业带来的巨大冲击，国外一些城市出现的群体性罢工事件，[③] 如 2014 年巴西出现的公交司机大罢工导致的政局混乱。

2. 经济因素

公路建设和管理是经济社会发展的先决条件，经过大规模建设，我国已经形成了名列世界前茅的公路网，加速了经济活动和物流发展。公路货运业具有运输总量大、吸纳就业多、惠及民生近、关联影响强等特点，在国民经济发展中发挥着重要的基础服务性支撑作用。交通基础设施建设和

---

① Oliver E. Williamson. The New Institutional Economics: Taking Stock, Looking Ahead, Journal of Economic Literature (2000), Vol. 38, No. 3.

② Ann Crabbe, Pieter Leroy. The Handbook of Environmental Policy Evaluation. London and Sterling VA: Earthscan, 2009.

③ 余斌，石耀东．当"互联网+"邂逅发展动能转换［N］．人民日报，2016-04-08（10）.

交通运输与一国经济关联性强，需求论者认为，铁路、公路、机场等交通基础设施建设是拉动内需、保证经济领域稳增长、维持 GDP 的重要手段；供给论者认为，交通对经济的贡献主要是化解有效供给不足、解决结构性矛盾，在基础设施等方面平衡供给总量和提升公共产品质量是政府供给的重点。

3. 行业因素

交通运输业是我国国民经济发展的基础产业，近年来，我国公路交通实现了跨越式发展。截至 2020 年年底，全行业共有经营业户 323.87 万户，营运货车 1087.8 万辆，群体非常庞大，影响面很广。2021 年完成营业性货运量 521.60 亿吨，增长 12.3%；完成货物周转量 218181.32 亿吨公里，增长 10.9%。[①] 但由于我国道路货物运输市场不完善，呈现出的“多、小、散、乱、弱”等局面并未出现大的改观。

4. 民生因素

几乎所有的人每天都要使用交通设施和交通资源。对于消费者而言，公路货物运输特别是鲜活农产品运输，与居民生活、大众心理情绪和城市正常运行息息相关。对于 3000 多万货车司机而言，身后就是 3000 多万个家庭，更担负着为 4.3 亿个家庭服务的任务，[②] “治超”关联千万个家庭的幸福安康。因此，针对不同的公路货物运输车辆，应该制定区别化的“治超”措施，保障居民基本民生需求。

5. 人文因素

人类社会已经进入信息时代，一般来说，传统的惯性是历史的阻力，但在历史的转折关头，传统的遗惠也可能成为创造的源泉。[③] 体制内外对从人治到法治普遍的认可和期待将是 21 世纪中国心态最大的变化，互联网的高速发展拉近了中国与世界的距离。价值观的转变也是人文素质不断提高的表现，这个时代倡导的是“富强、民主、文明、和谐，自由、平等、公

① 交通运输部 . 2021 年交通运输行业发展统计公报.

② 2015：公路货运为每个中国人运货 22 吨［N］. 北京日报，2015-12-29（15）.

③ 董光壁 . 二十世纪中国科学［M］. 北京：北京大学出版社，2007：25.

正、法治，爱国、敬业、信用、友善”。社会结构的变化也是推行“治超”非现场执法制度需要考量的，目前多数司机年龄在26~35岁之间、初中文化程度、农村户籍，草根行业的总体地位没变，但是必须看到物流业无论是装备、技术标准，还是发展模式、发展业态，都在向更高层次转型，货车司机高级蓝领化是未来发展趋势。

4.2.2 设计原则

1. 合法性原则

“治超”非现场执法制度框架内的行政主体权力的设立、行使、运用必须依据法律，符合法律要求，不能与法律相抵触。

2. 合理性原则

在研究“治超”非现场执法制度设计时，要经过详细的调查分析研究，并结合全国多个地区的“治超”非现场执法试验情况，在征求基层执法部门意见基础上，拟定出较为合情合理的“治超”非现场执法制度。

3. 有效性原则

制度有效性包括两个方面：一是有绩效，即制度实施能够降低交易成本，对资源配置、经济增长和社会进步有促进作用；二是有效率，即政策客体认同和遵循制度提倡的行为。“治超”非现场执法制度设计需要符合“治超”行业发展实际需求，使局中人既能够对自己的行为有正确的预期，又愿意遵守，使之切实可行，行之有效。

4. 适时适用原则

“治超”非现场执法制度要有一定的弹性，随着时间、环境、政策的变化而调整，已过时的规章制度应及时修订，缺乏的规章制度应及时补充完善，具有较强的适应性。

5. 系统性原则

“治超”非现场执法制度是一个完整体系，在研究“治超”非现场执法制度时，必须通盘考虑与“治超”非现场执法相关联的法律事件和耦合性，把与之相关联的因素综合起来，进行顶层设计、层次搭建和整体谋划，防止牵一发而动全身、按下葫芦浮起瓢，使问题都能在系统内得到解决。

6. 可信性原则

在我国现有的“治超”制度中，“治超”执法业务条块分割，被打散到了路政、运政、公安、交通等多个部门，制度设计在立足现行体制机制的同时应着力保障“一揽子”政策落地，要使被管理者相信，超载一定会被政府部门监测到并进行常态化查处。

7. 前瞻性原则

着眼综合执法体制改革方向，为现有体制向未来趋势平滑过渡留有空间。因此，要确定统一指挥调度的思路，明确领导与组织分工以及部门职能划分，解决多头执法和多层级执法的无序混乱状态，建立全国统一的“治超”非现场执法工作体系。

4.2.3 制度目标设定

目标是制定制度方案的出发点。荷兰学者将政策目标分解为司法理性、社会理性和市场理性三个维度，提出政策目标三角形模型。[①] 笔者将以此模型为参考，结合政治承受度、社会接受力、市场承载性给出“治超”非现场执法制度的主要目标。

从司法理性分析，“治超”非现场执法的首要目标是消除超载车辆的危害，为此需要提高对非法超载车辆的处罚率，以期达到降低超载率的目标。由于技术限制，目前还无法获得全路网的超载率，各省使用的是检测超载率，即以设立“治超”检查站的公路为样本，检测到的超载车辆与进站检测货车流量的比值。但在实际工作中，为提高检测效率，部分检测站选择对嫌疑车辆进行检测，出现检测车辆数与实际站前货车流量不相符的情况。另外，拥堵放行时也有部分超载车辆漏检。因此，检测超载率与实际超载率存在一定误差。表 4-3 是 2021 年全国主要省区市超限检测站联合执法情况。

---

① Arts B.，Goverde H. The governance capacity of（new）policy arrangements：A reflexive approach//B. Arts，P. Leroy. Institutional dynamics in environmental governance. Bpringer，Dordrecht，The Netherlands，2006.

表 4-3 2021 年全国主要省区市超限检测站联合执法情况

省份	总称重检测数（辆）	涉嫌违法超限数（辆）	比例（%）
全国	176879125	2133473	1.2
北京	12314522	33936	0.3
天津	13643906	71456	0.5
河北	27315805	74719	0.3
山西	7186841	28922	0.4
内蒙古	2283694	56073	2.5
辽宁	6402402	8826	0.1
吉林	19828	2	0.0
黑龙江	2237	5	0.2
上海	7842393	22819	0.3
江苏	26093816	22791	0.1

从市场理性分析，制度是约束人的行为的规则，有的人把二者的关系比作堤坝与河流，河流总是想随心所欲地决定流向，堤坝却是用来改变河流流向的。据此，本书的另一个目标就是研究制定一套制度系统，对管理者而言，它能有效抑制导致机会主义和外部性严重的恶性行为；对于被管理者而言，能体会到道德伦理、公平正义、效率公正、法律威严的存在和约束，而自愿在制度范围内作出配合。

从社会理性分析，非现场执法是对信息系统、物联传感网、大数据、云计算依赖性很强的“治超”新模式，影响这个模式能否实现的最为直接的因素就是公路或者重点公路的关键节点建设全覆盖、全天候监测的公路轴载动态称重系统。从心理学角度看，人们恐惧的不是干坏事，而是干坏事被发现，大数据时代无处不在的监控系统有助于促进社会理性。

上述三者即消除超载车辆、制定约束行为的制度系统和全面监督监测，构成一个相对稳定的三角形，尤其是制度系统中的政策手段是站在现有政策的基础上进行的整合、优化、完善和改进。“治超”非现场执法目标框架如图 4-1 所示。

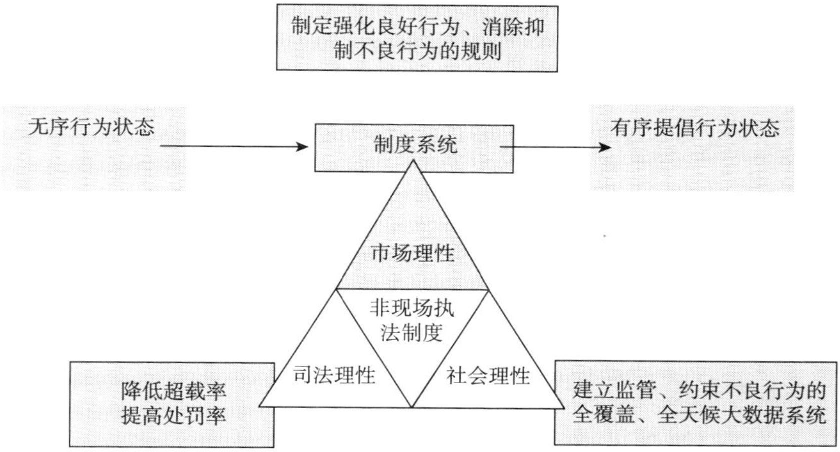

图 4-1　基于政策三角形的“治超”非现场执法制度目标

4.2.4　基于行为控制理论的制度设计方法

学者张文健认为制度是控制人的行为的一系列规则，所以制度设计应建立在对人的行为实施控制的基础上。[①] 行为控制就是在对行为进行观测的基础上采取一定措施促使行为者调整行为，以达到或接近行为规范和目标行为的过程。行为控制理论把被管理者的行为分为提倡行为和不提倡行为，从泰罗的科学管理到今天的人本管理，都把对人的行为控制作为核心内容，对于公共管理而言，一方面引导激励被管理者实施有利于实现公共秩序的行为；另一方面采取控制措施监督或限制被管理者的行为，不做有损于公共秩序的事情。

1. ORP 行为控制理论

按照管理学发展的历程，传统的行为控制理论大致经历了三个阶段。第一个阶段是古典管理理论中的行为控制模式，这一阶段的共同特点是把人当作“经济人”，只要满足人的金钱欲望，就能调动人的积极性，强调对

① 张文健．基于行为控制的制度设计研究［M］．合肥：中国科学技术大学出版社，2014：2-4.

人的控制、监督、强制、限制、约束，很少讲人文关怀和心理感受。第二个阶段是行为科学理论中的行为控制模式，以梅奥、麦克兰德、马斯洛、赫兹伯格、麦格雷戈、弗鲁姆、亚当斯等人的理论为代表，其中影响较大的是动机理论和激励理论，强调通过满足员工需求激励和引导员工作有利于组织目标实现的事情。第三阶段是人本思想中的行为控制模式，这一阶段的管理模式有两个转变：一是变被动控制为主动引导；二是变员工与企业经济利益对立为两者根本利益统一，把人当作企业最大资源，理解人、尊重人、关心人，通过调动人的认同性、遵循性和创造性，降低控制成本，提高控制效益。①

行为控制理论在实践中的应用越来越多，例如常见的经营不守法的问题，是国家行政管理控制最多的问题。近年来，国内专家对我国各种行为失控问题的研究取得了一批有价值的成果，如上海理工大学孙绍荣教授提出全面的行为控制理论，即 ORP 行为控制理论。本书针对非法超载运输的制度设计就是基于 ORP 行为控制理论。ORP 行为控制理论从消除不良行为的角度提出行为控制的思路，着眼于"限制"，研究重点是怎样对被约束者的某种不良行为现象实行有效约束。ORP 行为控制理论提出了行为控制的三种方法，即项目控制法、资源控制法和回报控制法。②

（1）项目控制法

项目控制法，是指通过建立或取消被管理者可以投入资源的项目来控制被管理者行为的方法。例如，当政府发现被管理者实施某个项目的同时损害了公共利益，政府管理部门可以直接修改或取消该项目，使得被管理者危害公共利益的行为无处实施，从而达到行为控制的目的。项目集用 O 来表示（O_1，O_2，…，O_n），其中 n 是被管理者所拥有的项目的总数，O_i 为其中的第 i 个项目。例如，限制某企业开办混凝土搅拌站的个数。

（2）资源控制法

资源控制法，是指通过建立或者取消被管理者可以投入项目上的资源

① 韩子贵，孙绍荣．管理理论的发展与行为控制模式的演变［J］．经济管理，2006-07-20.

② 张文健，孙绍荣．管理制度设计初探［J］．商业研究，2006，347（15）：86-89.

来控制被管理者行为的方法。例如，政府部门可以通过取消经营者从事不提倡行为的资源，使其没有能力从事某一行为从而达到消除不期望行为的目的。资源集用 R（r_1，r_2，…，r_n）来表示，其中 n 为实施该行为所需资源类型的总数，r_i 为第 i 个类型的资源。例如，从事运输需要的资源为 R（货车、司机、证照、资金）。

（3）回报控制法

回报是被管理者通过一定行为得到的与自己需求有关系的结果，回报有正回报与负回报之分，也有虚实之分，比如经济收益是实在的物质回报，荣誉、好的信用评价或差的信用评价是心理上的回报。回报集用 P（p_1，p_2，…p_n）来表示，其中 n 是该行为的回报的各种类型的总数，p_i 为其中的第 i 个回报，每一种行为都有一个回报集。回报控制法是最常用的一种行为控制方法，通过改变行为的回报集的值来达到控制被管理者内在动机从而影响其行为的目的。例如，当经营者进行不提倡行为时，政府管理部门就向非法经营者提供负回报或减少正回报。

2. 基于 ORP 行为控制理论的“治超”非现场执法制度设计

人的行为由动机支配，但也离不开客观条件的支持，用公式描述为：$B=f(m, o)$，其中 B 表示行为，m 表示从事该行为的主观动机，o 表示从事该行为的客观条件。因此在制度设计中，应从控制人的主观动机和实施行为的客观条件两方面来对人的行为进行控制。①

上面提到，行为控制理论把被管理者的行为分为提倡行为和不提倡行为，欲使制度中的人实施提倡行为，可通过如图 4-2 所示的方法。

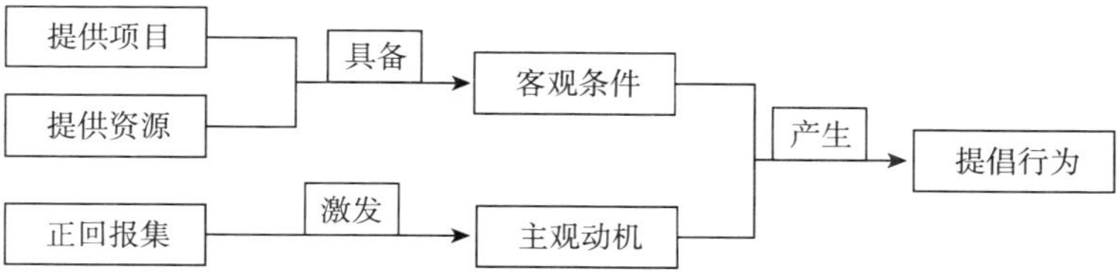

图 4-2　提倡行为的产生

① 张文健．基于行为控制的制度设计研究［M］．合肥：中国科学技术大学出版社，2014：57-58.

欲使制度中的人不实施不提倡行为，可通过如图 4-3 所示的方法：

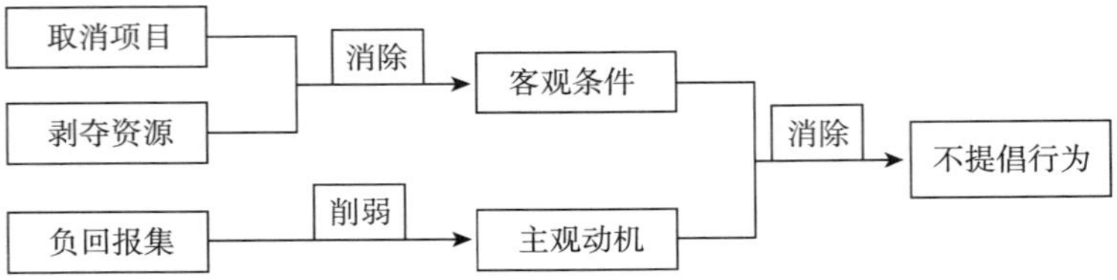

图 4-3　不提倡行为的消除

超载是典型的不提倡行为，围绕本书 4.2.3 中确定的制度目标，控制超载行为的制度内容主要如下：

（1）消除超载行为所需要的项目条件

现实中绝大部分超载车辆是运输生产原材料，事故车辆尤其以运输砂石料车辆为甚，如果源头企业没有尽到自己的“治超”责任，可以通过清理整顿非法的砂石盗采点、生产点、囤积点和混凝土搅拌站，限制搅拌站、砂石开采厂等低端项目的发展来铲除非法超载的客观条件。如果施工工地接纳超载运输行为，同一施工企业的不同项目被“治超”部门累计认定进场材料超载运输三次的，则禁止和限制该施工企业参加项目的招投标，取消市场进入资格。

（2）消除超载行为所需要的资源条件

车辆是运输的最基本资源，不合规货车、超标准货车、非法改装货车是超载产生的直接条件，消除这些车辆是源头控制的有效举措。还有其他一些限制条件，例如，建立运输企业“黑名单”管理体系，取消列入“黑名单”的企业和司机的经营许可证照和从业资格证书，禁止其参与运输活动。采取信用评价等级降级措施，限制运输产业链上相关企业的无形资产。通过建立货运车辆指标管理制度，促使超载企业的货运运力退出市场，指标资源向守法企业倾斜。

（3）构造值为负的回报集，打消超载的动机

回报集的值越高的行为，人们越是热衷于从事；回报集的值越低的行为，人们越是回避。所以，对于不提倡的超载行为，不仅要构造负的回报集，而且回报集的值越低越好。

回报集的值=预期收益-预期成本，超载的最根本的动机是追求自身效用最大化，经营者是否冒险超载的底线是预期收益是否大于预期成本，即回报集的值是否大于零。

超载运输的预期收益与其效用函数有关，超载者的效用函数是相当丰富的，用公式可表示为：$G=f(s, m)$，其中 s 为金钱等物质因素，m 为名誉地位等精神因素。假如超载者实施投机行为时不被查处的概率为 p，则通过超载获取的预期收益为 pG。

超载运输的成本由实施成本、惩罚成本和机会成本三大块构成，实施成本包括增值税、保险费、司机工资、车辆折旧费和其他税费等固定成本以及轮胎费、维修费、燃油费、路桥费、打点费等其他变动成本，用 C 来表示；惩罚成本是指车辆运营过程中所遭遇的各种处罚，既包括罚款，也包括精神、名誉、信用甚至人身自由，用 L 来表示；机会成本是指超载者放弃合法装载带来的间接收益，用 K 来表示。

假设超载者被查处的概率为 $1-p$，则其投机行为的预期成本为 $(1-p)L+K+C$。当超载者实施投机行为的预期收益大于其预期成本时，即 $pG>(1-p)L+K+C$ 时，就会促使其产生从事超载运输的动机。因此，在进行制度设计时，务必使超载者实施投机行为的预期成本大于其预期收益，即 $pG<(1-p)L+K+C$。

惩处力度极大地决定着超载行为的成本，路政、运政、公安交管等部门对于超载车辆要坚持高线处罚，使其在罚金和驾照记分上付出代价；推广“治超”非现场执法，建设“治超”行政执法及电子监察系统，大幅度提高查处概率；统筹多部门综合治理，工业、工商、质监、安监、环保、住建等部门严格执行超载车辆限行措施；加大法律手段，以危险方法危害公共安全罪定罪处罚严重非法超载等违法犯罪行为；完善高速公路计重收费、入口劝返、普通公路物防设施等手段，打消超载者的动机，使其只能从事有利于制度目标实现的提倡行为，不能、不愿或不敢从事不利于制度目标的不提倡行为，最终实现制度目标。[①]

① 张文健，孙绍荣．基于行为控制的制度设计研究［J］．科学学研究，2005，23（1）：97-100.

4.2.5 制度组合和制度体系框架

在超载治理中，制度是管理活动的基本依据，本节基于博弈分析的“治超”措施，综合考虑影响制度设计的因素，遵循制度设计原则，以 ORP 行为控制理论和方法为指导，梳理基于项目、资源和回报的各项控制措施，从顶层设计的角度逐条归类上升到制度层面，构建了一整套“治超”非现场执法制度体系框架，整体包括核心制度、紧密层支撑制度、豁免制度、延伸处罚制度和基本保障制度五大类，共十二项。其中核心制度是“治超”的非现场处罚制度；紧密层支撑制度有跨区域联动制度、跨部门联动制度、与计重收费联动制度；豁免制度有超载运输许可制度和绿通车辆备案制度；延伸处罚制度有超载入刑、“黑名单”处罚、信用体系等制度；基本保障制度有现场处罚制度、统一指挥调度制度和执法监督制度。具体到每一项制度，其下一层的制度子模块内容在以下各节中将具体阐述。

“治超”非现场执法制度框架设计如图 4-4 所示。

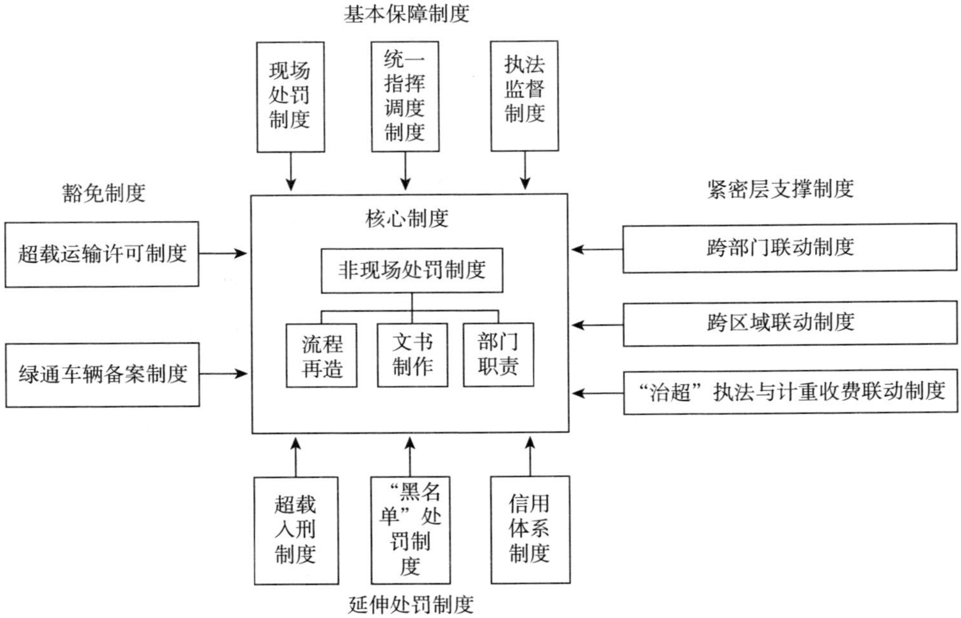

图 4-4 “治超”非现场执法制度框架

4.3 核心制度政策要点

“治超”非现场处罚制度在整个制度体系中居核心地位，政策要点包括执法流程设计、各职能部门职责、取证要求和技术保障等。

4.3.1 问题识别和浴盆效应

公路货运车辆非法超载处罚当前主要是行政处罚，这是难度很大的执法行为。通过对北京市等地“治超”执法典型案例进行分析（具体内容见表 4-4），说明超载治理任务依然严峻，“治超”执法工作还存在以下亟待解决的问题。

表 4-4 “治超”综合执法能力分析表（以北京为例）

“治超”综合执法能力不强	①案件处理周期长，执法效率不高。2021 年“治超”站检测到超限货车 33936 辆次，其中监督卸载复检 24015 起，交管处罚 9497 起
	②路政、运政“黑名单”处罚机制不完善，交通、交管部门联动执法机制不健全
	③外籍车辆省际移送处罚机制尚不健全
	④执法不严
	⑤执法力量严重不足。2021 年北京市全年超限货车 33936 辆次，日平均 100 辆次

1. 执法能力不足

“治超”执法力量薄弱，非法超载车辆处罚率偏低；重灾区“百吨王”活动猖獗，少数车辆多次违法超载运输屡禁不止，“黑名单”、扣分扣证、吊销许可证等延伸处罚机制尚未建立；区域内部短途超载运输、绕行运输行为缺乏有效治理，腹地“空心化”严重；立法支撑和法律执行等治本的、长效的手段应用不够；“治超”人员和工作装备落后，“治超”人员待遇低、流动大，队伍稳定性较差；超载检测站执法能力不足，工作重点仅放在检测和卸载上；路政、运政联动处罚机制不完善，交通、交管部门联动执法机制不健全。目前执法程序需要多级主管领导审批，各地执法处罚工作大多采用纸质公文的形式办理，执法人员现场手填执法文书，大大增加了处罚案件的办理周期，“治超”执法处罚工作明显烦琐，周期长。自由裁量权还留有不小的自主操作空间，“治超”辅助执法人员无证上岗、人证不符、证件不全，少数地方还存在罚缴票款不符、票据填写不规范、罚款不开票、多罚少开、重复罚款、拿执法当交易、讨价还价等不规范问题。

2. 执法环境恶劣

暴力抗法、柔性抗法、野蛮闯关、人为造堵等现象频发，执法难度越来越大。“治超”一线执法人员执法环境恶劣，在执法过程中暴力事件时有发生，经常出现“治超”人员被打事件，严重干扰“治超”执法秩序，对“治超”一线执法人员人身及安全产生严重威胁，甚至造成流血伤亡。如2014年9月16日晚，一辆严重超载的大货车冲过浙江省永嘉县一处联合“治超”关卡，执法人员驱车追赶并请求他人协助拦截，协助者将铲车横在国道上，超载货车撞上受阻的社会车辆，造成3人死亡、多人受伤，部分车辆受损。还有以喝农药、躺车轮底下等方式威胁执法人员，在社会上产生了恶劣影响，增加了依法“治超”的难度。为此，一方面需要扩大对非法超载行为的处罚，不光追究司机的责任，更应追究承运人、货主的责任，使逢超必罚成为常态，让非法运输业户制造的外部性内部化；另一方面需要改进我们的执法模式，推行非现场执法，使执法变得更加人性化。

3. 制度设计缺陷和效力衰减

事物的不断发展变化与政策相对稳定之间的矛盾，决定了每一项政策都有其失效过程。政策执行过程中失效表现在三个阶段：早期失效、偶然失效和耗损失效，[①] 本书第2章介绍的“治超”政策法规执行多年后，随着主客观条件的变化，有些开始不适应实际情况。例如，“治超”牵头单位力度不够，相关部门配合不够密切，存在单兵作战的现象；“治超”执法业务被打散到了路政、运输、执法总队等多个部门，交管与交通执法标准不一致，造成了部门之间的执法依据差异、责任分工不清晰，很难有效地整合

---

① 陈佳鞠．从家电下乡探讨农村公共政策执行现状及监督对策［J］．东南大学学报（哲学社会科学版），2011（13）：115-118.

统一的执法力量；条块分割，市级监督考核追责不力，区县执行力和协作力下降；部门之间信息“不共享、不互认”，人为制造了很多的壁垒，多个执法部门之间执法职能交叉，形成该管的不管、该检的不检、该卸的不卸、该罚的不罚的艰难局面；有些执法人员开始产生厌战情绪、畏难情绪，工作力度有所减弱。这种政策失效的变化，其图类似于浴盆形状，人们把这种曲线称为“浴盆模型”，如图 4-5 所示。“浴盆模型”的指导意义在于，如果观察到老旧政策失效率上升，就要着手调整、修改已有政策，或者重新制定新政策、新法律、新制度。

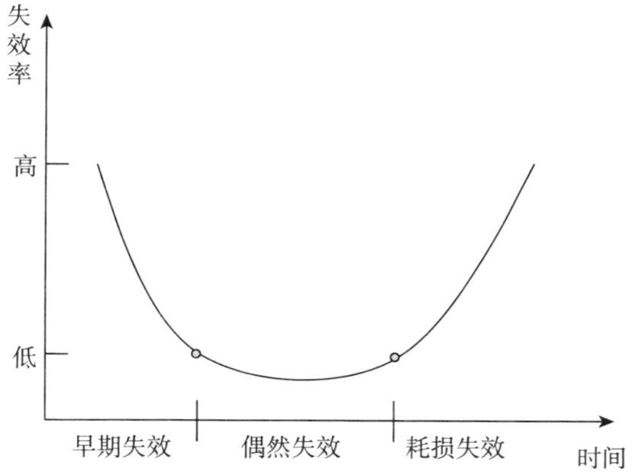

图 4-5　政策“浴盆模型”

4. 3. 2　“治超”非现场执法核心制度

根据前文提出的“治超”政策目标，采用“治超”非现场执法模式，首要的目标就是实现逢车必检、逢超必罚，以促进货运车辆合法装载。“治超”非现场执法制度的设计，要优化已有的现场执法程序，基于此本书提出了“治超”非现场执法的基本流程等政策要点。

1. 流程再造

流程由一系列具有逻辑关系的规则组成，是制度再现的最佳形式之一，其功能表现为对被管理者行为按顺序进行控制。结合“治超”非现场执法特点，按照《行政许可法》的一般规定，本书设计了“治超”案件非现场执法流程。整个案件处理流程可以分为 7 个阶段，分别为证据采集、筛查审核、立案、告知和信息发布、本地处罚、移交处罚和结案。

（1）证据采集

公路治理超载非现场执法设备自动对经过的车辆进行高速称重，超载车辆系统自动采集取证，将采集到的证据推送至非现场超载处罚预审系统。

（2）筛查审核

案件分拣中心对非现场取证的原始可疑数据进行统一人工分拣筛选，确认取证证据的完整性、车牌真假，并建立专职审核制度，经过筛选确认的抓拍案件，进入非现场案件协同执法追逃处罚系统，并自动分发给超载行为发生地执法部门。

（3）立案

按照属地管理的原则，超载行为发生地的执法部门接到案件后，确认无异议，即同意立案并责成执法大厅办理。

（4）告知和信息发布

执法人员查询获取当事人的联系方式，以邮件形式告知当事人，邮寄违法行为通知书和案件处理一次性告知内容，通知违法当事人前往执法大厅办理违章处罚。同时，通过报纸、广播、电视台、短信、微信、网站等公布超载的驾驶员、车辆以及业户信息，当事人可在网站查询违法记录，电子反馈等同当面告知。

（5）本地处罚

当事人收到违法信息或催告书后，到执法大厅现场办理案件，执法人员按照分配所属站点权限范围，负责超载发生地的案件处理工作，生成询问笔录（留取指纹、音视频取证材料），并采集当事人提供的其他证据（如身份证件等），进行立案到结案的全程处理。完成立案审批表、案件处理呈批表，根据重大案件集体讨论制度，通过电子签章网络办理生成重大案件集体讨论记录。执法人员当场开出行政处罚决定书、行政执法文书送达回证，经当事人签字、缴纳罚款后，出具行政处罚缴纳书。

告知期限设定为 1 个月。15 日后该车辆未来接受处罚，将发送违法催告通知书，告知其限期 3 个月内接受处罚，3 个月期满后，如果还未接受处罚，将向法院申请强制执行。另外，在运管货车年检和公安车检工作中，专门设置超载是否接受处罚的限定，如果车辆有超载案件在身，不消除违章将不能完成该年度的车辆年检工作。

（6）移交处罚

以上是本籍车辆在交通运输部门的处罚，对于需要移交外省、市进行处罚的车辆，还需在后续流程中进行移交处理。

（7）结案

由相关管理部门及法制管理人员对案件处理过程和执行情况进行审核，并进行结案处理，系统自动生成处罚结案报告。最后，超载车辆处罚记录自动推送到人车户的信用考核系统和“黑名单”生成系统中，在企业的市场经营行为中对失信者、列入“黑名单”的业户再次进行限定，以信用提升“治超”实效。

流程图是展示制度的最直接的工具，“治超”非现场执法处罚工作流程如图4-6所示。

2. 管理体制

如果从上而下建立全国性的“治超”非现场执法体制，首先应明确各工作机构职责及其工作机制。部级“治超”管理机构负责与全国“治超”机构及其他省（区、市）“治超”机构的协调、沟通工作，并负责跨省超载案件和“黑名单”的审核、移交和接收工作以及政策制定工作。

省级“治超”机构负责本省公路治理超载非现场执法工作的日常组织协调；对各地级市、各区（县）、各部门公路治理超载工作进行指导督查；负责公路治理超载非现场执法数据分析、工作监督考核。

市级“治超”机构负责组织对辖区（县）公路治理超载非现场取证的原始数据进行审核、筛选和分送工作；负责对本地市范围内的“治超”信息进行管理，包括对各“治超”站点检测数据、处罚数据、“黑名单”数据、人员资料、统计报表等的管理；进行各项信息的统计和查阅；负责本地市范围内“治超”案件的行政复议，以及本地市范围内各县区大队的日常管理，“治超”任务安排、考核、人员管理、制定规章制度等行政事务。

各区（县）政府作为本行政区域内公路治理超载工作的属地责任主体，负责组织本行政区域内公安、交通运输部门全面落实公路治理超载非现场

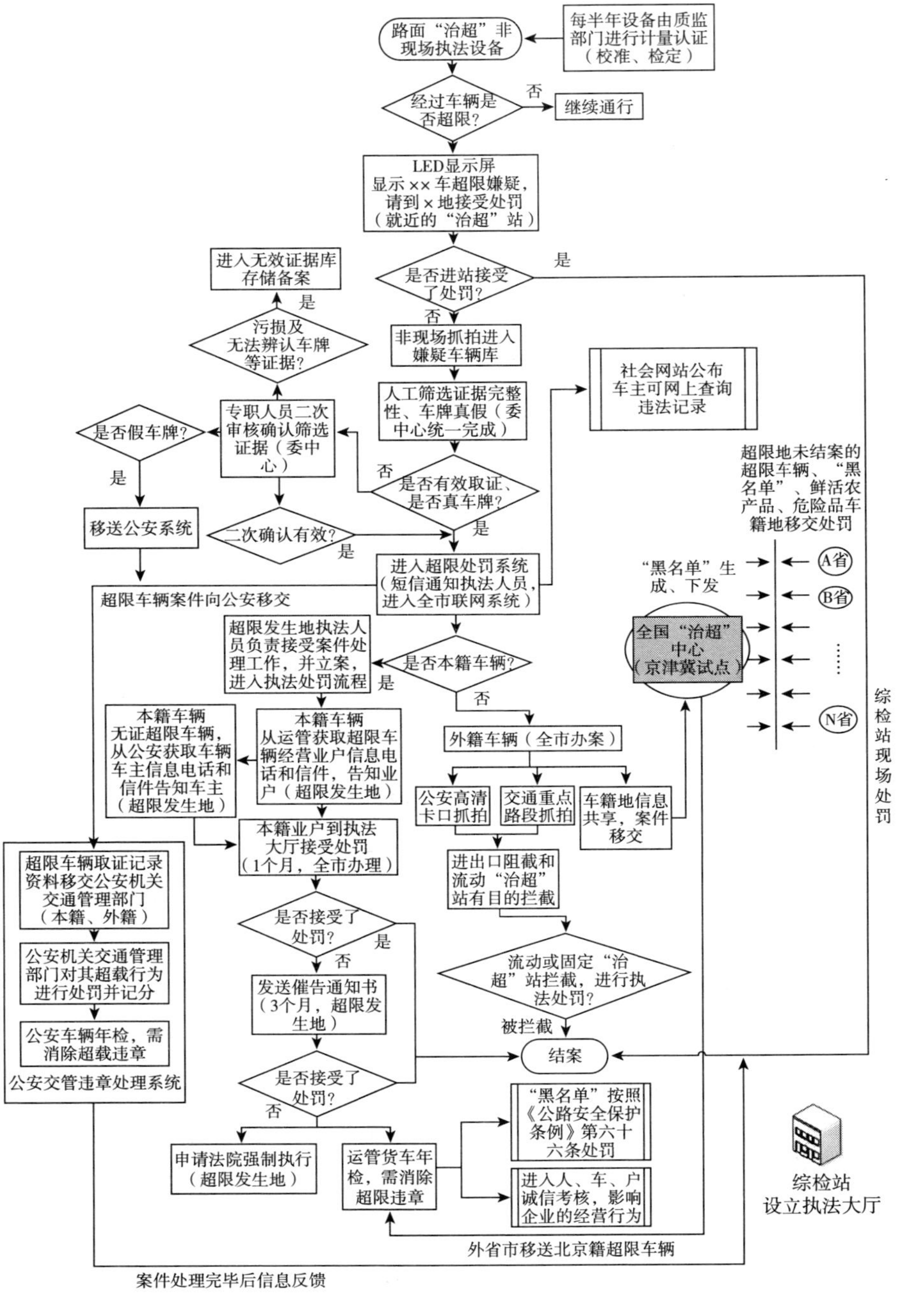

图 4-6 “治超”非现场执法处罚工作流程

执法工作具体任务。区（县）“治超”机构组织指导区级“治超”相关部门按标准配齐公路治理超载执法力量，督查路面联合执法，指导执法队伍打击非法超载车辆。

3. 统一认定和处罚标准

过去我国公安、交通运输两个部门的“治超”执法、处罚工作缺乏统一的标准和规范，各有各的超载认定标准；各省份由于经济发展状况不同，对超载的冗余值收放不同；对超载处罚，国家法律只是给出了上限 30000 元，其间存在着巨大的自由裁量，各省份的自由裁量又各不相同，这给在全国范围内推行“治超”非现场执法制度造成一定的难度。因此，首先，要把公安和交通运输部门对超载的认定统一到《道路车辆外廓尺寸、轴荷及质量限值》（GB 1589—2016）上来；其次，对检测称重误差规定同一个冗余值；再次，制定路政超载处罚和运政非法改装处罚的自由裁量权基准制度，规范执法人员的执法行为，杜绝人为管理漏洞，划定路政超载处罚和运政非法改装处罚的行政自由裁量权的权限。例如，对车货总质量超过车辆的限定标准，但未超过 1 吨的，批评教育后放行；对超过 1 吨的，每超 1 吨罚款 500 元，最高不得超过 30000 元。这样基本上可以消除自由裁量带来的种种弊端。

4. 及时履行政府的告知义务

对违法行为人的违法行为不能采取“守株待兔”的处罚方式，许多违法行为人是在驾驶证年审、车辆年检时才知道自己有违章记录。现实中还存在执法环境发生变化但未告知司机的不当做法，即在没有向社会告知执法监控设施布设的情况下便采取非现场执法行动。因此，需要及时告知违法行为人政府在做什么以及他的违法行为。现行技术下，非现场执法的告知方式应积极借用媒介，包括短信推送和上网查询等。如果由于购车登记时信息的变动，或者当事人故意推托，可能造成告知不及时或告知不到位，最终把关的是车辆年检这一环节。

5. 执法窗口建设

依托现有的固定“治超”站，建设“治超”非现场执法大厅，对非现场设备抓拍取证的超载嫌疑车辆进行确认，并进行超载处罚。每个执法大厅使用联网的非现场执法系统，均配备路政执法人员具体执行非现场执法案件的处理任务，基本实现非现场执法案件的快速处理，各种文书和证据材料全部实现自动化和电子化，使适用于一般处罚程序的超载案件可以在30分钟之内办结。执法大厅是一个互联互通的办事服务机构，远期目标在理论上应界定为，在全国任何一个地方的违法车辆在任何一个执法窗口都可以接受处罚，并完成违法行为的消除。

4.4 紧密层支撑制度

本书前面提到，"治超"非现场执法的制度框架体系首先必须打破部门利益和部门桎梏，在政策手段上对已有的政策进行整合和优化。超载外部性主体毫无疑问是运输业户，受影响的几个主体主要情况如下：政府各部门（骨干是路政、运政、公安交管）治理超载需要治理成本，国有企业代表政府作为主要的公路投资者，超载使得政府管理成本和养护成本增加，因此以上部门具有一致的利益。若不能联手执法，仅靠一个部门的力量在现阶段很难遏制众多的超载现象，很难扭转违法成本低的痼疾，且会加重"劣币驱良币"的乱象，超载的外部不经济更加严重。

4.4.1 跨部门联动制度

相关部门没有形成合力是超载治理体制存在的突出问题。以北京市2015年"治超"执法案件数为例（见表4-5），全年路政部门执法案件是运政部门的5%、公安交管部门的8%。

表4-5 2015年北京市非法超载处罚统计表　（单位：辆）

行政区划	路政罚款处罚	运政非法改装处罚	运政卸载车辆	公安交管计分
门头沟	13	35	11	22
房山区	21	597	84	420
通州区	76	3	785	1047

续表

行政区划	路政罚款处罚	运政非法改装处罚	运政卸载车辆	公安交管计分
顺义区	87	34	80	174
大兴区	11	103	1	1047
昌平区	69	15	1	2679
平谷区	121	14	846	63
怀柔区	27	62	44	41
密云区	32	71	1884	152
延庆区	56	37	5455	773
合计	513	971	9191	6418

表 4-5 说明三个主要执法部门之间信息不对称，联合行动差，要打破这种局面，必须改进现有的管理体制，在跨部门联动上强调以下要点：

1. 建立顶层架构

根据前文提到的“治超”非现场执法管理体制中各部门的职责，跨部门联动的优先选项是在三个主要执法部门上面架构“治超”办或“治超”中心，使这三个部门在一个更加综合的较高的层面统一起来，消除人为的信息不对称壁垒，对现有的“治超”执法流程进行调整和优化，坚持“案到并发，同时受理，各尽各责，挂账督办，消账转结”，实现运政、路政、公安交管多部门联合执法的协同，并实现多部门、多级流程状态的统一管理，如图 4-7 所示。制定全国统一的跨部门“治超”执法流程标准，对非现场执法点视频和执法取证数据信息进行集成，同时向路政部门、公安交管部门和运政部门推送，接收各部门超载案件处理结果信息，按照管理机构的人员角色分工，强化制约，确定执法过程的立案状态和处理状态，提高执行率，基本实现案件发现、通知、处理的三位一体化管理模式。

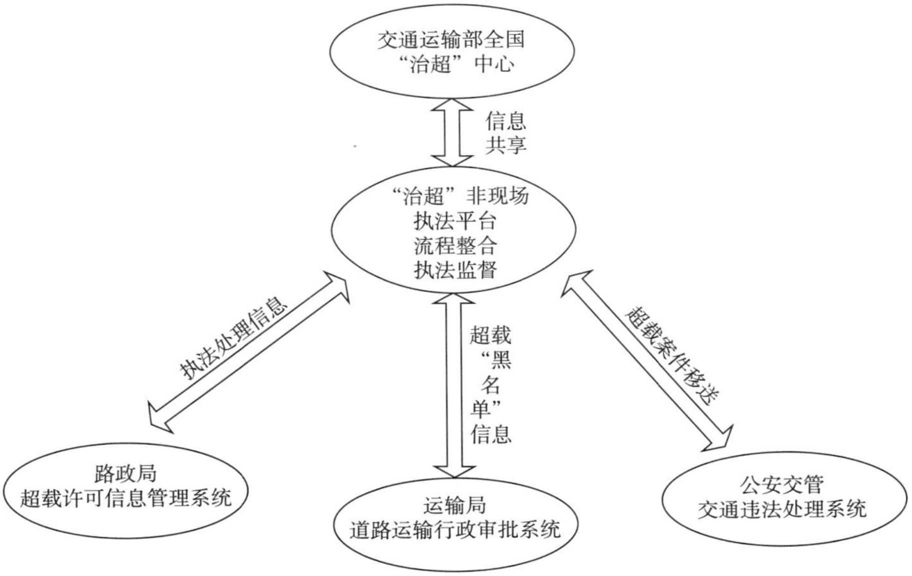

图 4-7　跨部门联动结构图

2. 实现多部门"治超"数据共享

车辆的信息分散在多个部门，坚持多部门数据联网和信息共享，是实现"治超"非现场执法的基础。跨部门联动需要在数据共享互通上实现立体化，打通公路"治超"电子检测系统与公安交管车辆管理信息系统数据交换和共享的渠道，接入运政的人车户数据、路政超载许可数据，形成完整的"治超"非现场执法数据管理平台。例如，在非现场执法的告知环节，根据系统抓拍的车牌号，可以实时读取车辆所有人、联系方式、注册地址等重要信息，获取车辆人车户信息，通过电话、短信或邮件等方式，及时告知当事人到指定的地点接受处罚。对各部门的权力义务作出规定。例如，公安交管部门应提供在线查询车辆和驾驶员数据（包括无证车辆），接入公安机关布设的高清卡口抓拍信息，预留接口推送有关超载车辆取证记录资料给公安交管部门，及时反馈案件处理情况等。有效整合路政、公安交管、运政等行政执法资源，利用车辆年检、营运证审验等，把好最后一道关。

3. 建立公安交管、路政和运政现场"治超"联合执法协作机制

除了电子执法方面的部门联动外，为了形成强大的震慑力，还应加强

现场联合执法。例如，以“治超”站为依托，组织公安交管、路政和运政人员进驻，对货运车辆违法超载运输、非法改装、违规从事货运经营、违规驾驶营运车辆等违法行为进行联合执法，按照分别处理的原则，建立公安交管、公路路政和运政“治超”联合执法协作机制，严格“检测—认定、调查、勘验、询问和核对—路政部门罚款处理—公安交管进行记分、违规驾驶营运车辆—运政部门处理非法改装、违规从事货运经营—放行”的工作程序，确保规范执法工作正常进行。

4.4.2　跨区域联动制度

由于货运车辆非法超载运输的输出性和输入性特征明显，各地相关部门应结合实际，大力开展跨省“治超”联合行动。2015 年，中共中央、国务院发布《京津冀协同发展规划纲要》，但是早在 2010 年京津冀“治超”部门就建立了省市“治超”联动机制，每年召开省市政府分管交通的副秘书长参加的“治超”工作联席会议，专题研究部署联合“治超”工作，协调解决联防联动中的相关问题。同时，省级相邻区、市、县也建立了通畅有效的联动机制，定期组织开展联合行动，起到了良好的效果。东北三省每年组织开展“春融期“治超””，江苏、安徽、河南等省组织开展“淮海携手“治超””等专项行动，坚决打击跨省超载车辆。长江中游城市群启动联合“治超”，2015 年 12 月，湖南、湖北、江西三省签署了合作备忘录，将治理道路运输车辆超载纳入合作领域，强化省级联合“治超”，建立协同联动的相关机制，促进省际公路“治超”互联互通。

1. *存在的主要问题*

与固定危险源相比，货运车辆移动危险源的特征非常突出。以北京为例，从 2015 年检测到的超载车辆车籍地分布情况来看，北京市的入境货车来源主要以北京及周边的省份为主，其中河北、内蒙古籍受检车辆超载率占比较大，2015 年北京超载车辆车籍地分布情况如图 4-8 所示。

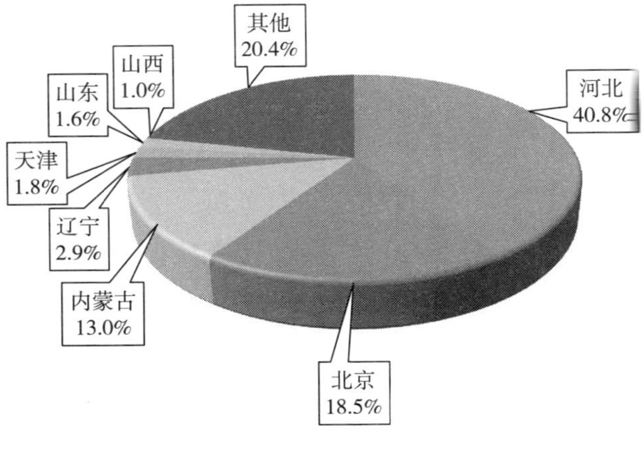

图 4-8　2015 年北京超载车辆车籍地分布情况

行政管理的一个原则是"谁发证、谁监管"，如果要吊销一个企业或一辆货车的运输许可证，必须由车辆原籍的发证单位作出处理。为了使在北京非法超载的河北籍车辆受到应有的处罚，京津冀建立了超载案件移送暂行办法，探索异地违法车辆后续处罚措施。经到有关部门调研了解，2015 年北京市接到津冀两地公路违法超载运输案件移送函 20 件，向津冀两地交通运输管理部门移送超载案件 101 件。北京市针对京籍货运车辆在外省市违法超载运输行为，在充分调查了解后，分别采取到运输企业实际调查核实，对违法运输企业下达限期整改通知书、停业整顿，暂停违法货运企业及驾驶员从业资格许可审批，建立违法超载运输企业档案，列入"黑名单"，责成企业上报整改措施，建议由企业辞退违规驾驶员、押运员以及吊销经营许可等行政措施。但是北京移送出去的案件如石沉大海，制约移送案件处罚深入开展的困难和问题是：

其一，有的省市违法超载运输移送案件没有当地路政执法部门案卷询问笔录、勘验笔录、交通具体行政行为决定书，不便于车籍地执法部门作为行政执法依据。

其二，各地违法超载运输抄告信息移送格式、标准等没有统一规范，有的抄告信息没有详细违法记录，超宽、超长、超载违法行为没有提供法定标准、尺寸等计量单位，给货运管理部门依法制作交通行政处罚决定书、限期整改通知书等相关法律文书造成困难。

其三，由于道路货运经营许可没有全国联网，外埠抄送的违法超载运输车辆、从业人员信息存在违法套牌、虚假证件、车辆卖出等行为，车辆和从业人员信息未能在车籍地行政审批网上进行查询。因此，应尽快统一协调推进全国联网工作，以便于执法部门及时掌握。

其四，案件移送部门不对等，收件、发件单位五花八门，造成案件办理过程的“中梗阻”甚至丢失。

2. 制度设计

建立跨区域公路治理超载联防联动工作机制，实现跨区域违法超载运输信息共享和案件移送，是有效打击货车违法超载运输的主要政策措施。在设计跨区域“治超”制度时应明确以下要点：

（1）移送案件类型

一类是取证未处理案件，包括整车运送蔬菜瓜果等鲜活农产品的超载车辆，运送油气等化学危险品的超载车辆，运送不可解体物品和冰箱、彩电、汽车等贵重易损物品的超载车辆，强行闯卡逃逸的超载车辆，非现场取证的超载车辆等发生地无法处理的案件。另一类是已处罚结案案件，包括公路管理机构路面执法结案案件。案件移送采取电子移送方式：取证未处理的案件，移送资料为《取证单》；已处罚结案的，移送资料为《取证单》和《行政处罚决定书》。

（2）职责划分

交通运输部开发建设跨省超载案件移送处罚电子共享平台，制定相关政策，负责牵头汇总和中枢流转作用。各省（自治区、直辖市）超载案件跨区域移送通过部里的跨省超载案件移送处罚电子共享平台实现，共享平台接收省级移送案件，形成超载案件数据库，向车籍地省级超载案件移送处罚系统分发所属超载案件，根据“黑名单”建立规则生成和分发“黑名单”。

省级“治超”管理机构负责建立本省市超载案件移送处罚系统，上传超载案件至共享平台，协调和监督公路管理机构和道路运输管理机构的超载案件和货运“黑名单”的处理工作，协调解决案件移送中的重大问题。

省级公路管理机构在路面执法检查时发现执法取证未处理车辆，可以与现场案件一并处罚；发现进入“黑名单”超载车辆应当责令其在规定的时间，到车籍地道路运输管理机构接受“黑名单”处罚。

省级道路运输管理机构在货车综合性能检测时，应查验车辆超载违法案件信息，对未消除超载违法记录的车辆，应当责令其在规定的时间、地点接受超载案件处理。负责对进入“黑名单”的超载车辆依法处罚，并将从业人员、营运车辆、运输企业处罚记录纳入货运信用考核体系。

（3）案件移送处罚程序

①案件汇总。省级“治超”管理机构按照逐级上报的原则，汇总本辖区超载案件。

②案件上传。省级“治超”管理机构每月第 1 个工作日将汇总的超载案件上传给交通运输部共享平台。

③案件分发。共享平台应在收到信息后 3 个工作日内将案件分发至车籍地省级“治超”管理机构超载案件移送处罚系统。

④案件处罚。省级“治超”管理机构协调和监督公路管理机构、道路运输管理机构和公安交管部门的超载案件和货运“黑名单”的处理工作。相关执法部门针对移送的案件应设置执法处罚的时限，具体时限依照《行政处罚法》相关规定合理设置。

⑤案件催办。省级“治超”管理机构可对移送的案件处罚情况进行催办。催办主要针对两类车辆：一类是进入“黑名单”的车辆；另一类是公安和交通部门年检时需要追罚的车辆。

⑥案件反馈。省级“治超”管理机构应在每月最后 1 个工作日将移送案件处罚进展情况反馈给共享平台。

⑦案件督办。国家主管部门和各省（区、市）“治超”管理机构应建立案件督办机制，对移送至本辖区的相关案件进行跟踪督办。

违法超载案件跨区域移送处罚程序如图 4-9 所示。

（4）协助

接收案件的相关单位因案件办理，需要移送案件的省市相关部门介入调查、补充证据或参加案件讨论的，移送案件的省市相关部门应当提供所需案件材料并派遣具体案件办理人前往案件承办单位协助该案件的处理。

（5）监督

各省市“治超”管理机构应建立跨区域违法超载运输信息共享和案件移送、处理监督考核机制。每个季度结束后的第 2 周的第 1 个工作日，编制上一季度本省市的跨区域违法超载运输信息共享和案件移送工作总结报告，对未结案件应说明未结案的原因，对移送数量、立案数量、结案数量进行总结和考核，定期报送给当地政府部门和上一级“治超”主管部门。

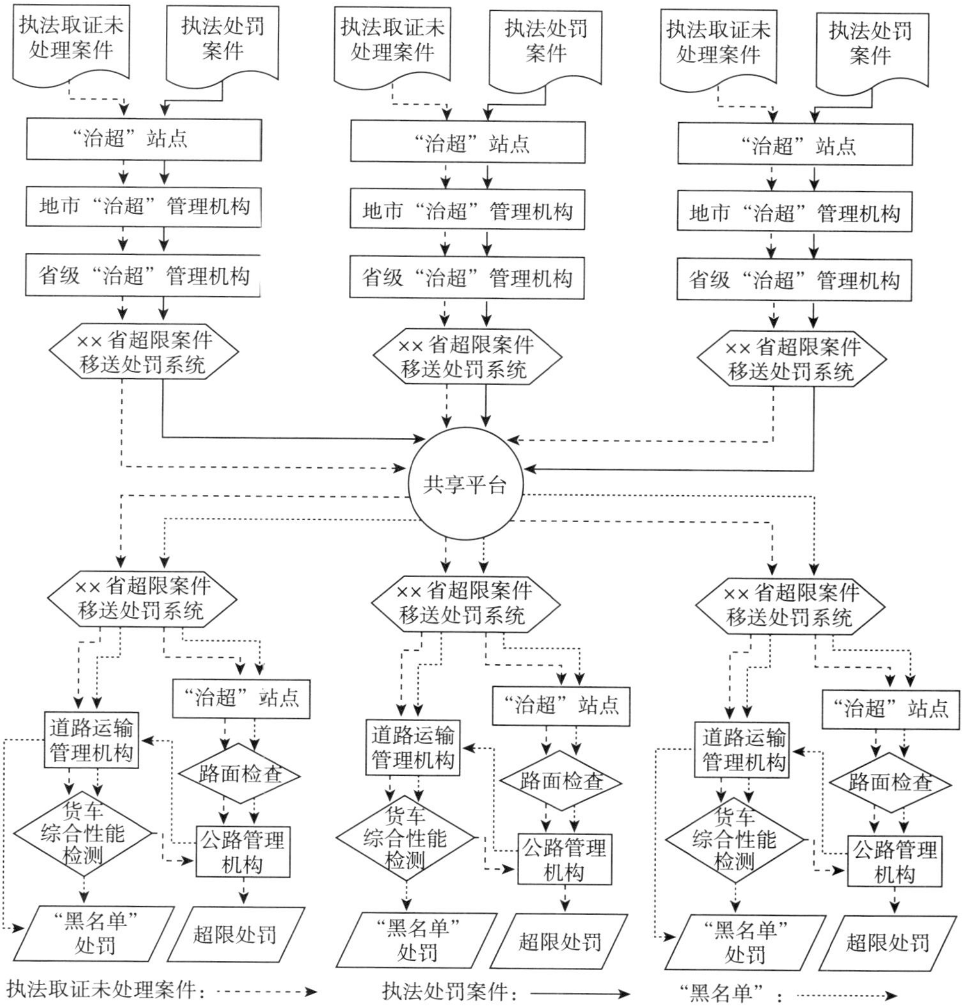

说明：执法取证未处理案件、“黑名单”向车籍地移送并全程共享，案件明细远程调用

图 4-9　违法超载案件跨区域移送处罚程序

4.4.3 “治超”执法与入口称重联动制度

2009年7月15日，津晋高速港塘互通立交桥上一辆货车在A匝道桥上逆行，为避让该逆行货车，3辆“百吨王”车辆在A匝道桥上靠右（单边）密集停车，1时33分A匝道桥第4柱至第9柱间桥面发生倒塌，造成6人死亡、7人受伤。这起事故直接促成2011年天津彩虹桥在全国首次实行计重收费，此后国内多个省、市、区着手实施入口称重。全国除了海南、上海、西藏外，其余省份都已开展了入口称重工作或试点工作。从国内已经实施计重收费的各省（区、市）经验来看，实施入口称重较好地遏制了超载运输不断上升的趋势，恶意超载的运输车辆明显减少，但高速公路仍有约0.5%的超载车辆。

实际工作中，高速公路上的超载车辆缴纳通行费后仍可行驶，公路执法部门由于检测能力有限，无法获取每辆货运车辆超载信息，难以做到对所有公路进行超载检查和执法。设计计重收费和“治超”执法联动，可以信息共享、功能互补，弥补这两类主体在超载治理方面的漏洞。从全国各地实施计重收费的情况来看，在改变收费模式的初期，超载司机为了避免收费成本的增加而绕行其他普通公路，高速公路货车流量减少的同时，也加重了对其他公路的破坏程度。但经过一段时间运行后，司机尤其是长途车辆司机又发现绕行的固定成本和违法成本并不比高速公路收费低，所以又开始以合法装载的形式回归高速公路，高速公路与计重收费达成新的平衡。2022年4月26日，交通运输部印发的《“十四五”公路养护管理发展纲要》提出，到2025年，高速公路货车违法超限超载率持续控制在0.5%以内，入口称重检测数据上传及时率、准确率达到100%。图4-10给出了2016—2021年城市客运量情况，图4-11给出了2016—2021年货运统计量情况，图4-12给出了2011—2020年经营性公路通行费收入情况。

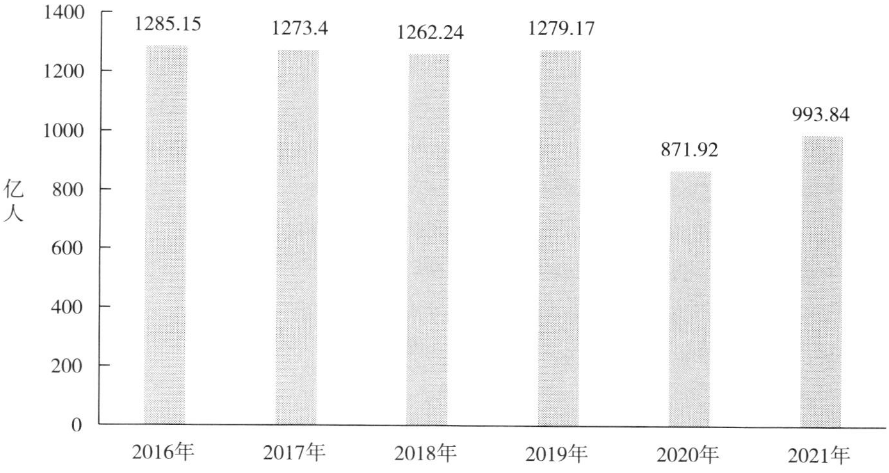

图 4-10 城市客运量（2016—2021 年）

图 4-11 货运统计量（2016—2021 年）

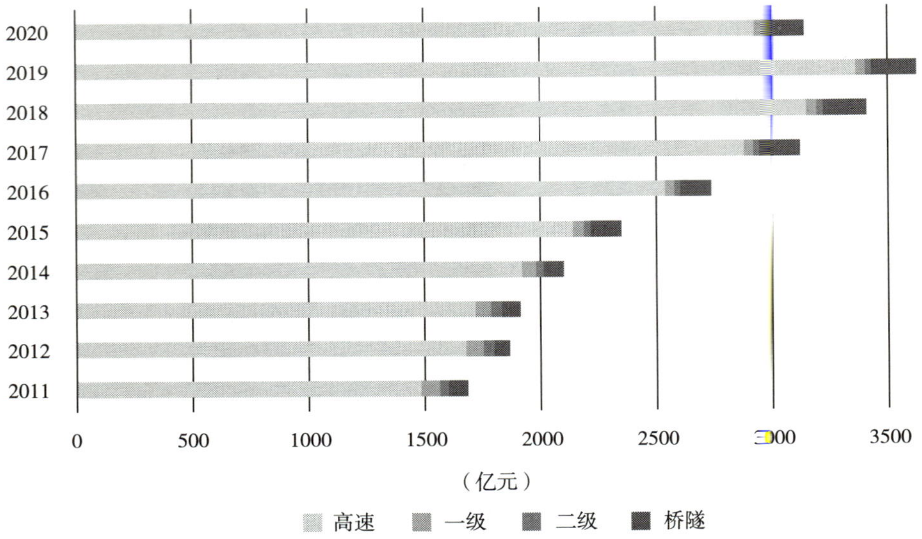

图 4-12　经营性公路通行费收入情况（2011—2020 年）

高速公路入口称重与“治超”执法联动后，按一般规律判断也会产生与计重收费初期类似的情形。联动执法必然会增加高速公路的运营工作量甚至成本，也必然会对运输司机行驶哪条公路的选择产生影响，但这是初期的短暂反应，因为“治超”非现场执法最大的特点就是全覆盖、全天候执法，当司机明白无论选择哪条道路都会付出违法的代价时，政府“治超”管理部门和高速公路经营单位在利益上又会形成共同的认识，并在以下政策设计上达成一致。

1. 建立执法与收费相衔接的工作机制

属地政府要切实履行“治超”主体责任，组织区内运政、路政、公安交管等部门与高速公路运营单位建立工作衔接机制，有效实施工作联动，确保“治超”执法与计重收费的有效衔接。

2. 建立信息共享机制和非现场处罚机制

高速公路经营单位对现有收费系统进行升级改造，收集超载车辆信息并对超载信息按执法部门标准进行取证，将超载车辆信息实时传输到信息共享平台，公安交管和路政、运政部门按照“治超”非现场执法制度对超载车辆进行事后处罚。

3. 建立现场联动机制

高速公路经营单位在高速公路出口称重检测发现超载车辆的，应及时报告属地公路管理机构。公路管理机构接到报告后，应及时组织执法人员赶赴现场依法处理。各属地“治超”办应根据实际情况，在高速出入口组织每月不少于两次有针对性的流动“治超”工作，严厉打击违法超载车辆。

4. 实现计重收费站点与“治超”检测站点的有效衔接

已经在主路设有检查站的高速公路，应充分发挥抽查功能，实现对所有载货货车的断路检查，做到逢疑必检。如果收费站附近设有检查站，应充分利用收费站点出入口附近“治超”站点的辐射效应，实现收费站点与“治超”站点的互联互动。经检测发现车辆超载的，执法部门应依法处理。

4.5　延伸处罚制度

制度经济学将制度分为正式制度和非正式制度两类，正式制度是指人们有意识建立起来，并以正式方式加以确定的各种制度安排，如法律，人们常常将正式制度称为硬制度；非正式制度是指人们在长期生活中形成的习惯习俗、伦理道德、文化传统、价值观念以及意识形态等对人们行为产生非正式约束的规则。[①] 超载入刑，是指将在公路上行驶的严重超载的货车运输纳入犯罪行为，在本节中超载入刑是“治超”非现场执法中最强硬的制度安排，信用体系建设是未来最管用的软办法。

4.5.1　超载入刑制度

主张超载入刑是一种法律意识，法律意识是社会意识的一种特殊形式，从意识主体的角度，法律意识划分为个人的、群体的、社会的三类。随着我国公路法律法规的不断发展和完善，无论是受害者个人，还是作为公路

① 张文健．基于行为控制的制度设计研究［M］．合肥：中国科学技术大学出版社，2014：1.

执法理论研究群体，以及社会大众，越来越多的人建议超载入刑。

1. 现状和超载入刑正当性分析

（1）参考国外刑事手段

本书第2章已经提到，美国对超载行为进行刑事处罚，司法手段比我国强硬。在亚利桑那州，第一次超载会被罚款，第二次还会被判6个月监禁，第三次超载面临1年的监禁。在英国，对于长期的屡犯者，法律规定必须采取重罚，处罚措施包括驾驶执照强制性背书，以"使用危险车辆"罪处罚司机或车主等。[①] 德国驾驶司机首次超载处罚较轻，一般只进行口头警告，第二次将处以3个月监禁。日本司机超载运输超过行驶证最大核载质量时，将面临6个月以下的刑期惩罚。韩国法律明确，对驾驶司机或者强迫驾驶司机超载运输的车主处以1年以下徒刑；对非法改装车辆或暴力抗法者处2年以下有期徒刑。可见刑事司法手段是国外"治超"的重要手段，这些国家的超载现象之所以得到强有力的治理，与其一开始就实行严厉的刑罚手段是分不开的。

（2）借鉴国内醉驾入刑经验

2007年张柱庭教授提出超载入刑时，同期社会上也在讨论醉驾入刑和客车超载入刑，但是进展并不一致。2011年5月《刑法修正案（八）》将醉酒驾驶机动车纳入定罪处罚体系，2015年11月《刑法修正案（九）》将客车严重超员和严重超速纳入刑法追究责任的范围。《刑法》第一百三十三条之一规定："在道路上驾驶机动车，有下列情形之一的，处拘役，并处罚金：……（二）醉酒驾驶机动车的；（三）从事校车业务或者旅客运输，严重超过额定乘员载客，或者严重超过规定时速行驶的；……"从这一规定看，"醉酒驾驶"和"客运超载"将承担危险驾驶罪的刑事责任。据公安部门统计，自2011年《刑法修正案（八）》正式实施至2014年，公安机关累计查处酒驾127.3万余起、醉驾22.2万余起，全国无一例醉驾案件被法院判决无罪。三年来，全国因酒驾、醉驾导致交通事故起数和死亡人

① 李扬．英国对道路超限超载运输的治理［J］．交通世界，2005（1）．

数较法律实施前分别下降 25%和 39. 3%。[①] 说明醉驾入刑后，这种危险的驾驶行为得到了有效的遏制。“醉驾入刑”可以从一个侧面印证超载入刑的预期效果和超载入刑的意义。

（3）超载入刑的法理基础

超载入刑体现了法律的功能和价值。从本质上看，法是掌握国家政权阶级的意志，即国家意志的体现；从现象上静态地看，法是调整人们行为或社会关系的规范。与善治的现代发展趋势一致，法应促进社会核心价值，任何社会的法总意味着某种民主、自由与平等，即使当法所促进的各类价值之间发生矛盾的时候，在调节利益与正义关系时必然会遵循一些准则，兼顾多数与少数、眼前与长远、整体与局部、利益与公平。[②] 刑法中就公路管理相对人的刑事责任也有规定，例如客运超载、醉酒驾驶可以以危险方式危害公共安全罪入刑，破坏公路基础设施可以以破坏交通设施罪入刑，还规定了故意损坏财物罪、聚众扰乱交通秩序罪等方面，但是超载入刑何去何从，久久没有定论。刑法调整制裁的对象是对社会造成一定危害的行为，从犯罪构成的共同要件来分析，超载行为侵犯的客体是他人的生命和财产安全、道路桥梁和大气质量等公共设施和公共安全；在客观方面，表现为严重超载行为，肯定是违反了《公路法》第五十条、《公路安全保护条例》第三十条、《道路交通安全法》第四十八条、《道路交通安全法实施条例》第五十四至五十六条对超载行为的规定；超载的主观方面，包括司机在内的相关人员应是明知自己的严重超载行为会造成运输状态处于极大的危险，却仍然放任自己的行为，应为故意[③]；超载的主体应是从事超载运输的相关人员，包括车主、从业人员、道路运输企业、重点货源单位等。通过以上分析笔者认为，严重超载运输是一种具有高度危险的社会危害行为，符合犯罪的基本特征，将其入刑符合刑法

---

① 白阳，邹伟．公安部：“醉驾入刑”三年，酒驾事故数下降 25%［N］．新华每日电讯，2014-10-20（5）．

② 沈宗灵．法理学［M］．北京：高等教育出版社，1995：53-54．

③ 葛长金，张清丰，彭道月．“超限入刑”的法理与技术分析［J］．中国公路，2012（5）：31-33．

的功能和目的。

（4）超载入刑的数理分析

针对超载入刑的问题，其本质是处罚大小的区别。管理者的战略选择是一般性的行政处罚还是刑事处罚，运输者选择的是超载运输还是不超载运输。基于4.1中的分析，当处罚增加到运输者超载获得的额外收益小于处罚的费用时，“治超”管理部门与运输者之间博弈模型分析结果是运输者倾向于选择不超载运输的策略。本节中讨论的问题是“治超”是一般性的行政处罚还是刑事处罚，从处罚的程度来看，刑事处罚的力度超过一般性的行政处罚。管理部门应该选择什么样的处罚力度，要根据各种参数的变化情况来决定。

下面建立一般性的博弈模型，以此来分析不同策略带来的影响。基于4.1.1的模型，首先分析一下运输者可能的策略与收益。运输者有两种策略可以选择，即不超载运输与超载运输。当运输者选择不超载运输时，其收益来源于正常市场环境下的收入，记为S_n；当运输者选择超载运输时，不考虑惩罚，其获得的超载收入记为S_y，$S_y>S_n$。超载被发现的概率为P_y，超载对社会造成的损失为L。在一般性的行政处罚中超载被查出后处罚的费用为E_y，在超载入刑的情况下，处罚的综合费用为W_y（W_y可能不只是资金费用，可能是被入刑后造成的各种损失），因此在刑事处罚的情况下，“治超”管理部门大多数情况下没有惩罚性的收入，这是与一般性的行政处罚不一样的地方。考虑到刑事处罚的严重性，可以假设W_y远远大于S_y和E_y。不论一般性的行政处罚还是刑事处罚，“治超”部门发现运输者是否超载都需要支付一定的成本，记为C，其可以理解为监控成本或者取证成本。立法的成本记为T。

为了分析一般性的行政处罚与刑事处罚的差异性，建立刑事处罚情况下的博弈模型（见表4-6）：

表 4-6　超载刑事处罚立法博弈

		运输者	
		不超载运输	超载运输
“治超”部门	不治理	$(-T,\ S_n)$	$(-T-L,\ S_y)$
	治理	$(-T-C,\ S_n)$	$(-T-L(1-P_y)-C,\ S_y-P_yW_y)$

与 4.1.1 中的支付矩阵比较，可以看出“治超”部门的管理效益有比较大的区别。当“治超”部门选择治理策略，运输者选择超载运输策略时，“治超”部门的社会效益是$-T-L(1-P_y)-C$。这是因为超载入刑的法律发布后，对超载运输现象具有巨大的影响力。由于处罚的程度很大，当处罚后，运输者会减少这种行为，相应的对社会造成的损失会降低。

由于$S_y>S_n$，则当“治超”部门选择不治理策略时，运输者选择超载策略。而W_y远远大于S_y，则$S_y-P_yW_y$远远小于S_n，因此当“治超”部门选择治理策略时，运输者选择不超载的策略。这说明｛不治理，不超载运输｝、｛治理，超载运输｝都不是均衡策略。

当$-T-L(1-P_y)-C<-T-L$，即$LP_y<C$时，｛不治理，超载运输｝是纳什均衡点，这说明治理减少的效益低于治理成本。这种情况具有普遍性，在一般问题中都是存在的，与 4.1.1 中的结论类似。这种情况下，治理者选择超载入刑起不到治理效果。与 4.1.1 中的成本比较，管理者还多付出了立法的成本T，因此管理者的战略选择是一般性的行政处罚。

当$-T-L(1-P_y)-C>-T-L$，即$LP_y>C$时，在运输者选择超载策略时，“治超”管理部门应该选择治理策略。对模型进行分析知道，此时“治超”管理部门与运输者之间不存在纯策略的纳什均衡。我们考虑其混合策略纳什均衡：

假定“治超”管理部门的混合策略为$(\theta,\ 1-\theta)$，即“治超”管理部门以θ的概率选择治理超载，以$1-\theta$的概率选择不治理超载，运输者混合策略为$(\gamma,\ 1-\gamma)$，即运输者以γ的概率选择不超载，以$1-\gamma$的概率选择超载，那么管理部门的期望效益为：

$$V_G=\theta((-T-C)\gamma+(-T-L(1-P_y)-C)(1-\gamma))+(1-\theta)((-T)\gamma+(-T-L)(1-\gamma))$$

$= \theta(-L(1-P_y)(1-\gamma)-C-T)+(1-\theta)(-T+(-L)(1-\gamma))$

$= \theta(-L(1-P_y)(1-\gamma)-C-T+T+L(1-\gamma))+(-T-L(1-\gamma))$

$= \theta(-(L(1-P_y)-L)(1-\gamma)-C)+(-T-L(1-\gamma))$

$= \theta((LP_y)(1-\gamma)-C)+(-T-L(1-\gamma))$

$= \theta(LP_y(1-\gamma)-C)+(-T-L(1-\gamma))$

对上述期望效益对 θ 求微分，得到“治超”管理部门最优化的一阶条件为：

$$\frac{\partial V_G}{\partial \theta} = LP_y(1-\gamma)-C=0$$

$$\gamma = \frac{LP_y - C}{LP_y}$$

也就是说，在运输者与“治超”管理部门之间博弈的混合策略的纳什均衡中，运输者的最优策略是以 $\frac{LP_y-C}{LP_y}$ 的概率选择不超载运输，以 $1-\frac{LP_y-C}{LP_y}=\frac{C}{LP_y}$ 的概率选择超载运输。进一步，把 γ 化简得到：

$$\gamma = 1-\frac{C}{LP_y}$$

可以看出 $1-\gamma=\frac{C}{LP_y}$ 是 C 的增函数，即当治理成本增加时，意味着“治超”管理部门的策略会向不治理的策略倾斜，运输者选择超载策略会获得较大的收益。$1-\gamma$ 是 L 与 P_y 的减函数，意味着当查出超载的概率增加时，运输者的收益会降低，运输者倾向采取选择不超载。

与 4.1.3 中在一般性的行政处罚情况下运输者选择超载策略的概率 $\frac{C}{(L+E_y)\ P_y}$ 比较，形式上在刑事处罚下运输者选择超载的概率变大了。从均衡的角度来讲，运输者要大量选择超载运输才能弥补刑事处罚带来的巨大损失。但理论上非现场执法将空前提高查处的概率，这将导致被发现超载的数量大幅度增加，运输者得不偿失。为了分析管理者的行为，分析运输者的期望收益：

$$V_T = \gamma(\theta R_n + (1-\theta)R_n) + (1-\gamma)(\theta R_y + (1-\theta)(R_y - P_y W_y)$$
$$= R_n\gamma + (1-\gamma)(R_y - P_y W_y + P_y W_y \theta)$$
$$= \gamma(R_n - R_y + P_y W_y - P_y W_y \theta) + (R_y - P_y W_y + P_y W_y \theta)$$

对上述期望效益对 γ 求微分，得到运输者的最优化的一阶条件为：

$$\frac{\partial V_T}{\partial \gamma} = R_n - R_y + P_y W_y - P_y W_y \theta = 0$$

$$\theta = \frac{R_n - R_y + P_y W_y}{P_y W_y} = \frac{R_n - R_y}{P_y W_y} + 1 = 1 - \frac{R_y - R_n}{P_y W_y}$$

即 $1 - \theta = \frac{R_y - R_n}{P_y W_y}$

由于 W_y 远远大于 S_y 和 E_y，则 $1-\theta=\frac{R_y-R_n}{P_y W_y}$趋于0，这说明，均衡条件下，由于超载入刑的刑事处罚，管理者只要以很小的概率选择治理策略就能达到纳什均衡。现实中这反映出刑事处罚带来的影响力是很大的，在两个策略合并考虑时，管理者付出的检查成本是减少的。

2. 超载入刑制度设计

由于认识很难达成一致，超载入刑至今没有实现，但也取得了积极的进展，《国务院关于加强道路交通安全工作的意见》《国务院办公厅关于实施公路安全生命防护工程的意见》均提到研究推动以危险方法危害公共安全行为犯罪追究超载违法运输刑事责任。这两份国务院文件，标志着国家层面已经开始研究推动对严重超载进行入刑处罚。危害公共安全罪，是指故意或过失地危害不特定多人的生命、健康和公私财产安全的行为，严重超载足以危害公共安全，超载入刑的政策设计必须改变违法成本太低的现状。

（1）超载入刑的客观情形

超载危害公共安全的行为包括两个方面的后果：一方面是超载已经造成严重后果；另一方面是超载虽未造成严重后果，但足以威胁到多人的人身和大量公私财产安全。超载的潜在威胁和不确定性十分突出，属于行为犯，立法者认为其特征是不法行为经常发生且一直处于一种危险状态，从生活经验和社会常识就可以判断一旦该行为实施，就可以依据一定的标准来定罪量刑。对于严重超载车辆，即使没有造成严重后果，至少应参照《刑法》第一百三十三条之一的规定处拘役，并处罚金。世界各国刑法之所以设定行为犯，是因为其具有独特的社会保护功能。对超载直接定罪处罚，并不要求行为造成具体实际的危害后果，实际上相当于降低了超载成立犯罪的门槛，能够减轻控方的追诉负担，加大打击力度，增强人身安全和公路安全运行的保险系数。

（2）超载入刑的罪名

犯罪的名称揭示的是犯罪的本质特征，以罪状为基础，且不能脱离罪状而滥定。罪名包括两种：一种是类罪名，如以危险方法危害公共安全罪；另一种是刑法分则中各类罪名下属的各种具体罪名，如以危险方法危害公共安全罪中的放火罪、决水罪、爆炸罪、投放危险物质罪等。超载等危险驾驶行为容易导致发生重大伤亡事故，或致使公路桥梁垮塌，使公私财产遭受重大损失，根据罪刑法定原则，行驶在公路上的超载车辆，如果发生交通事故构成犯罪的，依据现行刑法追究其交通肇事罪。对于未发生交通事故，但在公路上行驶的严重超载货车，从超载运输的特征来看，这种行为更符合以危险驾驶罪进行法律适用。

（3）超载入刑的技术标准及量刑

实际工作中，各地反映超载运输造成公路桥梁损毁、人员伤亡等严重后果的基本上是“双百”车辆，即车货总重超过100吨的“百吨王”或超载幅度超过100%的四轴超载车辆。根据交通运输部规划研究院全国“治超”联网监测的数据，这两类车约占全部超载车辆的2%（见图4-13）。因此，对于四轴载货汽车装载货物质量严重超过车辆总质量限值的，即超载100%以上的、车货总重超过100吨的，应根据实际造成的后果，按照处拘役、三年以下有期徒刑、三年以上七年以下有期徒刑、七年以上有期徒刑四个层次进行处罚，追究驾驶人刑事责任及相关当事人连带责任，发挥刑法功能应有的惩治教育作用。

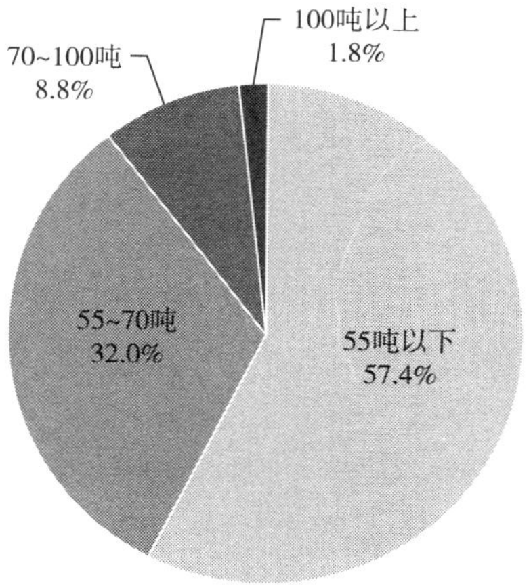

图 4-13 2015 年全国超载车辆吨位分布情况

（4）超载入刑的对象

由于实践中机动车驾驶人通常受雇于他人，而雇主往往受经济利益驱动强令车辆驾驶人实施超载等危险行为，如果仅对机动车驾驶人追究刑事责任会有失公允，也达不到打击超载犯罪、消除超载违法行为的目的。为此，应借鉴国外的做法，对货运车主、驾驶人、道路运输企业和源头装载方进行“一超四罚”，让利益相关方负连带责任，指使、强令车辆驾驶人实施前款规定的，以危险方法危害公共安全罪共犯定罪处罚，形成足够的威慑。

（5）超载入刑的机制

建立行刑衔接机制，保证超载处罚在政府部门和司法部门之间的顺畅执行。尤其是在超载取证上，要创新执法方式方法，将非现场执法模式引入“治超”领域，出台“治超”非现场执法相关政策，明确执法流程，畅通部门之间协作，加强“治超”非现场执法窗口建设，保证“治超”执法案件的合格率和合法性。这样，政法部门有的放矢地把重点放在打击严重超载的犯罪行为上，杀一儆百，充分发挥法治的功能；甚至成立专门的交通法院，彻底改观大交通的法治环境；路政、运政、公安交管把精力放在对一般超载违法行为的查处上，形成长效的综合治理机制。

4.5.2 "黑名单"处罚制度

在"治超"工作中，曾发生屡次超载违法车辆被注销经营证照后，短期内即重新申办道路运输证的情况，法规严肃性受到挑战。例如，北京市昌平区交通局（执法主体）分别于2015年7月23日、7月24日、8月6日，对北京某运输队京AD37××、京AN23××，北京某商贸有限公司京AN52××，北京某汽车运输有限公司京AM55××共4辆大型货车，以2015年度内超过3次超载运输的违法事实，依据《公路安全保护条例》第六十六条的规定，作出吊销道路运输证决定，并依法在吊销之日即将4辆车在运输局行政许可网站上注销道路运输证。2015年8月20日，上述运输队京AD37××、京AN 23××号车按市运输局行政许可规定要求，提交相关材料重新申请办理了道路运输证手续。该运输队屡次超载的运输车辆被依法吊销运输证后，在一个月的时间内就又重新办理了道路运输证，而从理论上说，只要车辆符合技术条件，有相关从业资格的驾驶员，即可办理道路运输证，即车辆运输证被吊销当日即可重新申办。这种情况表明：普通货物运输行政许可制度存在监管漏洞，《公路安全保护条例》对屡次超载车辆采取吊销运输证的措施收效甚微或者可以说是无效。

因此，需要设定"黑名单"处罚制度，对因违法超载运输被吊销运输许可证件的车辆和道路运输经营者，制定更加严密的制度。对具有严重或超载违法行为记录，以及对公路桥梁安全构成严重威胁的车辆、驾驶人、货运源头企业建立"黑名单"，并在内网门户和外网信息发布栏目发布"黑名单"信息，由交通部门、道路运输管理机构实施重点监管，达到加强对屡次超载、恶意非法超载车辆的管理，提高货运企业、驾驶员合法装载、合法运输的自觉性，保护公路和桥梁安全，预防道路交通事故发生的目的。

1. "黑名单"的生成

笔者认为"黑名单"设计应包括从业人员、货运车辆、运输企业三种类型。

从业人员"黑名单"：货运车辆驾驶人1年内违法超载运输超过3次的，记入从业人员"黑名单"。累积计算周期为12个月，从从业资格证初次领取之日起计算。

货运车辆“黑名单”：货运车辆1年内违法超载运输超过3次的，记入车辆“黑名单”。累积计算周期为12个月，从道路运输证核发之日起计算。

运输企业“黑名单”：凡是企业自有车辆1年内违法超载运输的车辆达到车辆总数10%及以上的，将该企业记入运输企业“黑名单”。累积计算周期为12个月，从道路运输经营许可证核发之日起计算。

2. “黑名单”数据来源

即违法信息来源，包括公路管理机构处罚超载行为产生的人、车、户信息，“治超”称重检测系统检测认定的车辆超载信息，公安交管系统记载的符合超载条件的人、车、户处罚信息，外省市移交的超载人、车、户信息。

3. “黑名单”处罚

对“黑名单”货运司机，道路运输管理机构应当责令其停止从事营业性运输。对“黑名单”货运车辆，道路运输管理机构应当依法吊销车辆营运证。对“黑名单”运输企业，道路运输管理机构应当依法责令其停业整顿；对超过本单位货运车辆总数的15%、违法超载运输造成重大安全事故、停业整顿期间继续从事道路运输经营等行为的，视为情节严重，应依法吊销其道路运输经营许可证，并向社会公告。北京昌平的案例说明，应重视限制性制度的创设，车辆运营证和道路运输经营许可证吊销后1年内不允许重新办理。

4. “黑名单”的追查

“黑名单”信息与交管局、运输管理局和“治超”站共享，也与货运市场企业和驾驶员信用系统衔接。交管局在该车辆年检时加以处罚或者拒绝通过年检审核。运输管理局在年检时根据“黑名单”管理办法停发该车辆的道路运输证，取消其从事营业性运输的资格。对登记的外省市过境“黑名单”车辆，采取事后备案待查措施，再次发现其进入区域行驶时，采取劝返等严格限制措施。

以上制度的设计在以下几个方面完善了现有“黑名单”处罚制度的缺陷：一是原有的“黑名单”处罚制度只规定了吊销其车辆营运证，但并未对其重新申领营运证作出限制性规定，本书对其重新进入市场提出 1 年的禁限期，从而堵塞政策漏洞；二是细化了“黑名单”种类，并对“黑名单”起算周期进行了规定；三是扩大了“黑名单”的数据来源，不仅仅局限于路政部门的处罚案件，增加了公安、“治超”、外省市移送等渠道；四是建立共享信息平台，行政处罚系统和行政许可系统互联互通、信息共享，切实提高监管水平。

4.5.3 信用体系制度

《论语》中有“人无信不立”，后人又附会出“业无信不兴、事无信不成、商无信不兴、国无信则衰”等，说明信用的重要性。信用是调剂社会资源的独特方式，讲信用的人或组织在维系生产、交换、分配、消费等方面拥有优势地位，反之则面临一定的风险，受到一定的制约。建立“治超”信用体系制度，让超载行为人或企业的记录进入信用档案，进而降低其信用等级，提高其行为效价，这对于激励守信运输企业单位和驾驶人，使相关企业、驾驶人高度重视安全运输，自觉合法装载具有重要的促进作用；同时对于将有超载行为记录的运输企业单位和驾驶人个人从市场中剔除出去，净化运输市场，减少超载隐患也具有重要意义。

1. 问题分析

近几年交通运输部门加强了信用体系建设顶层设计，持续推进信用信息系统建设，把诚信价值理念贯彻于依法行政实践中，运用多种方式进行市场监管和综合治理，使交通运输企业与从业人员的失信行为受到应有惩处。但是各地认识不平衡、推进程度不平衡，信用成果应用差异较大；信用体系顶层设计缺乏系统性和操作性，缺乏信用标准体系，统一的信用信息平台尚未建立；社会参与度不高，信用评价约束力小。在超载领域，各地信用体系建设仍然空白或刚刚起步，行业信用监管手段缺乏，监管的针对性、有效性不足，交通运输与发展改革、公安、银行等部门的信用信息互联互通共享机制尚未建立，守信激励和失信惩戒的联动机制亟待加强，难以实现“处处守信、处处受益”和“一处失信、处处受限”。

2. 制度要点

（1）将超载纳入行业信用信息平台同步建设

交通管理部门应将严重超载行为纳入道路货运行业信用考核体系，汇总各地情况在全国“治超”门户统一公布，并向信用中国网推送，进入社会信用体系，从而达到影响其信用评级和商务活动的目的。推动行业建立内部工作机制，按照图 4-14 的流程，对“治超”过程中采集和掌握的相关主体信用信息进行归集整合，纳入本行业信用信息系统，运用大数据等现代信息技术为行业管理、部门信用联动及社会公众查询等提供相关服务。

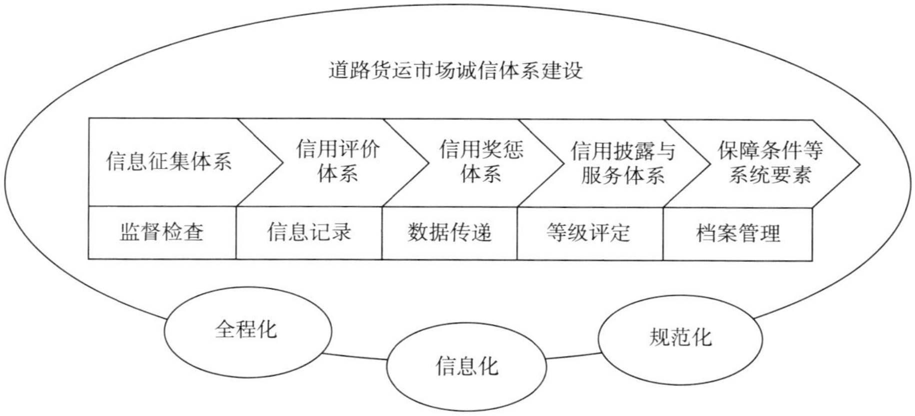

图 4-14　道路货运市场信用体系建设流程

（2）完善失信行为信息记录和披露制度

每年通过新闻媒体、门户网站等渠道公示 3 轴以上且超载 20% 以上的公路货运车辆严重违法行为，公示驾驶人和相关从业人员姓名、货运车辆车牌号码、运输企业“黑名单”处罚记录及其他处罚事由，将这些信息作为重点纳入信用体系。利用适当信息终端，常态化公开严重违法超载行为，促进司机、企业的超载运输违法行为与个人信用、保险、就业等挂钩，让失信者寸步难行。

（3）加强“治超”信用体系的应用

强化信用信息在交通运输行业及交通运输与其他行业的互联互通，推动与相关部门的联合惩戒。逐步建立行业“黑名单”与日常工作挂钩机制，例如货车综合性能检测机构在开展综合性能检测前，应查验车辆有无违法超载运输不良信用记录，有无尚未接受处理的违法超载运输记录，督促当事人依法处理违章记录。

（4）营造诚信为荣、失信可耻的良好氛围和自律机制

通过信用体系建设，加深群众对相关法律的理解和认知，营造共同关注货车安全运输的社会氛围，促进相关利益方不敢超、不想超，强化社会监督。

2017年，国家发展改革委、中国人民银行、交通运输部等36个部门联合签署发布了《关于对严重违法失信超限超载运输车辆相关责任主体实施联合惩戒的合作备忘录》。联合惩戒对象为交通运输部门根据有关规定公布的失信当事人，包括货运源头单位、道路运输企业及其法定代表人、主要负责人和负有直接责任的有关人员，以及货运车辆和货运车辆驾驶人。失信当事人有关信息将通过交通运输部网站、“信用交通”网站、“信用中国”网站、国家企业信用信息公示系统等向社会公布。对于超限超载运输的治理，涉及发改、交通、公安、质检、工信、工商、安监等多个部门，开展联合惩戒，有利于发动各地、各部门的力量，形成强大震慑，建立起自觉守信的倒逼机制。有效利用信用机制加强对严重超限超载责任主体的惩戒，进一步提升“治超”整体效果。

4.6 豁免制度

前文提到，根据是否具有合法性，超载可以分为合法超载运输和非法超载运输。合法的超载运输需要经过执法部门依法审批，并申领超载许可证，这部分数据即使进入“治超”非现场执法数据库，执法部门也会采取放行的方法并提供更好的服务。

至于对运送肉菜蛋奶的绿通车辆超载治理，要尽量避免“城管式困境”①。俞可平认为在公共治理领域最佳的政策效果是“帕累托最优”，即

① 张忠. 治理公路超限运输长效机制研究［D］. 西安：长安大学，2005.

政策相关方只有利益的增加，而无利益的损失。但现实生活并非如此，利益相关者大多对相关政策不满意。他把利益相关方都成为输家的政策困境称为“城管式困境”。在“治超”中要想杜绝市民无菜吃、菜价高、农民收入下降、司机收入下降等都不满意的现象，根本的途径就是多一些治理、少一些管理，通过合理的制度设计，以最小的代价取得最好的效果。

4.6.1 超载运输许可制度

超载上路运输必须经过行政审批，《公路法》第五十条和《公路安全保护条例》第三十五条均规定，运载不可解体的超载物品的，从事运输的单位和个人应当向公路管理机构申请公路超载运输许可。

为避免误罚，在非现场执法时要能及时获取超载运输许可信息，与超载运输车辆信息进行比对，准确判别是否合法。但长期以来，我国超载运输审批处于分省各自审批的局面，导致超载运输许可信息不互认、不共享。因此，需要建立跨省超载运输联合审批机制，即载运不可解体物品的超载运输车辆跨省、自治区、直辖市进行运输时，由起运地公路管理机构统一受理超载运输申请，并协调公路沿线各省级公路管理机构对超载运输申请进行审批，各地完成审批后，由起运地公路管理机构核准发放超载运输车辆通行证，申请企业可自行打印。超载运输车辆通行证格式、样式全国统一、全网有效。同时，推进超载运输许可信息的联网共享，实现超载运输许可信息跨省在线实时查验，对合法超载运输车辆进行“放行”。

跨省超载运输联合审批业务的关键是跨省业务协调，因此各省份均应设置跨省超载许可联合审批业务协调员岗位，针对网络转交或窗口受理的、作为起运地的超载许可，负责组织本单位人员完成超载运输车辆技术状况和运输货物基本情况的现场勘验工作，并提出鉴定意见，其他沿线省份将直接采纳鉴定意见，不再做二次现场勘验工作；负责申请材料的技术审查工作，经确认后的跨省超载许可材料才能转发给公路沿线其他省份公路管理机构对超载运输申请进行审批；具体负责与跨省超载许可申请人信息对接、负责协调沿线省份的审批问题沟通、负责协调沿线省份的审批进度管理等工作。沿线省份接受超载许可申请后，对申请材料的齐全性和合规性进行初步审查，审查合格后转交进入省内审批业务管理流程。

跨省超载运输联合审批业务流程设计如下：

1. 申请（验真）

省级公路管理机构应设立跨省超载运输行政许可办理窗口，针对不能通过网络提交许可申请材料的企业或个人，可到起运地省级公路管理机构由许可窗口直接办理许可申请业务。跨省超载行政许可办理窗口对现场提交的申请材料的齐全性和合规性进行审查，如有问题应一次性告知申请人。跨省超载运输行政许可办理窗口还应承担道路运输经营许可证所属地企业提交资质证件材料的验真工作。

2. 受理（勘验）

作为起运地的超载许可申请，根据申请人提交的材料内容，需要进行鉴定的，组织人员到现场实地勘验，审查超载运输车辆的技术状况和运输货物的基本情况，并要求公路工程技术人员提出鉴定意见。根据申请内容作出是否受理的决定，反馈给跨省超载许可联合审批业务协调员。

3. 初审（勘测、审查）

根据申请人提交的材料内容，审查超载运输车辆的技术状况和运输货物的基本情况，对经由路线上的公路、桥梁的承载能力进行勘测、计算，确定能够安全通行，如需加固，对加固、改造方案进行审查。行政许可项目需要咨询论证的，必须委托具备相关资质的咨询评估机构进行评估论证。

4. 审核（评审、会审、听证）

对初审意见及实地勘验情况进行审核，并召集有关人员集体讨论，对符合条件的，提出同意意见；对不符合条件的，提出不同意的意见及理由，将申办材料退回。

5. 审批

符合许可条件经批准的，作出签发许可决定；不符合许可条件的，不予签发许可决定，将其申请材料全部退回，并说明理由。

6. 发证（公示）

对批准同意申请人超载运输车辆行驶公路的，通知申请人前来办理有关手续，包括与申请人签订公路桥涵加固改造方案及费用和护送运输方案及费用等有关协议，颁发超载运输车辆通行证，并在全国超载运输业务管理平台公示。未经批准同意的行政许可项目，许可项目承办人要告知申请人享有依法申请行政复议或提起行政诉讼的权利。

7. 验证（信息联网共享）

公路管理机构可扫描二维码或登录验证网址输入许可证号实现验证，以便获知真实审批信息。审批机构应在第一时间将许可信息推送给“治超”非现场执法系统，以便执法人员及时甄别并将该货车从非法超载系统中剔除。

跨省超载运输联合审批业务流程如图 4-15 所示。

4.6.2 绿通车辆备案制度

绿通车辆一般情况下是指整车合法装载鲜活农产品的货运车辆，鲜活农产品品种依据《关于进一步完善和落实鲜活农产品运输绿色通道政策的通知》（交公路发〔2009〕784 号）和《关于进一步完善鲜活农产品运输绿色通道政策的紧急通知》（交公路发〔2010〕715 号）文件要求的范围划分。按照国家有关规定，农产品与非农产品混装的车辆，如果非农产品总重量没有超过该车核定载质量的 20%，或者非农产品的容积没有超过车厢容积的 20%，这种货运车辆享受与整车装载鲜活农产品车辆同样的政策。2019 年 8 月，《交通运输部　国家发展改革委　财政部关于进一步优化鲜活农产品运输“绿色通道”政策的通知》（交公路发〔2019〕99 号）指出，“整车合法装载运输全国统一的《鲜活农产品品种目录》内的产品的车辆，免收车辆通行费”。通知规定的“整车合法装载运输”，是指车货总重和外廓尺寸均未超过国家规定的最大限值，且所载鲜活农产品应占车辆核定载质量或者车厢容积的 80%以上，没有与非鲜活农产品混装等行为。

民以食为天，“菜篮子”“米袋子”是特殊的公共需求品，事关执政基础的稳定，把农产品从田间地头顺利运到城市，对于保障城市居民基本生活、日常消费需求和社会和谐稳定具有重要意义。因此，对绿通车辆应制定人性化的市场监管规则、流程和标准，不犯规的予以支持并做好服务工作，轻微犯规的及时亮出“黄牌”给予警告，严重犯规的亮出“红牌”严

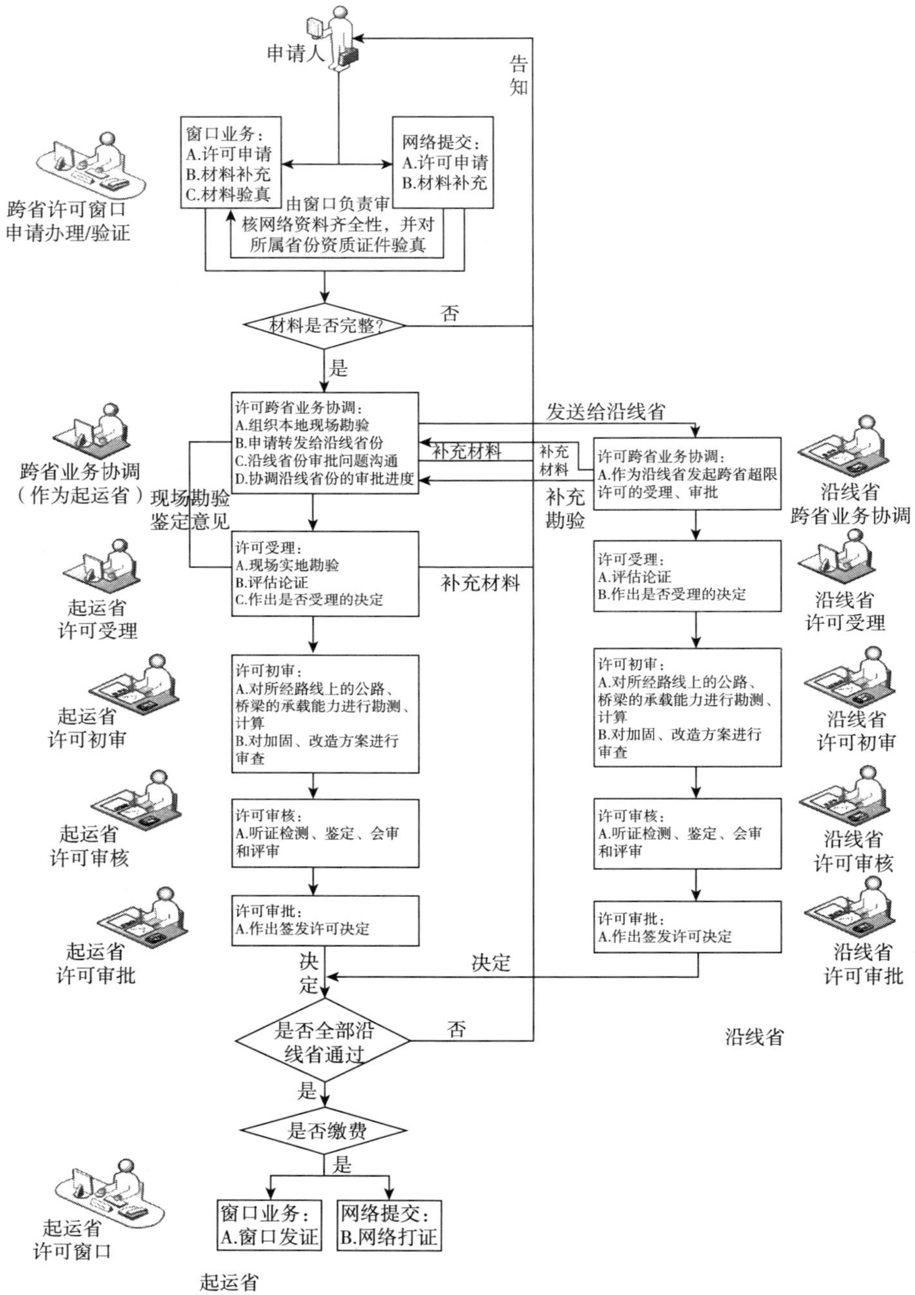

图 4-15 跨省超载运输联合审批业务流程

厉处罚。以此为原则，设计如下绿通车辆管理制度要点：

1. 绿通车辆通行备案保障措施

一般情况下，大城市、特大城市针对货车都有明确的限行路线和时段，特别是重大活动期间，有些城市对一般性货车都采取禁行措施。绿通车辆不同于一般车辆，其特殊需求决定了对它的运力和通行应予以保障。为了解决这些问题，应建立鲜活农产品运输备案制度。鲜活农产品运输车辆作为供给方，应将运输车辆和货物信息交由货物接收方，并由货物接收方向各自行业主管部门提出申请，由各行业主管部门归口后，统一报送道路运输主管部门和公安交通管理部门联合审核备案，由公安交通管理部门发放鲜活农产品运输通行证。

2. 理性的绿通车辆处罚措施

绿通车辆横跨城市与农村，区域流通性大，与农民收入、居民生活、大众心理情绪和城市正常运行息息相关，因此，针对绿通车辆应该制定区别化的“治超”措施。也就是说，对绿通车辆的超载处罚可以比普通车辆放宽 5%，超载幅度不超过 5%的鲜活农产品运输车辆，予以放行，不扣车、不卸载、不罚款。对不超过 20%的鲜活农产品运输车辆，应以批评教育、告诫、卸载为主，并移交车籍地运输管理部门按照有关法律法规处罚。载重超过 20%的鲜活农产品运输车辆，应予以严厉打击，按照一般违法车辆处罚。鲜活农产品运输通行证过期或无证鲜活农产品运输车辆，按照普通货车进行处理。

3. 规范绿通车辆技术要求

按照轻量、绿色、节能、定位、限速、限载等要求，统一标准和购置补贴政策，开发和推广应用专用新车型。凡参与鲜活农产品运输的货运车辆，交通运输管理部门办理货运许可证时，应要求建立信息台账，安装卫星定位跟踪系统和限速限载系统，办理国家道路运输 IC 卡，查看车型是否符合专用车技术要求，建立信息台账，方便识别、管理和使用。

4.7 基本保障制度

前文详细阐述了"治超"非现场执法的核心制度、紧密层支撑制度、延伸处罚制度和豁免制度，上述制度构成了"治超"非现场执法的制度基础，从制度层面上支撑了"治超"非现场执法手段的应用实施。但是，为了保证上述制度的顺利实施，最大化"治超"非现场执法的应用效果，还必须建立相应的保障制度。

4.7.1 现场处罚制度

现场执法，是指执法者在道路上对发现的超载交通违法行为当场实施处罚。推行非现场执法并不是放弃现场执法，主要原因在于：

1. 非现场执法无法完全代替现场执法

对非现场执法系统监控不到的盲区，需要现场执法查漏补缺；对非现场执法系统无法识别的超载车辆，需要现场进行拦截，当场进行处罚。

2. 现场执法的严厉性、威慑力和影响力比非现场更大

现场执法的最大好处是可以当场立即消除违法行为，避免危险源继续行驶，防止可能发生的危害。区分不同情况具体分析超载的原因，一种是被动超载，也就是成本推动型超载，即由于经营成本上升、运力过剩、运价低迷，导致部分企业或业户将内部成本向超载运输转嫁。还有一种是主动超载，也就是利益驱动型超载，这种超载对运价不敏感，有些甚至结算时不与运价挂钩，追求的是如何攫取暴利，通常都是超载最厉害的重载货车，如私挖盗采砂石料的近距离运输。是成本推动型超载，还是利益驱动型超载，甚至有人打着"'治超'增加物流成本、影响经济发展"的旗号混淆视听，但其潜在的风险都很大，严重超载都有可能造成车毁人亡。要明确一个观点，物流业的发展绝不能建在一个扭曲的市场秩序上，绝不能建立在法外市场上，以恶性竞争和非法收益来支撑经济发展。因此，政府的态度必须通过现场执法体现出来，通过现场执法更快地向被监管对象传

递果断的信号，严格加强监管和执法，引导企业在法律的框架下活动，引导运输业户远离非法超载。

可见现场执法具有不可替代性，现场执法与非现场执法应该相辅相成、相互结合，实际操作中应注意把握好以下几个方面：

一是联合执法形成强大声势。依托现有“治超”站全方位开展超载车辆检测，开展超载货车现场执法，检测系统一经发现确认超载货车后，在核定数据和证据齐全的基础上，由“治超”执法人员当场进行处罚。在现行体制下，为了提高“治超”站的处罚率和卸载率，应积极推动联合执法，由公安交管部门负责拦车、路政部门负责称重、运政部门负责卸载，相关执法部门形成合力，落实在“治超”站内联合执法的模式。随着综合执法体制改革的推进，检查站的执法功能将更加综合，采取联合交管、运政、环保等单位，从现场处罚、运政管理、交通管理、污染物排放管理等多方面协同管控超载货车。“治超”现场执法的另一个重要形式是集中相关部门统一开展流动“治超”，以非现场监测点覆盖不到的货车主要通行路线和超载现象严重路段为重点，始终保持对违法超载行为的高压打击态势。

二是始终保持对超载的“零容忍”打击力度。对于严重超载货车，政府作为“守夜人”必须站出来，要像对付害群之马一样重典治乱，务必依法予以严厉打击，否则对诚信守法的经营者就是不公平，合法运载业户和非法运载业户之间就会博弈，就会产生“劣币驱逐良币”的扭曲现象。和国外比起来，我国的超载经济处罚比较轻，在美国亚利桑那州超载 1 吨的罚款金额基本上相当于是我国处罚金额的 10 倍，在英国每一起超载行为都要承担高达 5000 英镑的罚款。[①] 因此，现场处罚中交通和公安部门要从严从高执行《道路交通安全法》《道路运输条例》《公路安全保护条例》《治理违法超载运输办法》《机动车驾驶证申领和使用规定》等法律法规。例如，运政部门对违法超载运输的货运车辆、驾驶人和道路运输企业严格实施吊销车辆营运证和道路运输经营许可证等处罚，并对改装车辆按 5000 元至 2 万元实施高线处罚；路政部门对在公路上行驶的超尺寸、超重量货车，按照国家法律法规坚持不高于 3 万元的处罚；公安交管部门要严格记分制

① 张忠．治理公路超限运输长效机制研究［D］．西安：长安大学，2005.

度，对驾驶货车载物超过核定载质量未达30%的，一次记3分；驾驶货车载物超过核定载质量30%以上的，一次记6分。

4.7.2　统一指挥调度制度

相对于将近500万公里的各级公路，"治超"队伍人力有限，力量十分薄弱。针对"治超"工作中执法能力弱、覆盖范围不足的问题，笔者提出对"治超"站和流动执法队伍等资源优化整合，建立"治超"现场和非现场结合的快速指挥调度管控体系，建立统一指挥调度制度，提高现场执法的针对性、目的性和精准度，做到心中有数、有的放矢。制度设计要点包括：

1. 构建平台应用场景

通过补充和完善全市路面监控设施，集成高清卡口抓拍、运政GPS货车定位、交通量调查、轴载监测等监管手段，实现电子报告线、电子岗哨等功能，做到对业务运行的可视、可测、可控，使行驶中的超载车辆无处可藏。

2. 网格化配置执法力量

派驻流动执法车，合理配置流动执法队伍，配齐交通、公安治安、公安交管以4班3运转24小时待勤，配置队伍装备和单兵装备，以信息平台为指挥平台，使用GPS跟踪、任务指派等技术手段动态分配执法力量，建立现场和非现场结合的快速响应和处理机制。

3. 科学指挥调度

通过改造和升级"治超"站设施，设置指挥调度大厅，集中一部分"治超"力量，分析公路治理超载非现场执法监控数据和图像，一旦发现问题快速调动各路执法力量，使蹲点和机动配合起来，及时现场处置各路段出现的非法超载行为，做到政策统一、标准一致、协调联动，全面提高执法力量覆盖范围。

4.7.3　执法监督制度

中国古代思想家荀子提出"人性恶"的命题，法国启蒙思想家孟德斯鸠说过“一切有权力的人都容易滥用权力”，现代经济学家布坎南提出“理性经济人”假设，这些理论都阐述了人的私心与惰性是社会需要监督的原因，也都为监督制度提供了理论基础。对超载者的处罚挂一漏万是非法超载运输屡禁不止的重要原因。李永福、张红卫介绍了美国治理运输车辆超载时不同执法强度下执法效果的研究成果，其中提到如果执法力度降低20%，超载程度会增加近 20%，较低的执法力度会导致更多的车辆违规超载，并列表说明高低执法力度情况下车辆违规情况（见表 4-7）。

表 4-7　美国几个州不同执法力度情况下的车辆违规率

美国州名	执法力度高时的车辆违规率	执法力度低时的车辆违规率
弗吉尼亚	0.5%~2.0%	12%~27%
马里兰	1.0%	34%
亚利桑那	1.5%	30%
威斯康星	1.0%	20%
爱达荷	11.9%	32%
佛罗里达	1.4%	13%
蒙大拿	1.0%	29%

可见，保持较强的执法力度是降低超载率的必要手段。但是有什么方法可以保证执法人员的工作状态？在影响工作状态的两个因素（激励和约束）中，笔者认为执法监督是确保良好工作状态的有效方法，建立健全非现场执法监督制度和监督落实机制，可以有效解决“治超”队伍当中的麻痹松懈思想、厌战情绪、畏难情绪。广义的行政执法监督，是指国家机关、政党、社会组织、公民等作为监督主体，对作为监督对象的行政执法主体及其工作人员的相关行政执法行为展开的监察和督促的活动；狭义的行政执法监督，是指行政机关系统内部为提高效率及法治程度而进行的监察和督促活动。[①] 本书主要讨论“治超”非现场执法中狭义的执法监督制度应包含的政策要点。

---

① 胡浩然．如何完善我国行政执法监督制度［N］．光明日报，2014-03-01（5）．

1. 制度目标

理论上讲，运用非现场执法技术筛选的有效案由，100%应适用非现场执法制度（关于执法处罚率笔者在下一章有进一步的分析），鉴于新生事物有一个政策过渡期和现实执法条件的约束，可以将车货总重超过标准50%车辆作为首批适用对象。执法目标的确立和完成情况，可以用两个指标来考核，即立案率和结案率。立案率和结案率定得越高，越要加强执法力量建设，在资源配置（包括装备、场地、远程化、信息化）上向一线执法力量倾斜，尤其是让执法监督制度信息化尽快实施起来，有效解决不作为、不会作为、乱作为的问题，让不作为的有作为，帮助不会作为的会作为，促使乱作为的规范执法、文明执法，确保守土有责、守土尽责。

2. 责任追究

在过去十几年的"治超"工作中，政府部门在责任追究上形成了一些制度，如交通运输部等九部委印发了《全国车辆超限超载长效治理实施意见》，明确制定了"治超"工作目标及各部门的职责任务，制定了《公路超载检测站管理办法》《路政文明执法管理工作规范》，指导各地开展交通运输公路执法专项整改活动，重点查处和纠正违规执法、"以罚代卸"等10个方面的问题。山西省制定了详细的责任追究机制和货运源头单位"治超"责任追究流程、道路货运车辆超载责任倒查流程。全国"治超"办转发了《山西省治理车辆非法超载工作责任追究办法》，指导各地结合实际，制定本地区实施细则，对于发现的超载车辆，一律严格实施责任倒查，并坚决追求相关人员的责任。天津市规定，各区（县）人民政府、市和区（县）市政公路管理、公安、交通港口、安全生产监管、建设交通、工商、国土资源和房屋管理、经济和信息化、质监等负有"治超"工作职责的单位和部门，在不履行或者不正确履行职责时，都将成为责任追究的对象。河北省对发生重大交通事故、造成桥梁坍塌、车货总重110吨以上和有其他必要倒查原因的四种超载车辆要求进行倒查，查清超载车辆根源，追究相关部门和人员责任。如何杜绝形式主义，使监督真正发挥威力？在大数据技术支撑下的更加透明化的"治超"非现场执法中，必须明确追究责任的事由主要包括应立案而未立案的、应处罚而未处罚的、应结案而未结案的。

监督的对象是负有执法处罚职责的公安、交通等行政部门。“治超”非现场执法监督的内容主要为是否按期对上线的超载案件进行处理。追究责任方式主要有六种：责令作出书面检查、限期整改、诫勉谈话、通报批评、给予处分以及法律、法规、规章规定的其他方式。

3. 第三方监督

除了执法部门内部应着重对执法办案效率进行监督外，还要引入人大、政协、媒体、公众对办案过程进行监督。要有效发挥人大监督职能，用好质询和询问这个渠道，一方面帮助政府执法部门解决在非现场执法中遇到的困难，另一方面有效防止行政执法失范行为的发生。要加大社会舆论对行政执法的监督力度，媒体要为群众的诉求找到合适的监督和申诉渠道，排除偏颇因素的影响，切实引导社会舆论监督行政执法部门作出的管理行为和执法行为是否依法依规、及时有力，执法处罚是否公正、合法、合理。

4.8 本章小结

“治超”非现场执法这一创新的“治超”管理方式必然促使“治超”管理模式转型升级，本章基于现有的“治超”管理体制和管理方法，从顶层规划的角度设计了系统的“治超”非现场执法制度体系。

本章首先对运输者和“治超”管理部门之间的博弈关系进行了分析，得出“治超”管理部门为了实现社会利益损失和“治超”成本之和最小化，需提高查处超载运输的概率，提高运输者超载运输受到处罚的费用以及降低治理超载运输的成本，并提出实现上述目标可采取的主要措施。

其次，出于将上述“治超”措施上升为约束超载运输者规则的考虑，本章讨论了影响制度设计的因素和制度设计中应遵循的原则，应用荷兰学者阿尔兹（Arts）和戈弗德（Goverde）的政策目标三角形模型，定性提出了“治超”非现场执法的政策目标；基于 ORP 行为控制理论和方法，构建了包括核心制度、紧密层支撑制度、延伸处罚制度、豁免制度和基本保障制度在内的“治超”非现场执法制度体系。

最后，本章在充分分析现有"治超"制度存在的问题的基础上，基于现有的管理体系，在保证可操作性、可落地性的前提下，通过理论研究、科学推理和分析论证对各项制度子模块内容进行了详细的设计。比如，在现有交通执法的简易程序、一般程序基础上系统梳理"治超"非现场执法流程，增加了事后处罚，以改进传统的现场执法流程，使程序更加简化和透明；完善现有"黑名单"处罚制度，对列入"黑名单"的从业者重新进入市场提出1年的禁限期，从而堵塞政策漏洞；创造性制定跨区域超载案件移送制度，对外省籍车辆的处罚在全国范围内流转管理做了系统性研究；运用博弈分析方法从操作层面提出超载行刑衔接的法律规范框架；完善"治超"诚信制度，就"治超"行业如何建立诚信体系，如何把割裂的、孤岛性的诚信信息联通起来，在关键环节发挥社会他律作用和行业自律作用提出了应用渠道；就公安、交通、路政、运政等几个应用部门之间"治超"信息共享提出了技术路线；从精细化管理、精准化服务出发，对特大城市运送鲜活农产品的货车的管控提出了基本方案，弥补了管理中的漏洞。

第 5 章 “治超”非现场执法技术体系研究

政策工具是人们为解决某一社会问题或达到一定的政策目标而采用的具体手段或方式。“治超”非现场执法的目标和制度方案一旦确定且要变成现实，必须以相应的政策工具作为基本的途径和媒介。能否选择恰当的政策工具是非现场执法制度成功与否的关键。“治超”非现场执法制度的多重目标及对证据的特殊要求决定了其使用的工具对现代信息技术特别倚重，因此本章重点研究互联网、大数据支撑下的“治超”非现场执法技术体系。超载治理本身是一个难点和热点问题，解决这个问题要结合我国国情，从管理实践和其他学科的启示中汲取营养。信息技术的发展，不仅丰富了管理科学的研究内容，也给治理社会难题提供了动因、策略和知识等软实力，以大数据、云计算和通信网络为代表的信息技术、各种高新技术的迅猛发展，对超载治理方式产生了极其深刻的影响。

5.1 技术体系和业务平台规划

“治超”非现场执法是依靠电子证据来实施处罚的，政策落地的前提和基础是实施若干交通工程，构建完整的技术环境。这项交通工程的综合性、系统性、复杂性决定了其应用的技术和形成的成果足以构成一个相对独立的技术体系。

5.1.1 技术体系总体框架

“治超”非现场执法技术体系由业务平台、业务系统、关键支撑技术和标准规范四部分构成。

1. 业务平台

业务平台是“治超”非现场执法技术体系的操作集成终端，应用系统的开发、电子执法辅助技术的应用、数据的交互最终都要在平台上展示和应用。

2. 业务系统

业务系统是“治超”非现场执法技术体系的核心组成部分，主要由五部分构成：

（1）超载非现场取证采集系统

主要由称重检测设备、高清车牌识别系统、控制主机、可变情报板、车辆信息检测软件以及相应的安装辅材、线缆线材所构成，用于车辆重量数据、车辆外观图片及车牌信息的采集、超载车辆的报警提示以及采集到的车辆检测数据的上传。

（2）超载数据处置审核系统

对执法信息采集系统采集的前端车辆信息数据进行安全的存储、管理，并接入运政的人车户数据、路政超载许可数据、公安交管的车辆基础数据，形成完整的“治超”非现场执法数据管理系统。系统自动研判疑似超载采证数据的违法类型，形成疑似违章记录和证据链数据，提交人工审核。对确认进行违法追责的记录，自动发送通知，形成相关文书，启动处罚流程。

（3）非现场执法管理系统

非现场执法管理系统主要是对确认超载的人车户进行执法的业务应用系统，功能主要包含案件执法联网处罚、执法文书管理、违法消除流程管理、跨部门“治超”执法联动、跨区域“治超”协同执法、超载“黑名单”管理等。

（4）非现场执法监察系统

主要功能是对超载行政复议、投诉处理、执法文书审核、跨部门跨区域执法案件的追踪等业务进行流程管理，对超载违法数据进行统计分析，对非现场执法工作进行评价，督促执法人员勤作为、快作为、善作为。

（5）智能分析和决策支持系统

主要功能是实现海量“治超”监测数据的采集、存储、处理，挖掘数据资源价值，自动生成智能分析与展示报告，为“治超”非现场执法提供辅助决策支持，同时深度剖析“治超”工作存在的问题，为政策创新提供依据。

3. 关键支撑技术

关键支撑技术是“治超”非现场执法技术体系的工具。从目前工作实际和实用出发，需要应用和完善的技术包括动态称重技术、移动互联网技术、现代通信技术、大数据挖掘与分析技术、软件工程技术、数据储存处理技术、网络与信息安全技术等。随着技术创新与制度创新的进展，以平台为载体，会附着和嵌入越来越多的技术。

4. 标准规范

标准规范是“治超”非现场执法技术体系从上到下、统一建设的“度量衡”，平台和系统的建设、开发必须在同一个标准体系下进行，以确保整体与局部、局部与局部之间的互联互通。本书也把标准作为实施“治超”非现场执法制度的一个保障，在下一章中进行较为详细的阐述，这里不再赘述。

“治超”非现场执法技术体系结构如图5-1所示。

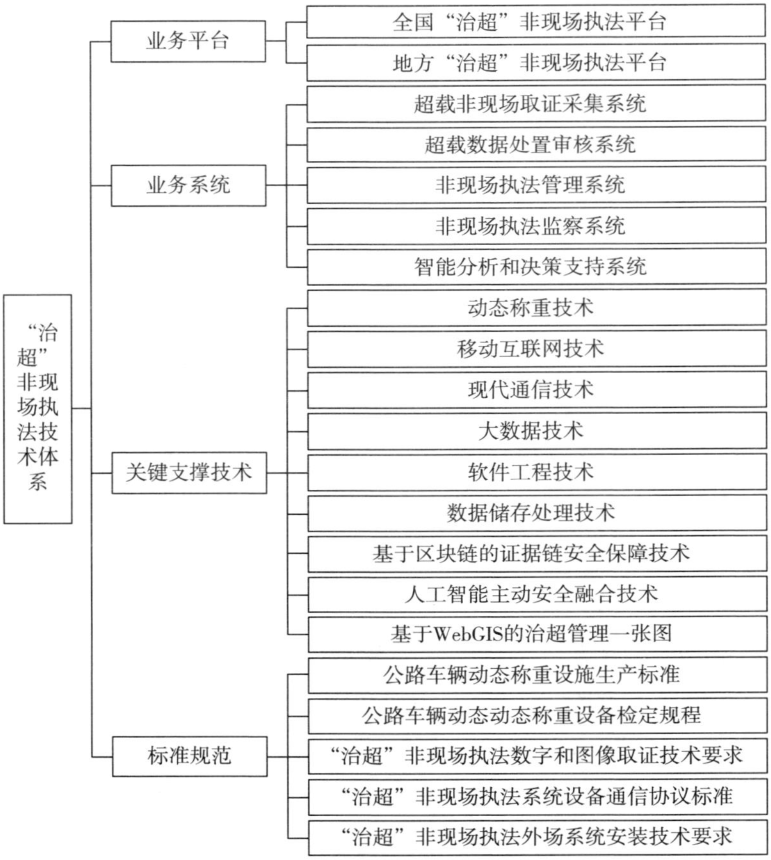

图 5-1　“治超”非现场执法技术体系结构图

5.1.2　业务平台构成

交通行业已进入由以建设为主向管理、服务转变的阶段，全国一盘棋考虑系统推进“治超”非现场执法平台建设，有利于加强交通运输部门内部“治超”数据整合和资源共享共用，促进“治超”部门与各行业的业务平台进行数据交换和资源共享，加强各平台和系统的互联互通，推进各层级执法主体高效规范作为、缩小省市之间执法差距，最大限度地发挥平台对“治超”行业的执法管理和决策支持作用。

“治超”非现场执法业务平台是关键枢纽，其建设对非现场执法系统起着重要支撑作用。“治超”非现场执法技术框架平台构成采用“1+32+nX”模式，如图 5-2 所示。

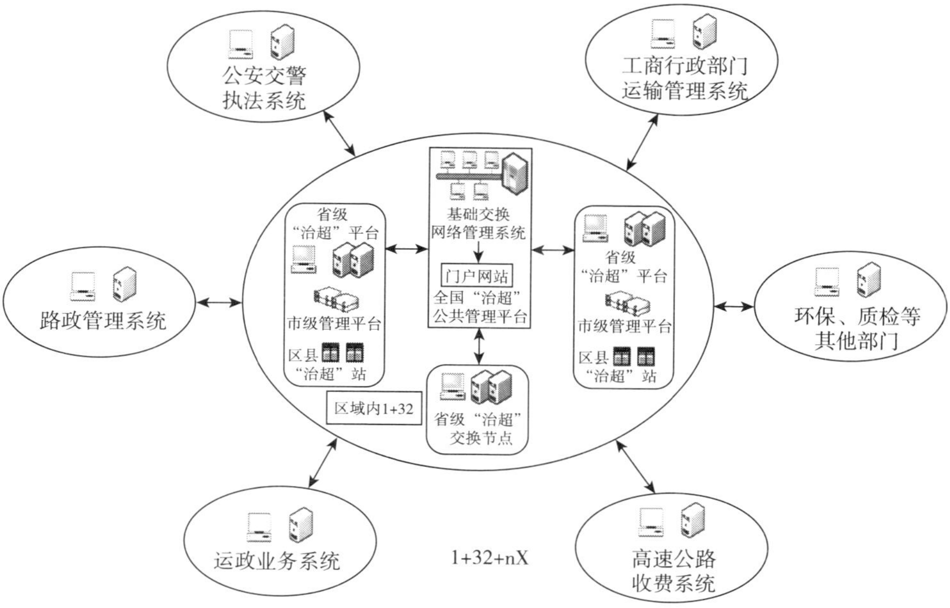

图 5-2　系统平台构成图

“1”是国家级“治超”非现场执法中心平台，即部级平台，主要负责打基础、定标准，指导统一规划、统一标准、统一实施，推动全国范围内跨省、跨行业的信息共享和交换以及协同联动，把平台建成交通运输部门的核心系统。

“32”是指省级“治超”非现场执法平台，是全国“治超”非现场执法中心平台的 32 个节点，是各省级政府推进辖区“治超”管理的重要抓手，是推进行业“治超”标准和政策落实的重要载体，做好地方“治超”执法平台建设，能够极大地凝聚“治超”力量，提高“治超”管理和执法整体效率。

“nX”是相关行业主管部门与“治超”相关的信息系统。n 是省级以下的 n 个行政管理层级，X 是 X 类信息系统。

5.1.3 平台层级布设

以部级为平台基础，逐级分为省、地市、县区大队、"治超"检测站点，与公路"治超"的行政管理模式一致，其层次布局如图5-3所示。

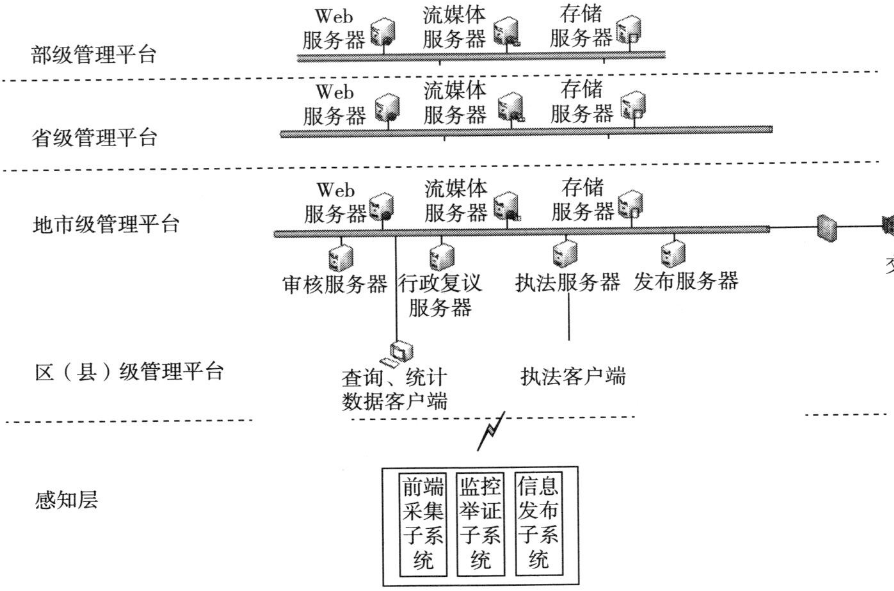

图5-3　公路超载管理平台层级架构图

1. 部级管理平台——全国"治超"数据综合服务中心

部级管理平台是基础交换网络管理系统，统计、汇总、分析各省超载案件执法情况、处罚情况，全面掌握全国"治超"非现场执法总体形势，为各省"治超"平台的衔接、数据上传以及公共信息提供服务，并协调不同省份之间的数据交换。

2. 省级管理平台——全省"治超"数据服务中心

（1）对上：提供数据支持。省级管理平台对上对接交通运输部"治超"非现场执法中心平台，为其提供相关"治超"数据。

（2）对下：提供数据服务。省级管理平台将全省所有的"治超"非现场执法点、"治超"站点、高速公路检测点违法数据进行整合，汇集全省的超载违法数据，对所有超载违法数据进行挖掘、分析，及时掌握超载违法的重灾区、违法车辆流向等宏观情况，为决策、指挥提供相应的资源，为考核评比提供数据依据。

（3）横向：提供数据交换支撑。省级管理平台通过该数据服务中心，可以与其他省份数据中心进行数据交换，为跨省市“治超”联合执法提供数据支撑。同时，与省内公安、环保、工商、经信等部门和所辖地市进行数据交换，便于各部门获取自己所需数据，为各地市的“治超”业务处理提供数据服务。

3. 地市级管理平台

地市级信息管理平台对本地市范围内的“治超”信息进行管理，包括对各“治超”站点检测数据、处罚数据、通行证数据、“黑名单”数据、人员资料、统计报表等的管理；利用各项信息的统计和查阅，回复本地市范围内“治超”案件的行政复议，进行本地市范围内各区（县）大队的日常管理，开展“治超”任务安排、考核、人员管理、制定规章制度等行政事务。

4. 区（县）管理平台

上面千条线，下面一根针。区（县）大队是超载执法责任主体，完成非现场执法管理具体工作，包括案卷处理、数据和视频存储、超载信息发布、“黑名单”处理、人工判定等。非现场超载检测点主要对车辆的超载信息进行采集和上传，区（县）大队执法工作将由现场向执法大厅窗口转移，理论上任何一个执法窗口均可以受理和处罚违法车辆，办理所有车辆的违法行为消除业务。

5.1.4 平台系统开发技术架构

公路超载非现场执法平台的技术总体架构由基础设施层、信息采集层、通信网络层、信息整合层等11个部分集成，如图5-4所示。

①基础设施层：为平台运行提供硬件支撑，主要包括不停车称重检测设备、视频车牌识别设备、LED可变信息标志、视频监控设备、通信设备、供电设备等各类硬件设备。

②信息采集层：通过超载检测设备、视频监控设备、电子显示设备，

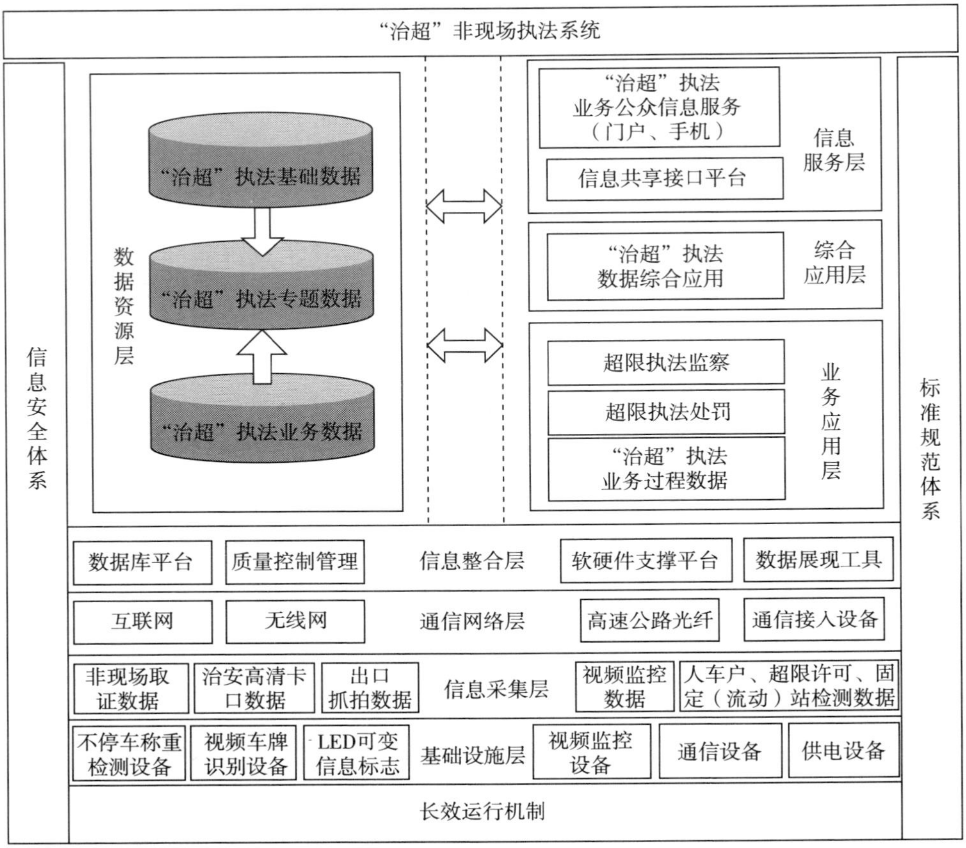

图 5-4 “治超”非现场执法系统技术架构图

为“治超”非现场执法管理平台提供车辆信息、视频信息等数据，主要包括非现场取证数据、省市交界出口抓拍数据、治安高清卡口数据、视频监控数据，以及人车户、超载许可、固定（流动）站的检测数据。

③通信网络层：依托现有通信网络，利用或购置核心交换设备，集成包括互联网、无线网、高速公路光纤网等在内的多种通信方式，构建公路“治超”非现场执法系统通信网络，提供全天候运行的网络环境。

④信息整合层：通过各种必要的技术手段或工具，完成“治超”非现场执法数据清洗、抽取、转换、入库、挖掘等过程。

⑤数据资源层：数据资源层可以分为“治超”非现场执法基础数据、“治超”非现场执法业务数据和“治超”非现场执法专题数据三大数据子

库，为“治超”非现场执法管理平台提供数据服务，包括公路属性数据、法律法规信息、处罚信息、预检数据信息、监控信息等，并实现公安交管、道路运输管理等部门之间的资源信息共享。

⑥业务应用层：全面支撑非现场执法工作，开发若干业务应用系统，包括非现场执法监察信息管理、非现场执法处罚管理、“治超”非现场执法业务过程数据信息管理等功能。

⑦综合应用层：使用“治超”非现场执法数据模型构建复杂的综合分析应用功能，实现非现场执法平台多元化应用，完成超载数据管理、超载“黑名单”管理、案件处罚管理、监控管理、辅助支持决策管理以及联合“治超”等。

⑧信息服务层：建设面向公众和行业的多维度、多方式的信息服务系统，实现数据交换和案件移送，为“治超”非现场执法管理平台提供应用服务，包括 GIS 服务、视频管理、数据共享、短信、微信等服务，满足不同主体的需要。

⑨信息安全体系：应用信息安全技术，制定信息安全制度，保证进入系统信息的安全。

⑩长效运行机制：建设系统运行维护的组织、技术、运行、应急和考核管理制度，保障系统长期有效运行。

⑪标准规范体系：“治超”非现场执法综合管理平台的正常运行需要配套的技术标准规范，对已有的标准规范要进行贯彻和落实，同时根据系统建设需要制定专用标准。

5.1.5 与其他相关系统业务边界

1. 与公安交管执法系统的边界

“治超”非现场执法系统由交通运输部门负责建设，但双方对在统一的技术标准下采集的取证数据相互认证，通过数据共享平台进行共享，双方各自根据自己的执法权限分别对超载车辆进行执法。同时，交管部门掌握货车部分信息，这部分信息对交通运输部门“治超”执法十分有用，但公安交管部门属于政法机关，在保持自己系统独立安全的同时，可以通过外挂形式为交通运输部门导出一个数据查询库。

2. 与运政业务系统的边界

运政系统包含了营运车辆、驾驶人员、营运企业三方面的基础信息，运政部门在执法过程中需要利用其提供的道路运输证、从业人员资格证等信息与采集到的信息进行核对，因此，运政系统应提供数据访问接口或通过数据交换的方式将“治超”部门需要的信息交换到“治超”非现场执法系统中来。另外，运政系统为了实现对人车户“黑名单”的管理和处罚，也需要接入其他部门采集到的违法超载信息。

3. 与交调系统的边界

交调系统作为一项提供数据支撑的基础性系统，可以提供实时分方向、分车道、分车型交通量和车速数据，以及历史积累数据。重点路面不停车（高速）称重监测点数据将纳入现有的交调体系中进行系统建设，交调数据标准协议已经为轴载设备或不停车称重检测设备预留了数据接口，可以平滑融入交调系统，并通过接口交换到“治超”非现场执法系统。

4. 与高速收费系统的边界

根据“治超”工作要求，高速公路收费站发现超载车辆有报告义务。目前，实行计重收费的高速公路，“治超”非现场执法系统应为高速收费系统预留超载车辆信息上报接口，以实现高速超载信息的实时上传。

5. 与公路养护系统的边界

公路养护工作需要获取交通量、货车比例等数据，来确定大中修养护的路段，提出养护建议、计划和进行养护项目资金分配。“治超”非现场执法系统有连续的各重点路面的称重检测数据，可以以定期数据交换的形式提供给养护系统使用。

6. 与诚信系统的边界

我国正在大力倡导建设社会诚信体系，“治超”“黑名单”也可纳入社会诚信体系中，补充驾驶员电子档案，使之更加完整全面，将有严重失信行为的承运企业、托运企业、接收企业和驾驶员个人违法信息推送给市场参考。

7. 与交通信息中心网络及安全系统的边界

交通信息中心网络及安全系统提供基础网络、通信和安全的支撑。

8. 与已有业务系统的关系

将绿通车辆、外籍车辆、公安部门在逃车辆或有违法记录的车辆等其他信息接入现有“治超”系统，与检测数据比对，用于违法货车的协防。

本系统与其他相关系统的关系如图 5-5 所示。

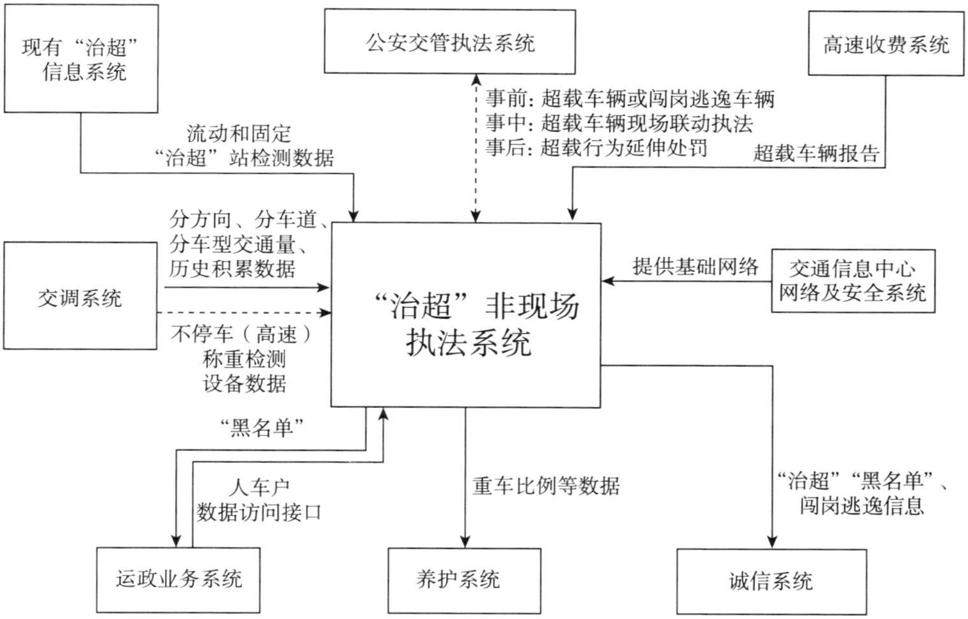

图 5-5 “治超”非现场执法系统与其他系统业务边界示意图

5.2 业务系统建设及系统功能开发

信息是一种重要的资源，被广泛应用于自然科学和社会科学。信息不但具有经济属性，同时也有社会属性和技术特征，信息技术作为高新技术中的代表性技术，是现代人类文明的基础，是信息管理的重要手段，极大地提高和推动了信息资源的使用效率。随着信息理论、信息技术和信息化的发展，系统科学成为人们研究信息科学的基本方法，并随之产生了信息系统的概念。信息系统由硬件和软件等组成，其最大功能是采集、分析、储存、传输、利用信息，促进组织更加和谐、高效运转。[①] 信息系统范围广泛，管理信息系统是其中一个重要组成部分。随着信息技术的发展，管理信息系统（MIS）逐渐成熟，它是一个人机整合系统，以信息为工具来支持组织的例行作业、管理与决策活动。[②] 管理信息系统的对象是管理，是现代管理方法与手段相结合的系统，借助它可以实现组织管理的目标和管理的基本职能。[③] 当今世界治理方式正在发生重大变化，大数据对政府治理能力产生重要影响，这与现代信息技术革命的强力作用密不可分。搭建“治超”非现场执法技术体系，势必涉及信息管理和系统开发，本节基于信息理论和管理系统理论与方法，提出使用的关键信息技术和需要开发的管理系统。

5.2.1 建设开发原则

1. 科学性和实用性结合原则

科学性，是指本系统在一定时期内能够很好地引导公路超载检测非现场执法软、硬件的技术发展，确保按本技术规范提出的软、硬件技术指标和功能要求在一段时间内不落后，不阻碍先进技术的应用和发展；实用性主要指能够满足公路超载检测非现场执法各业务系统的现实需求，便于操作。

2. 可靠性和稳定性结合原则

称重数据、车牌数据和视频数据等信息的可靠性和稳定性是保证公路超载检测非现场执法系统能够运行的前提。因此，系统提供的硬件和软件要确保检测数据的离散度、精准度等各项技术指标达到稳定运行、精确可

---

① 李纲，魏泉．基于协同理论的企业信息系统集成框架［J］．中国图书馆学报，2014-03-01（5）．

② 郭宁，郑小玲．管理信息系统［M］．北京：人民邮电出版社，2010：1-38．

③ 吴琼璠，谢清佳．管理信息系统［M］．上海：复旦大学出版社，2003：95-100；周详．民生法治观下“危险驾驶”刑事立法的风险评估［J］．法学，2011（2）．

靠等要求。

3. 兼容性和通用性结合原则

为避免重复建设和后期方便维护更新，最大程度提高已有设备、系统的兼容性和通用性，整个系统在借鉴已经发布的相关技术规范的基础上，应尽量采用通用技术成果，保证系统间的兼容性和通用性。如电子照牌大面积推广应用后，该系统平台的补充和完善能及时跟上。

4. 需求引导和创新引领结合原则

从治理超载的工作需求和实际管理要求出发，重点研究和应用制约“治超”非现场执法的关键技术，以问题为导向，最大限度地发挥相关技术标准规范的支撑作用。同时大胆应用新技术、新方法、新产品，坚持技术创新与制度创新并举，努力破解影响“治超”非现场执法实施的深层次矛盾和问题。

5. 多级联动和过程控制结合原则

纵向来看，从省级、地市级、区（县）交通主管部门到“治超”站、流动站都在这个平台上工作，通过用户识别安全登录，实现多级之间的联动；横向来看，通过业务过程控制的方法，做到每起案件有据可查，每个办案人员有迹可查，并接受社会的监督和举报，提高对公众的服务能力，形成协同执法、有效监管的可持续性发展局面。

6. 共建共享和部门协助结合原则

超载治理工作并不是孤立的业务，它与众多行业的管理互为支持，相关行业中很多基础信息都可作为超载工作的业务管理支撑信息，可较大地提高超载管理的办公效率和执法准确度。例如，运政的人车户信息可对证件查验等工作提供基础验证信息；反之，“治超”执法中积累的诸如“黑名单”数据等大量信息也可作为道路运输证发放等其他行业管理的重要参考数据。

5.2.2 超载非现场证据采集系统

除非潜在罪犯认为自己可能会被逮住，否则，以严厉的处罚作为威慑手段是没有什么用的。[1] 在本节研究的五个系统中，只有超载非现场证据采集系统是场外硬件开发建设系统，通过这个系统的建设来"逮住"非法超载运输的蛛丝马迹。

1. 构成要件

公路超载非现场证据采集系统的主要特点是场外设置、无人值守、自动取证，一般由不停车动态称重检测设备、视频车牌识别设备、LED 可变信息标志（信息发布设备）、视频监控设备、供电电源和通信设备等构成。其系统结构如图 5-6 所示。

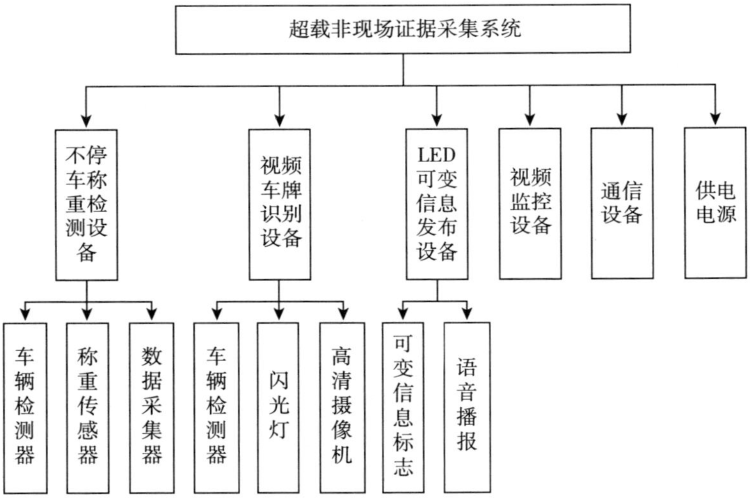

图 5-6　超载非现场证据采集系统结构图

不停车称重检测设备一般由车辆检测器、称重传感器和数据采集器构成，完成对不停车货运车辆通过公路称重区时的车辆轴数、轴重、车货总重、轴距和速度等相关信息的采集；视频车牌识别设备一般由车辆检测器和高清摄像机等构成，车辆检测器检测到车辆通过时，触发视频车牌识别设备进行视频拍摄，完成对通过公路称重区上的车辆牌照的抓拍和识别等功能；LED 可变信息发布设备，即车辆称重检测信息实时发布设备，主要完成对超载车辆的信息显示告知功能（可含语音提示功能）；视频监控设备

① 周详．民生法治观下"危险驾驶"刑事立法的风险评估［J］．法学，2011（2）．

主要完成对公路超载检测现场及设备区域的视频监控，判断超载车辆的行驶方向、路径，与车牌识别信息形成更加全面的证据；通信设备主要完成对各类采集信息的上传；供电设备主要完成对各类设备的电力供应。

2. 现场布局及工作原理

系统的主要工作原理是：

当车辆驶入称重区域，系统进行自动称重，同时触发车牌识别摄像机，车牌识别摄像机对车头、车尾及整车侧身进行拍摄，并对车牌照进行自动识别，识别的牌照号可用来查找车辆车主和核实超载车辆。

当称重检测完成后，将数据传送至现场控制主机，对车辆重量、车牌号码、过车视频进行匹配，按照相关标准，对车辆进行超载判断。若车辆超载，前方可变情报板将显示超载车辆的车牌号和重量信息，提示该车车主接受超载处罚。通信系统会将现场采集的数据传送至非现场执法管理平台，系统对疑似超载数据进行存储并自动建立电子档案。

3. 取证采集系统运行监测与保障

（1）设备运行状态监测

实现对管辖范围内的非现场执法称重设施、视频监控设备、情报板等外场设备的启/停状况及正常、故障等运行状态的实时监测。与 GIS 服务进行对接，用不同类型的图标显示在地图上。例如，设备异常时，电子地图以醒目的图标显示。

（2）设备联通情况统计

对外场设备的连通情况进行统计，包括视频、情报板、称重设施等，列出设备连通与中断的数量，并计算出连通率。各区（县）只能查看本单位管辖范围内所有设备的连通情况统计，市级用户可查看全市范围的所有设备的连通情况统计及连通率，依次类推，省级平台可在更大授权范围内查看本辖区全部设施使用情况。一个区域或者一个时间段内的连通率能够反映一个地方的工作状态，除非有特殊情况。对于连通率较低的地方，监测部门有权要求其说明原因。

（3）设备故障报警及诊断

采集系统具备非现场执法设备故障诊断并及时报警功能，能够按照设备故障类型反馈中心平台，并通过短信、邮件等多种方式通知相关管理人员，提醒检测人员对设备故障及报警信息第一时间进行查询和浏览，按照报警时间、类型、路线等出现场检修。

（4）设备维护记录管理

对设备故障报警的处理情况进行记录，具体处理情况包括：已通知维修人员、正在维修、维修完毕故障已解除、维修完毕故障未解除等。所有设备的每一次维修情况均需要记录，包括：设备编号、维修日期、维修人员、处理结果等。系统一方面自动记录故障设备的维修周期，作为对各运维单位工作考核的依据；另一方面根据故障设备现场检修记录、使用年限信息等对不同类型设备、品牌进行综合统计与对比分析，产生相对应的统计报表，为下次设备选型提供依据。

（5）路面高速不停车轴载检测设备精度维护

大规模采集精确检测设备（如检查站静态衡器）称重数据，与单独建设的路面轴载检测站的检测准确度进行比对分析和客观评价，建立完善的技术指标体系，通过数学模型指导设备厂家改善算法，对各不停车轴载检测设备偏离数据进行二次拟合和校正，提高检测结果的置信区间，提升系统检测的整体精度和置信度，提高利用动态称重结果作为超载执法依据的可行性。

5.2.3 超载数据处置审核系统

1. 取证数据自动校验功能

自动提取与货车有关的监测数据，自动判断数据的可信性和准确性，对超载数据和异常数据给出提醒。

2. 人工数据校验修正功能

人工对货运车辆数据进行审核，尤其对疑似超载数据进行审核，包括对车牌号、车型、轴数、载荷情况等进行人工比较，对采集错位的数据进行修正。

3. 疑似数据修订审核提交功能

对疑似超载违章的数据，由上级主管领导进行审核，确保数据修改的准确性、合理性，并将数据提交系统，由系统推送业务部门进行违法认定和处罚。筛查过程中要特别注意两类图像和数据：一类是合法大件运输车辆；另一类是绿通车辆，这两类车辆要根据实际情况，标明免予处罚或从轻处罚的意见。

4. 原始与修订数据查询比对功能

为业务用户提供原始数据及修订数据的查询比对功能，便于业务用户对原始数据的合法、合规性作出判断。

5. 日志修改管理功能

作为执法证据的原始数据，对其作出的任何修改都需要建立日志，如记录修改删除操作的用户、操作内容、操作时间等。

5.2.4 “治超”非现场执法管理系统

“治超”非现场执法管理系统主要包含“治超”非现场执法数据集成系统、跨部门“治超”执法联动系统、跨区域“治超”协同执法系统、超载“黑名单”管理系统、超载运输跨省联合审批系统、绿通车保障系统、与现场执法联动系统以及统一调度系统。

“治超”非现场执法管理系统结构如图 5-7 所示。

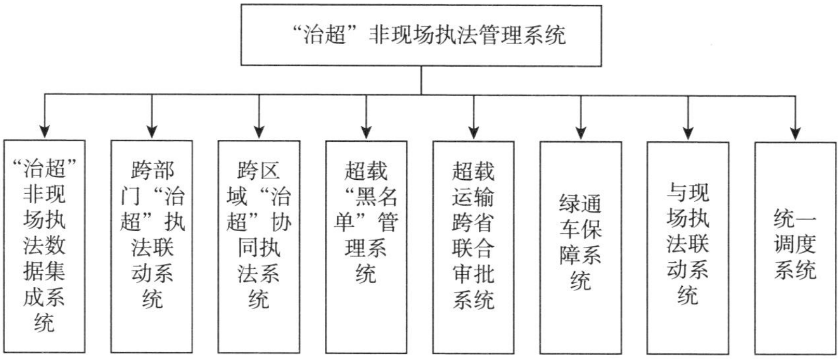

图 5-7 非现场执法管理系统功能结构图

1. “治超”非现场执法数据集成系统

“治超”综合性很强，大量的数据分散在各部门，因此需要建立一个与车辆信息相关的共享系统，对非现场执法点视频和执法取证数据信息进行集成，接入运政的人车户数据、路政超载许可数据，形成完整的“治超”非现场执法数据管理平台，实现分层次的“治超”数据管理功能。与公安信息进行互动，推送有关超载车辆取证记录资料给公安机关交通管理部门，方便其执法；接收公安超载案件的处理结果信息，在线查询公安部门数据库中的车辆信息和驾驶员数据，提高交通运输部门执法精准度和便利性；接入公安布设的高清卡口抓拍信息，整合交通数据资源，服务交通运行状况监测。

2. 跨部门“治超”执法联动系统

针对非现场执法工作的特点，根据4.3.2和4.4.1的制度设计要点对现有的“治超”执法流程进行调整和优化，开发运政、路政、公安多部门联合执法协同系统，实现多部门、多级流程状态的统一管理，统一制定“治超”执法标准，按照管理机构的人员角色分工，对于上线超载案件采取并发的形式，让运政、路政、公安三部门同时立案、同步处理。

依据4.4.3改造计重收费公路的收费系统，实现收费公路检测信息的联网共享，充分利用收费和执法站点，加强电子证据移交，在线协同办理超载案件，并形成闭环管理。

开发跨部门案件接收和比对模块，在货运市场的准入（发证）、年检（公安车辆安全检查、运政综合性能检测）、机动车二级维护时，对在检车辆和在库车辆进行比对，通过平台获取超载车辆的执法案卷信息，在线查询人车户的“黑名单”信息，比对人车户的超载违法情况，把好最后一道防线。如果超载违法行为没有消除，必须消除后才能办理相关业务。

开发运政执法联动子系统，在软件程序中充分考虑限制性规则的实现，即被吊销车辆营运证、道路运输从业人员从业资格证和道路运输经营许可证的有关货运车辆、驾驶人和道路运输企业在1年内不得重新申领证照。违法超载运输记录累积计算周期为1年，从初次领取车辆营运证、道路运输从业人员从业资格证、道路运输经营许可证之日起计算。超载违法车辆在车籍所在区（县）接受处罚，如果超载车辆还未接受处罚，所有区（县）不能为其办理新的运输证件。

3. 跨区域“治超”协同执法系统

根据 4. 4. 2 跨区域违法超载运输案件移送办法，建立开发跨区域“治超”协同执法系统平台，搭建全国各省（区、市）直接进行跨省份案件移交的桥梁，实现多省份执法信息的共享，实现区域的协作联动，提高超载执法的工作效率，督促车籍地管理部门有效遏制超载违法行为。

跨区域案件接收处理模块中，由交通运输部部级平台提供数据访问接口，并按照平台执法信息数据接入的技术要求，编制执法流程，开发各节点办理状态的信息上传功能，实现执法案件办理状态及时反馈。系统将实时推送相关属地省份的超载处罚案件，案件的内容包括违法超载运输的货运车辆、驾驶人、道路运输企业和违法装载的源头企业等信息。当超载运输案件结案后，系统会自动向部跨省超载运输业务管理平台移送执法案件的信息，移送的信息和案卷均实现电子化，每起案件将由所属省份自动回复一条“违法超载运输案件移送回执”信息。在每个月的第一天，自动生成“违法超载运输信息汇总表”，统计上一个月移送案件的总体情况，发送给所有有跨省案件的省份。

移送流程如图 5-8 所示。

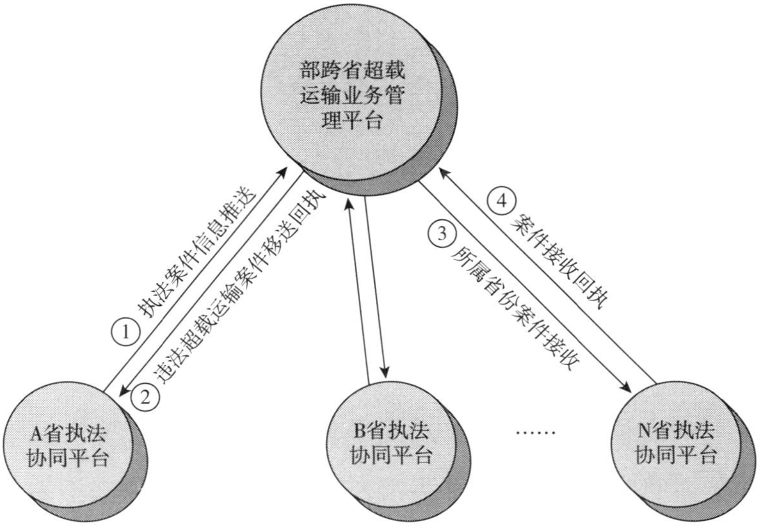

图 5-8　跨区域“治超”执法案件移送流程图

制定相应的规范要求，统一跨区域移送的材料、移送的超载案件数字和图像证据标准。各省（区、市）对本级系统进行改造，按照标准的数据格式接收外地移交来的车辆违章信息。建立省级信息接口，省级层面进行信息互通，建立电子案卷移交、逐级分拣机制，把移送案件分发至具有执法职能的最后一级单位。即省级系统接收到来自跨省的超载案件后，系统自动将案件移送给区（县）运输局的道路运输行政许可审批系统，由其对违法超载的人车户以及货运源头进行信息审查核实，对符合处罚条件的案件移送给相关办案部门，办案结果信息自动共享给路政系统，并将处理结果信息反馈到案件移出省。对于被移送的案件有疑点或需要所属省份共同介入的，建立跨省份案件沟通协调平台，实现案件集体讨论或证据补充等工作，也可在线调阅案件更详细的处罚过程信息。针对每起移交的案件均应有相应的处理结果（包括不处罚的案件需说明原因），并反馈给案件移出省份。

平台结构如图 5-9 所示。

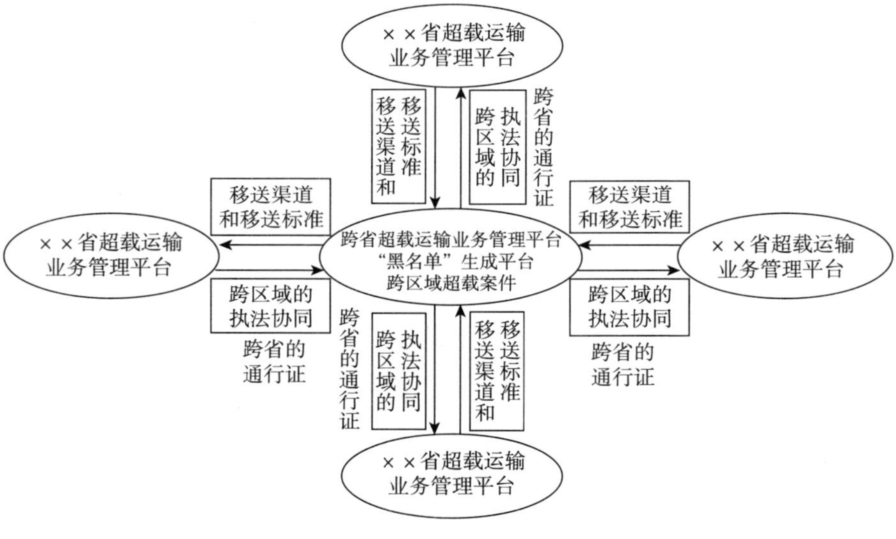

图 5-9　跨区域"治超"执法协同平台结构图

4. 超载"黑名单"管理系统

依据 4.5.2"黑名单"管理制度，建立"黑名单"管理系统。"黑名单"数据来源包括：公路管理机构处罚超载行为产生的人车户信息；"治超”称重检测系统检测认定的车辆超载信息；超载 20%（含）以上且符合超载条件的绿通车辆的人车户信息；外省市移交的超载人车户信息。交通运输部通过“黑名单”管理系统接收违法案件发生地上传的超载车辆信息，再按车籍所在地向各省份派送，帮助各省份建立“黑名单”库。

“黑名单”包括车辆、驾驶员和货运源头企业超载违法行为记录等基础数据，由“治超”部门按季度汇总，由交通运输部门、道路运输管理机构实施重点监管，并在内网门户和外网信息发布栏目发布“黑名单”信息。

对于进入系统的“黑名单”，“治超”部门协调并监督道路运输管理机构依法对其信息进行审核、确认并依法处理。道路运输管理机构应按季度将处理情况反馈至“治超”部门。符合“黑名单”条件的，道路运输管理机构应依法进行处罚。从业人员、货运车辆、运输企业“黑名单”处罚记录应纳入诚信体系。货车综合性能检测机构在开展综合性能检测前，应查验车辆有无违法超载运输记录。有未接受处理的违法超载运输记录的当事人，应当依法接受处理。

“黑名单”系统功能和处理流程如图 5-10 所示。

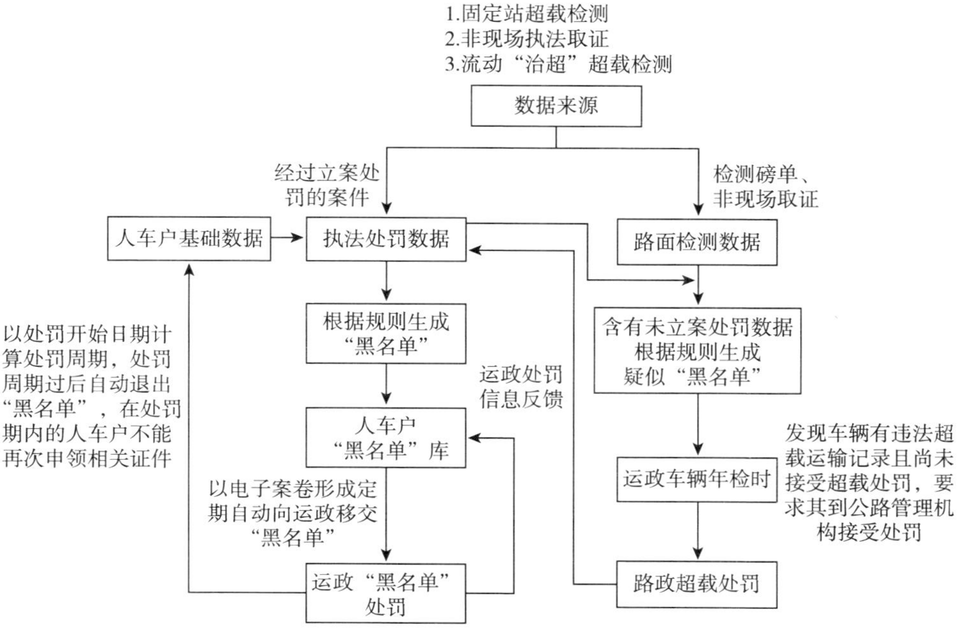

图 5-10　“黑名单”系统功能和处理流程图

5. 超载运输跨省联合审批系统

从4.6.1可知大件运输车辆需要办理合法的超载运输审批手续。本节从实现技术角度提出完善全国超载运输业务管理平台，建设超载运输跨省联合审批系统，实现跨省超载运输申请信息分发推送，接入跨省超载运输审批流程办理状态信息，在申请材料、审批程序、办理时限上提高许可效率，并提供便民服务措施，实现在全国超载运输业务管理平台网上“一站式”提交申请材料、实时查询办理进度、网上打印超载运输车辆通行证等服务。

实际操作中坚持按照“一站申报、全程响应，统一办理、全网有效，线上协同、线下处理”的新型服务模式，运输企业办理超载运输许可时，在部中心统一注册管理，验真后分发各省份，各省份不需进行二次注册验证；申请人直接在部中心填报申请材料，部中心自动分发给各沿线省份，实现网上办理和一站式服务；审批机构进行统一管理，实现审批过程全程跟踪管理。

对于各省级超载运输业务管理平台，全国超载运输业务管理平台起到了桥梁互通的作用，实现起运省与沿线省超载运输申请信息的共享，实现跨省份的协作联动，如图5-11所示。

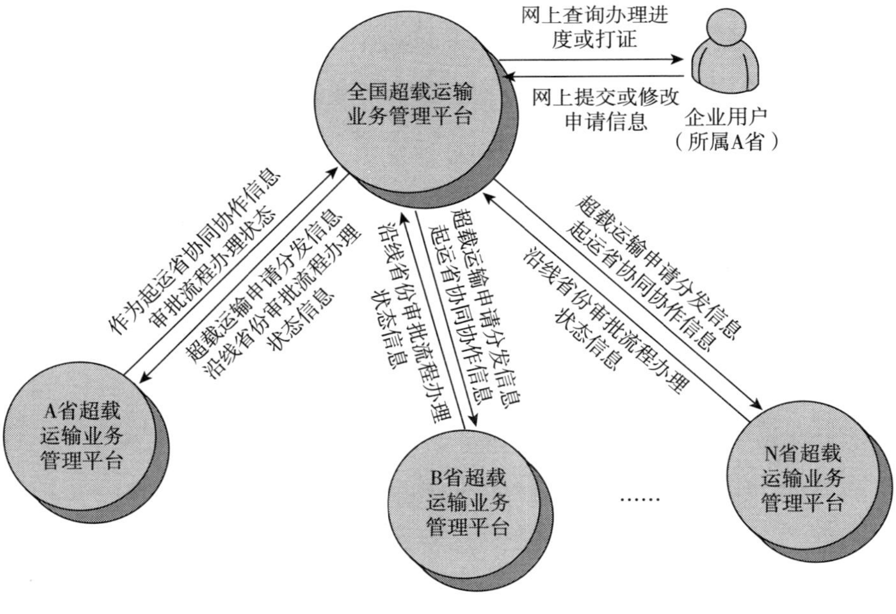

图5-11　超载运输审批部省联动

6. 绿通车辆保障系统

依据 4. 6. 2 设计的建立绿通车辆注册备案登记制度开发相应系统，申请人经过归口政府管理部门网上登记注册，通过手机 App、服务网站等形式，网上填报申请材料，提交货物的名称、车辆的厂牌型号、总质量，拟运输的起讫点、通行路线和行驶时间等信息，对绿通车辆运输行为进行网上备案管理。

由于绿通车辆享有特殊的优惠政策，因此实现绿通车辆登记信息联网共享和透明管理尤为重要。应充分利用沿线超载检测、收费和执法站点，加强绿通车辆运行过程中的监督检查，通过信息系统规范一线操作人员的操作流程、留取验货员及司机相关证件信息，自动生成电子单据，保存绿通货物、车辆照片及录像证据。对隐瞒、虚报车辆货物类型和车货总重等信息的绿通运输企业，按照有关规定移送车籍地严格查处，并纳入企业信用信息记录，实行绿通运输登记限制。

加大绿通车辆监管功能，利用高清卡口车牌抓拍等监控设备，将后台车辆数据库信息与绿通车辆进行大数据分析比对，对发现的非备案车辆上路、不按规定路线行驶、套牌车、“黑名单”车辆等绿通运输违章行为，由车籍地进行后续处罚。

7. 现场执法联动系统

根据 4. 7. 1，路政执法人员或综合执法大队的执法巡查人员巡查设有非现场执法系统的路段时，该系统可将检测到的疑似超载信息即时发给执法人员进行现场核实，或进行现场取证和执法。

固定“治超”站和非现场执法系统应配合使用，在固定“治超”站入口前方设置非现场检测系统，在“治超”站入口阻截嫌疑超载车辆，在“治超”站建设综合执法大厅，一经确认的超载车辆就地到“治超”站执法大厅接受处罚。此外，针对固定“治超”站附近绕行线路的问题，通过设置非现场执法设备，监控“治超”站周边的绕行路线。

8. 统一调度系统

依据 4. 7. 2 制度设计要点建设“治超”执法力量指挥调度平台，实现与公安部门的车牌抓拍信息、运政部门的卫星定位信息系统共享，通过非现场执法设备定位超载车辆位置；通过卫星定位监控系统，对辖区路政巡查车辆实行定位、历史轨迹查询、控制指令下发，实行有效监控调度；通过超载运输联网跟踪查询系统，对超载运输车辆进行查询监控。改变目前流动"治超"站被动出勤、大面积撒网、针对性不强的模式，调动执法人员有目的地到指定地点进行拦截，极大地发挥统一调度平台监控锚定功能，精确打击超载车辆。

系统首先应具备超载车辆动态监控功能，时刻掌握全区所有路网超载车辆分布和动态，以多点跟踪的方式进行自动记录，回溯超载车辆的取证过程和位置动态，根据抓大放小的原则显示警告级别。

其次要掌握执法队伍位置，即时刻掌握现场执法队伍的位置和执法情况，网格化布设执法人员，根据执法力量的位置自动推荐最优执法对象和路线。

最后实现通过指挥大厅进行调度。有超载嫌疑的货车经过监测路段高速动态监测系统后，前方信息情报板上会显示禁止驶入前方道路、提示司机驶离的警告，同时视频监控系统继续实时监测跟踪，如发现提示车辆未按照提示行驶，则将信息传输至监控中心和指挥大厅进行存储、显示、报警。指挥大厅配置有声光电报警装备，配备工作人员，工作人员可通过监控中心显示屏查看有超载嫌疑的车辆及其行驶路线，向现场执法人员发出指令，协同现场执法部门对违法车辆进行追查。指挥大厅 24 小时轮流值班，第一时间完成任务调配，下达任务后追踪整个任务的执行过程，要求每个任务处理完毕后反馈结果，形成闭环管理。

统一指挥调度执法流程如图 5-12 所示。

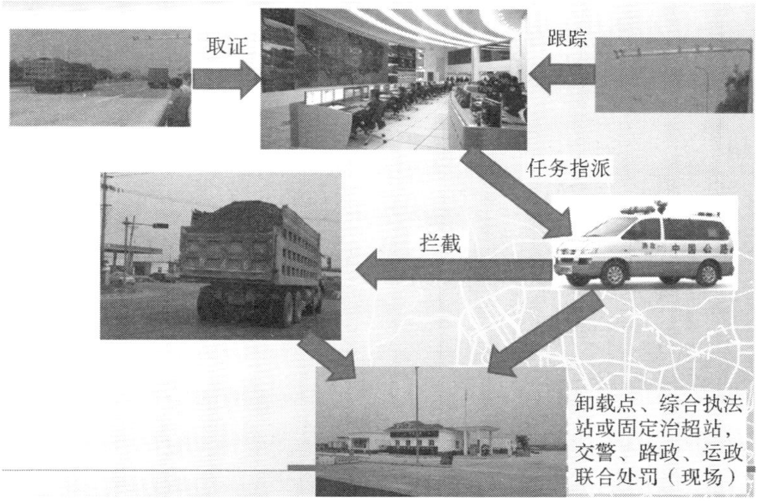

图 5-12 统一指挥调度执法流程示意图

5.2.5 非现场执法监察系统

对政府来说，互联网技术的应用是提高决策效率和监管能力的重要机遇，监管模式的转换过程是流程再造、利益分配、职能调整和技术变迁相结合的过程。可以说，新一代信息技术为创新政府监管提供了技术上的支撑，甚至会引发大的变革，这些变革会督促交通运输行业更有作为。

1. 嵌入式执法监察系统

简政放权以后，事前审批大幅度减少，但是政府的责任不仅没有减少，如安全、卫生、食品等与人民群众息息相关的领域的监管要求反而提高了。货运市场高度市场化，事后监管在“治超”非现场执法上表现得尤为典型，网上一切都是透明的，阳光是最好的防腐剂①，监管系统既可以提高执法效率，也可以促进规范执法、文明执法。根据 4.7.3 设计的监督目标，“治超”非现场执法系统应具备对“治超”执法机构全方位监督功能，实现对执法案件办理全程跟踪，对内部执法人员查办超载案件执法行为全程查询。

① 涂子沛．大数据［M］. 桂林：广西师范大学出版社，2012：7-9.

执法监察人员有权限查询案件的办理节点、办理状态等信息，检查工作现状与制度要求是否吻合，从而提出督办意见，甚至向有关部门提出建议、函询、约谈、告诫。

“治超”非现场执法行为监督考核系统应综合运用多种数据资源和监管手段，设计实用的监察管理指标，从业务运行的效率、结果进行过程监督，对执法人员的资格、行为进行考核①，做到对业务运行的可视、可测、可控，以此约束执法人员行为，促使“治超”执法工作做到文书规范、程序合规、裁量正当、流转畅通。

系统应具备预警功能，监察部门可以通过系统对正在进行的受理事项进行时限监察，系统可以根据要求列出未在规定受理时限内办结的所有事项，将通过红灯加以警示。同时，监察部门也可以通过该系统对服务质量进行监察，如果百姓对服务质量不满意，也可以通过红灯加以警示。系统在进行警示的同时还将为监察人员提供该事项的详细信息，方便监察人员向当事人了解具体情况，从而实现对各单位和相关公务人员的效能监察。

系统模块按照确定的案件处置流程规范各级流转审核处理，实现案件立案、案件处理审批、案件结案三大执法环节的管理功能，并根据各级公路管理部门档案管理规范自动形成卷宗分类归档。案件处理人员将超载车辆信息录入执法系统后，系统自动生成执法文书，并按程序进入执法流程。监察系统与执法系统犹如一体两翼，系统应具备督办、查询和统计汇总等功能，监察人员通过系统也可以随时了解和监察行政审批、执法事项办理情况，办案人员的工作情况，申办者、被处罚者满意度等，对非现场执法全过程全环节进行监督，对案件出现异常情况进行监督，变被动监督为主动监督，全面综合掌握执法案件的办理情况。案件跟踪结果如图 5-13 所示。

① 张新. 监控全天候覆盖无死角 [N]. 中国交通报，2015-01-30 (5).

图 5-13 案件跟踪结果图

2. 违法信息社会公示系统

超载造成的公路修复投资最终要靠民众来负担，并带来了安全、环境污染等隐患，致使社会公众的利益严重受损。所以，“治超”非现场执法应该是一个开放的平台，保证公众对超载执法的知情权，增加“治超”工作的透明度，建立执法工作与公众的互动回应机制，提高交通管理的反应能力、执行能力和社会回应能力。

设立“治超”执法业务的公众举报平台，建立举报奖励制度，让社会公众广泛参与到制止违法超载行为的队伍中来。开发智能终端 App 应用程序，实现智能终端的举报功能。针对超载行为和执法办理工作，可开发网络、手机举报功能，让公众参与制止违法超载行为，接受公众执法行为举报。系统收到的举报信息，将分发给各相关单位的举报处理模块，由相应的部门进行处理，处理的结果将报送给“治超”执法业务监察平台。

针对非现场设备抓拍的超载车辆，应提高业务办理效率并提供告知服务，以及提供车辆违法信息查询功能，为公众建立一个“治超”非现场执法社会公示和服务平台，方便公众从中查询违章记录，了解执法工作进展情况等。

5.2.6 智能分析和决策支持系统

管理信息系统已经发展到智慧决策的阶段，“治超”非现场执法采集到的海量数据不仅仅可以用来“治超”，还可以用来关联分析、数学建模、虚拟仿真交通运行，因此要积极推进物联网、云计算技术在“治超”领域的应用，实现海量“治超”监测数据的采集、存储、处理，实现大数据的统计、挖掘分析、预测预警等。① 建立路面损毁程度评价指标体系，对各路面损毁情况进行评估，定期评选出因“治超”不力导致路面损毁严重的国省干道，促进各地方“治超”工作真正落实。建立以“检测率、超载率、卸载率、处罚率”四率为核心的“治超”工作考核指标体系，加强日常监测，实施专报制度，加强对各地方“治超”工作的考核监督。建设“治超”地理信息系统，重点做好“一张图”，做到家底清、情况明，直观展示“治超”站分布、源头末端分布、路面不停车监测系统分布等“治超”资源，建立空间信息数据库，为“治超”科学决策提供依据。② 加强对“治超”相关信息资源的整合，链接运管信息系统，接入货运业户、货运车辆和从业人员的基础信息数据、源头末端企业信息数据、车辆维护和改装企业的信息数据；链接路政信息系统，接入公路建设中“治超”站规划信息、路网基础信息和空间地理信息；链接公安交通管理部门电子警察系统，接入货运车辆的检测数据。挖掘海量“治超”数据，编制关键监测指标体系，自动生成智能分析与展示报告，为领导掌握“治超”形势、制定“治超”政策、判断“治超”预期等提供依据。实现对车流量、车辆总重量等多种检测数据的综合统计和对比分析，确定每类车型在交通流量中所占百分比、各类车型的轴载组成以及各种轴载在不同轴重区间的分布比例等参数，全

① 张新．基于智慧交通的“治超”模式创新研究［J］．中国交通信息化，2014（9）：119-122.

② 李纲，郑重．信息可视化应用研究进展［J］．图书情报知识，2008（4）：36-40.

面、精确地反映交通荷载特性，更精确地分析交通荷载对路面的破坏作用，为道路养护工程提供数据支持。

5.3 关键支撑技术

“治超”非现场执法是集成若干新技术手段来达到全覆盖和高效率“治超”目标的一种全新尝试，其最终效果与实际采用的车辆动态测量技术、图像技术、数据建模和挖掘技术密不可分，其核心设备和技术瓶颈主要是公路车辆动态自动衡器，其余的技术难度，如联动抓拍准确率、联动录像等，均是由测量部分保障其可靠性，现有的数字抓拍、录像、数字交换、存储、后台应用软件等技术业已成熟，这里只对动态称重技术的支撑功能做较多研究，其他技术仅做一般性提示。

5.3.1 动态称重技术

我国在车辆超载治理初期称重设施以静态衡器为主，静态称重系统将被检测车辆停放在静态称重检测秤台上进行测量，其最大的特点是称重精准度很高，属于国家法定计量器具。但是，这种方法要求车辆停车称重，会降低车辆通行效率，容易造成道路交通堵塞。动态称重是在车辆行驶的状态下测量车辆载荷。为了提高公路称重检测通行效率，我国在引进国外动态称重设施的同时自主研发和生产动态检测设施。目前该研究领域处在技术稳定和完善阶段，国内超载检测技术的热点是公路动态称重设施的研发，技术路线已经由压电式、弯板式、窄条式向石英传感器聚焦，其技术创新主体一般由创新型企业担当，领先的有瑞士的 KISLER，中国的苏交科、中交运通、万集公司等。

1. 设备选型

自 2004 年以来，由于国内超载治理以及计重收费的需求拉动，动态公路车辆自动衡器相对于国外应用更为广泛，国内动态称重发展迅速，关键技术已经实现国产化，一些称重形式更是走到了国际前沿。例如，目前国内很多公司都提出了自由流条件下的高速称重系统；同样，随着治理超载工作形势的变化，一些新的应用场景如超载治理的非现场执法系统，迫切需要动态称重技术能够尽快解决一些瓶颈问题。目前，市场上占有率较高的五种常见称重设施技术各有所长，其基本情况见表 5-1。

表 5-1　称重设施技术比较

比较项目	压电薄膜传感器	平板传感器	压电石英传感器	窄条传感器	双台面秤台式传感器
长度	可根据实际情况任意长度，适合任何宽度的道路	长度固定，不能适用于宽度 3.7m 的车道	长度 1m，对于 3.7m 宽的车道不能完全覆盖	称重平台长为 1.75m，宽为 0.08m，不能完全覆盖车道	称重平台宽度 0.9m，双平台共 1.8m，长度适应车道全覆盖
受力特点	不完整受力，采集轮胎接地长度的 1/N 截面数据，等效推算轮轴重量	传感器间接受力，部分重量分解给路面基础，通过测量横梁形变产生的剪切力推算轮轴重量	不完整受力，采集轮胎接地长度的 1/N 截面数据，等效推算轮轴重量	不完整受力，采集轮胎接地长度的 1/N 截面数据，等效推算轮轴重量	秤台垂直受力，轮轴重量完整施压应变传感器，不受路面支撑力影响
施工	对路面破坏程度小，断路时间短	开槽施工，对路面造成大面积破坏	在前两者之间	镶嵌于路面，切割路面宽度约 0.1m，深度小于 0.07m，施工周期 2 天左右	开槽施工，对路面造成大面积破坏
检测灵敏度	<100 微秒，可用于高速车检测，时速 > 10 公里/小时	< 5000 微秒，适用于车辆低速或者静态称重，时速 < 20 公里/小时	<300 微秒，可用于高速车检测，时速 > 10 公里/小时	<300 微秒，可用于高速车检测，车速 0 ~ 200 公里/小时	<500 微秒，可用于高速车检测，车速 0 ~ 100 公里/小时
寿命	可达 1 亿轴次	>2000 万轴次	>2500 万轴次	>2500 万轴次	>5000 万轴次
工作温度	-40℃ ~ 80℃	-45℃ ~ 80℃	-50℃ ~ 80℃	-50℃ ~ 80℃	-45℃ ~ 80℃

续表

比较项目	压电薄膜传感器	平板传感器	压电石英传感器	窄条传感器	双台面秤台式传感器
温度灵敏度	0.2%/℃	不确定	0.02%/℃	0.02%/℃	0.2%/℃

以上述五种设备在各地的“治超”实际工作中都有应用，笔者将在本章第四节的实验中对五种设备的实际功能进行验证。

2. 高速动态称重技术要求

企业是技术创新的主体，现实中高速动态称重检测技术在不断进步，为了推进更好的新产品新技术应用到“治超”工作中，本书尝试提出高速动态称重设备技术要求（见表 5-2），以期促进动态称重技术的进步。

表 5-2　不停车称重设备技术要求

工作环境条件	相对湿度：应满足 JT/T 817 耐环境湿度规定的要求：(98+2)%
	环境温度：应满足 JT/T 817 耐环境温度规定的 A 级要求：-20℃～+55℃
断电保护	断电时，应能自动存储当前已设置的参数和称重数据，存储时间应不小于 72h
	断电情况下，内部时钟运行时间不小于 72d
可靠性	平均无故障工作时间应不小于 30000h
防护等级	防护等级应不低于 IP65
防腐处理	裸露金属部件部分等应按 GB/T 18226 有关规定做好防腐处理
电气安全性能	绝缘电阻：电源接线端子与机壳、控制端子之间的绝缘电阻应不小于 100MΩ
	电气强度：在电源接线端子与机壳之间施加频率 50Hz、有效值 1500V 正弦交流电压，历时 1min，应无火花、闪络和击穿现象
	接触电阻：应设安全保护接地端子，接地端子与机壳连接可靠，接地端子与机壳的接触电阻应小于 0.1Ω

续表

电气安全性能	应能在以下条件下正常工作：——电压：直流使用交流电源（AC）的衡器：电压值在 187V 至 242V 标注电压范围内；使用直流电源（DC）的衡器：电压值在规定的最低电压至标称电压（正常电压）（1+20%）的范围内；使用电池或车载电源供电的衡器：电压值在规定的最低电压至标称电压（正常电压）（1+20%）的范围内；最低电压的定义是指在自动关机之前，衡器能够正常运行的最低电压值。——频率：50Hz ±2Hz
谐波电流限值	主要元器件的谐波电流限值应符合 GB 17625. 1 的要求
浪涌实验	主要元器件的浪涌实验应符合 GB 18595 的要求
辐射电磁场抗扰度	主要元器件的辐射电磁场抗扰度应符合 JT/T 817 的规定和要求
允许通过车速范围	允许车辆通过的车速范围为 0~120km/h
整车总重量准确度等级	整车总重量的准确度等级划分为 4 个等级，用符号表示为：2，5，10，15。整车总重量准确度等级置信度应不小于 90%
称重传感器	使用的称重传感器应符合 GB/T 7551 的规定和要求
速度误差	速度误差应不大于±2km/h
元器件寿命	称重传感器等核心元器件的使用寿命≥3000 万轴次
称重检测设备精度	流量检测精度≥99%；轴数检测精度≥99%；轴间距检测精度±150mm
	动态分型精度≥90%（大车≥6 米，小车<6 米）；跨道识别率≥99%；称重传感器一致性误差≤±5%

3. 动态称重检测设备环境搭建

超载检测设备施工工艺和施工质量决定检测精度和设备的使用时间，在非现场执法超载检测设备安装施工中应充分考虑路面的位置区域、横向和纵向坡度、路面的平整度以及路面结构，具体要求如下：

（1）检测设备安装区域选择

检测设备安装应远离加速或减速（接近交通灯，收费站）区域；应当避免检测设备安装区域前后路况变化（如路面摩擦系数变化）等导致车辆发生挡位变化；检测设备安装区域要避免车道数的变化，以免车辆频繁换道。

（2）转弯半径

安装检测设备的前 50m、后 30m 的路面沿路面中心线的转弯半径不小于 1.7km。

（3）纵向和横向坡度

安装检测设备的前 50m、后 30m 的区域内的路面纵向坡度不允许超过 2%；检测设备器前 50m、后 30m 的区域内的路面横向坡度不允许超过 3%。

（4）路面平整度

安装检测设备处的前 50m、后 30m 的区域内，需要提前做路面平整度处理（检测设备前后 5m 的区域在安装传感器之前需要做平整度处理）以保障当一个 5m 长的直尺通过如下安装方式在路面摆放挪动时，直径 150mm、厚度 3mm 的圆盘无法穿过该直尺下方。改造过程中需要控制路面平整度，规定 3m 直尺凹凸不得大于 5mm，新旧板块高低差不得大于 3mm。

（5）路面结构

检测设备器安装处前后 5m 的路面为钢筋混凝土路面，混凝土路面在固化后需要磨平，应保证打磨后的路面防滑值至少与相邻路面防滑值相同。如果混凝土路面与相邻路面结构不同，则交界处需要有一个刚度过度；传感器按车道覆盖，宽度与车道宽度相等的整体板块采用 C40 及以上标号水泥混凝土；混凝土路面施工技术规范按交通部《公路水泥混凝土路面施工技术规范》（JTG F30-2003）实施。为减少车辆通过称重传感器区域的震动引起称重误差，实施改造范围，改造水泥混凝土路面长度不小于 5m，厚度不小于 25cm，并且水泥混凝土中至少安装一层间隔 20cm×20cm 的钢筋网片；水泥混凝土路面抗压强度≥40MPa。

（6）检测称重设备与路面结合稳定性

对于窄条式检测设备，安装窄条的路段应平整，无凹陷、凸起；已修补过的路面应与原路面接平，无明显裂缝。安装 3m 路面范围内（垂直于行车方向两侧窄条的外侧各 0.5m）高度偏差在+2mm~-2mm 以内，纵横坡度≤2%。此外，窄条传感器的切割标准为：在水泥硬化路面上切出一块 400mm 宽、150mm 深的槽。窄条外壳与接地点要连接牢固，保证接地电阻≤1Ω；对于平板式检测设备，路面切割深度不小于 500mm。切缝尺寸为车道宽加宽 400mm（如道宽为 7.5m，切缝宽度为 8.1m），长度为 1800mm；

对于石英式轴载检测设备，定位线切割的深度为 2~3mm，路面切割深度不小于 500mm，宽度为 70mm；对于压电薄膜类传感器，路面切挖的深度为 50mm，预埋传感器的切槽应保证有 20mm 宽，至少 20mm 深。

5.3.2 移动互联网技术

据 2022 年《中国互联网络发展状况统计报告》，截至 2021 年 12 月，中国网民规模达 10.32 亿人，互联网普及率达到 73%，我们正身处互联网技术颠覆和重构全球竞争格局的新时代。移动互联网是一个移动通信概念，更是一个实时在线、在网的社会网络概念①，缩短了人们之间的生活距离和工作距离，能够实现纵向（交通运输部与各省交通运输厅）、横向（各省、市）、部门（公安与交通等）以及管理对象和被管理对象之间实时动态沟通。

对“治超”非现场执法影响最大的是互联网思维，运用网络化思维，把互联网技术融入“治超”工作体系，建立“治超”信息化管理平台，实现线下执法和线上取证有机结合，从而有效提高“治超”工作效率，降低执法成本，这是工作方式方法的创新，也是阳光作业和治理体系、治理能力现代化的表现。可见，互联网技术现在是将来也是促进科技“治超”快速发展的有力支撑。

5.3.3 现代通信技术

“治超”非现场执法系统布置在远离城市的任何一个位置，都能够及时、稳定、高效地将检测图像和数据传送至“治超”管理平台，避免掉线、丢包等现象产生；上行带宽和下行带宽要具备足够的流量，才能够满足视频监控的需要。所有工作人员只要在有网络的地方，使用 UKey 进行安全身份认证，即可开展案件办理工作，有内部流程审批的环节采用网络协同审批的方式，使用电子签章等保证数据的有效性，加快案件办理速度。通过联网的信息系统，各种文书和证据材料全部采用自动化和电子化，实现快速办案。

---

① 马化腾．互联网+国家战略行动路线图［M］．北京：中信出版社，2015：98-105.

“治超”非现场执法通信技术架构如图 5-14 所示。

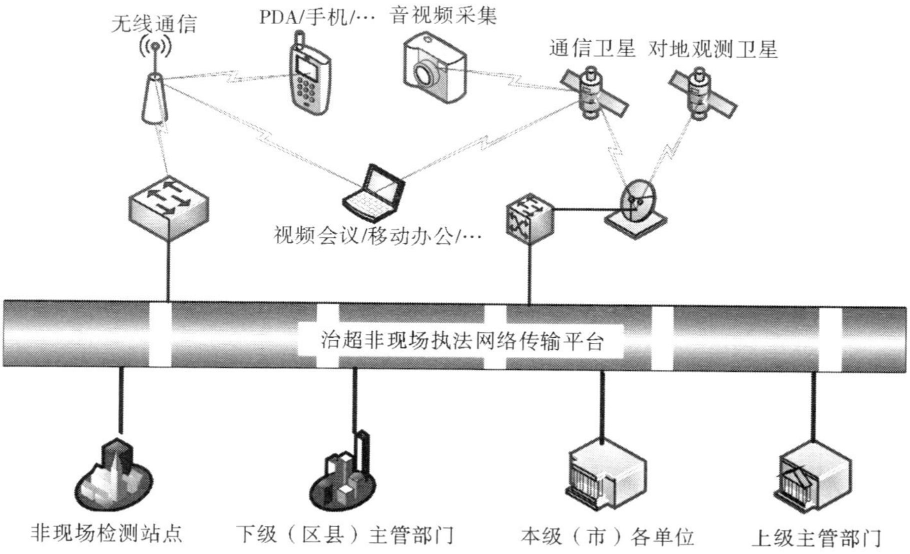

图 5-14 “治超”非现场执法通信技术架构

发现即告知，告知即处理。为此，要发展车辆自带限重设备技术，该技术监管系统主要包括两大部分：一是安装在车上的车载智能终端硬件；二是部署在管理企业的运行监测系统软件。车载智能终端硬件主要具备车辆技术指标（载重、油压、水温、胎压等）监测、车速监测、行车记录、数据通信传输等功能。运行监测系统软件的主要功能之一是通过无线传输的方式接收和上传来自车辆终端所采集的数据，系统对违法违规车辆自动报警。各企业配备的安全监督员收到系统报警后，根据权限提醒司机、上报或者直接责令司机停止运输行为。

5.3.4 大数据技术

交通信息采集技术伴随物联网技术和传感产业的发展也不断丰富和完善。早期交通信息采集一般采用环形线圈检测器、磁感应检测器等，随着技术的发展，光辐射检测器、雷达检测器、射频识别采集器等逐步进入主流领域，近年来视频检测器逐渐成为交通信息的主要检测设备和手段之一，并产生与之相关的大数据。大数据是人们获得新知识、创造新价值的源泉，是改变市场、组织机构以及政府与公民关系的一种新生力量。① 在"治超"工作中，应用大数据技术的价值最终通过挖掘分析体现出来。如何从海量的数据中发现超载运行的规律，发现"治超"非现场执法中存在的问题，都需要从深度数据挖掘与分析中来寻找答案。②

通过"治超"非现场执法设备，可采集车流量、单轴重、轴数、轴组重、总车重、轴间距、总轴距、车长、车悬长、车速、车间距时间、站点代码、车间距、行驶方向、跨道行驶车辆车道代码、车辆分类、违规代码、路面温度、正确性代码、时间和日期等数据。这些都是动态的数据，如果再接入其他部门的静态数据，每天处理的数据量将非常庞大。这些数据可以满足多部门的需求，实现真正的共享。例如，满足交通运输部门进行交通运行监测、货运特征分析、政策评估和政策制定的需求，满足路政部门的超载车辆处罚需求，满足运政部门的货运车辆行业管理需求，满足公安部门的立体化社会治安防控体系建设需求，满足交管部门的货车超载等违规行为非现场处罚监管需求，满足环保部门机动车排放污染治理需求。"治超"部门还可以利用大数据挖掘智能建模分析及 MAPX 技术等高端数据处理技术，对超载车辆进行轨迹智能预判分析，自动引导流动巡检执法人员对离开无人值守检测站的超载车辆进行有效拦截。

"治超"非现场执法的核心数据是全路网单车违法取证数据（含数值、图片和视频等数据）。通过集成高清卡口车牌抓拍信息、道路监控视频信息、GIS 货车定位信息、收费检测信息、交通量监测信息，将形成每天以亿级增长的海量数据，传统的数据分析方法已经不能承受如此数据规模、此种复杂类型以及快速响应的要求。当前科研部门能够提供完整的流数据处理、大数据存储管理、挖掘分析的技术解决方案，采用分布式架构设计，全面支撑"治超"非现场执法高维度、海量数据应用工作。

具体到"治超"非现场执法业务，可通过聚类分析模型，发现数据中隐含的规律，进一步进行数据关联分析，发现存在于集合或对象集合中的

---

① ［英］维克托·迈尔-舍恩伯格，肯尼思·库克耶．大数据时代［M］．周涛，译．杭州：浙江人民出版社，2013.

② 何承，朱扬勇．城市交通大数据［M］．上海：上海科学技术出版社，2015：150.

频繁模式、相关性和因果结构，从历史数据中对超载车辆进行行车轨迹推算，对套牌车辆进行发现和识别，也可定量研究超载车辆与行车事故的关联关系，超载与养护资金投入的关联关系。还可用于超载车辆的行为分析，如一年内累计在某个区域从事超载运输的外籍车辆时间和空间分布，对超载行为进行预测，针对性地采取管理措施，为超载治理工作提供有力支撑。

5.3.5 软件工程技术

软件工程是应用计算机科学、数学、逻辑学及管理科学等原理进行软件开发的工程。[①] 在很多软件开发过程中，仍然存在成本高、质量得不到保证、进度和成本难以控制等方面的问题，许多软件项目被迫延期甚至取消。随着网络技术的不断发展，部署在网络基础上的软件系统的规模和复杂性越来越高，软件工程借鉴传统工程的原则、方法，以提高质量、降低成本和改进算法。

“治超”非现场执法软件系统的核心是将高速车辆动态称重系统、交通视频监视系统、交通管理信息系统有机集成在一起，建立一个全天候运行的超载车辆监控网络，对货运车辆的违章超载行为实施有效的检测、监控和处罚。为了圆满完成系统的开发，保证软件的质量、进度和成本，根据工程的特点，在实际的开发过程中可采用目前软件工程中应用比较广泛的敏捷软件开发模式。敏捷开发是一种以人为核心，迭代、循序渐进的开发方法，特点是对整个产品领域需求的高效管理，短周期的不断改进、提高和调整，快速上线、快速形成原型、全员测试反馈修改提高，每个迭代周期对需求重新审核和排序。在实际开发过程中重视与承建方和使用方的交互，确保非现场执法数据管理系统、联网处罚系统、数据交换系统等业务应用系统好用、管用。

5.3.6 数据储存处理技术

以北京为例，目前的路面称重监测设备每年采集的货运车辆数据超过 1

① 张海藩．软件工程［M］．北京：清华大学出版社，2010：4-5.

亿条，全国货运车辆实时监测数据更将是海量数据。在大数据时代，应充分考虑云存储技术。“治超”非现场执法系统中的车牌图像文件和相关的属性数据，一刻不停多点并发产生，并需要实时存储、查询和历史数据查询。由于数据存储写入、回溯查询压力很大，考虑系统扩容和灵活扩展性，很难达到动态、平滑的可扩展要求，这对于传统的结构化、集中化数据存储模式具有很大的挑战性。因此车牌图像、监控视频文件和相应属性数据，可通过分布式非结构化数据库 NoSQL 来存储，解决集中式并发访问和动态分布式可扩展问题。①

5.3.7 基于区块链的证据链安全保障技术

非现场执法系统涉及诸多执法环节，必须采取多种保障措施，确保执法取证数据的合法性、合规性、客观性、完整性。例如，系统安全防护应满足国家信息安全等级保护三级要求，对网络安全、鉴权、数据安全等进行严格保护，在身份认证、罚款缴费等方面保证执法工作的安全性和便捷性。对原始数据可通过区块链技术进行保护，对关键数据进行加密。应用系统需要提供严格的操作控制和存取控制，能可靠确认访问者的身份，谨慎授权，并对任何访问进行跟踪记录，应采用数字认证和电子签章的方式保证操作行为的安全性。加强与外部系统交互的安全防护。

5.3.8 人工智能等主动安全融合技术

近些年人工智能、卫星物联网、边缘计算、数字孪生（元宇宙）、云计算、大数据、区块链等技术的突飞猛进为治理超限超载提供了更加有力的技术手段。下面以大件运输为例来说明这些技术在全程监管和服务中的作用。随着我国大件运输业务的快速发展，大件运输车辆涉路通行相关的事中、事后监管一直与行政许可没有形成完整的工作闭环。2021 年全国大件申请量达到了 150 万件，各级公路管理机构没有充足的人力、物力实现全

① 李纲，陈颖．成功实施数据仓库的方法［J］．武汉理工大学学报，2001（9）：99-101.

面的路面巡查，另外高速省界撤站也形成了高速公路大件运输监管盲区。尤其是时而发生的大型桥梁垮塌事故再次提醒我们，大件运输车辆道路通行安全风险隐患大、监管任务重。

这些问题可以通过推行大件运输车辆智能视频主动安全防控系统建设来防止。大件运输车辆涉路通行的实时数据是实现通行监管的基础，大件运输车辆涉路通行一直缺少实时可靠的通行数据。可借助北斗三号卫星高精度定位功能，制作大件运输车辆专用智能终端，此终端不但具备轻量智能终端通行位置实时监测的功能，还可增加车载导航、精准定位（车道级和立体的桥上桥下分辨）、偏离告警、货物状态监测、通行指导服务等功能，为一些大型的运输企业提供运输服务，在通行过程中给予实时指导和服务。

大件运行监管和风险预警平台的建设也是十分必要的。以大数据平台为框架，集成公路超限检测站、高速公路称重检测系统和门架系统、智能终端等数据，实时监控全路网大件运输车辆实际行驶轨迹，与许可数据进行比对分析，及时发现查处不按许可路线、时间等要求行驶等违法超限超载运输行为；建立分级的管理架构，系统自动提示风险预警，与“治超”指挥调度平台联动，分发给相关责任部门快速处置。另外，建立大件许可“黑名单”，路面发现的大件运输车辆与许可信息不一致时，将违法大件运输车辆记入大件许可“黑名单”，反馈给大件许可系统进行许可限制。

还可以为大件运输环节涉及的发货方（大件制造商）、收货方（大件使用方）、大件运输方在手机端开通大件监管 App。借助智能手机，要求每个大件许可申请人填报大件运输车辆随路通行的信息，在上路后全程开启预装的手机 App，实现与许可数据的比对，实时监管不按许可路线、时间等行为。

可借鉴飞机航线管理靶向管理大件运输，建立“事前编制预案—运输预案报批—运输方案评估—运输全程可视化监管—运输完成评价”的大件运输第三方安全服务和事后评价体系。培育专业的第三方咨询服务机构，鼓励发货方（大件制造商）委托咨询机构办理报批手续（路径规划电子资料，引进 BIM、GIS 等科技手段）；编制大件运输标准；建立第三方评价机构库和入库名单，委托第三方评价机构每年对源头（大件制造方）、末端

（大件使用方）和承运方做一次合标性评价，针对不合标单位开展精准的靶向培训教育，把事后监管落到实处。

5.3.9　基于 WebGIS 的“治超”管理一张图

“WebGIS 数据可视化大屏”是一个集计算机网络、GIS（地理信息系统）、数据可视化、文字数据信息于一体的综合展示与操作面板，对区域内“治超”站和非现场“治超”点的数据信息进行管理并以地图的方式动态显示实时监控画面和整体动态趋势，将传统的网络视频监控带入到可视化空间中，大大提高管理水平，如图 5-15 所示。

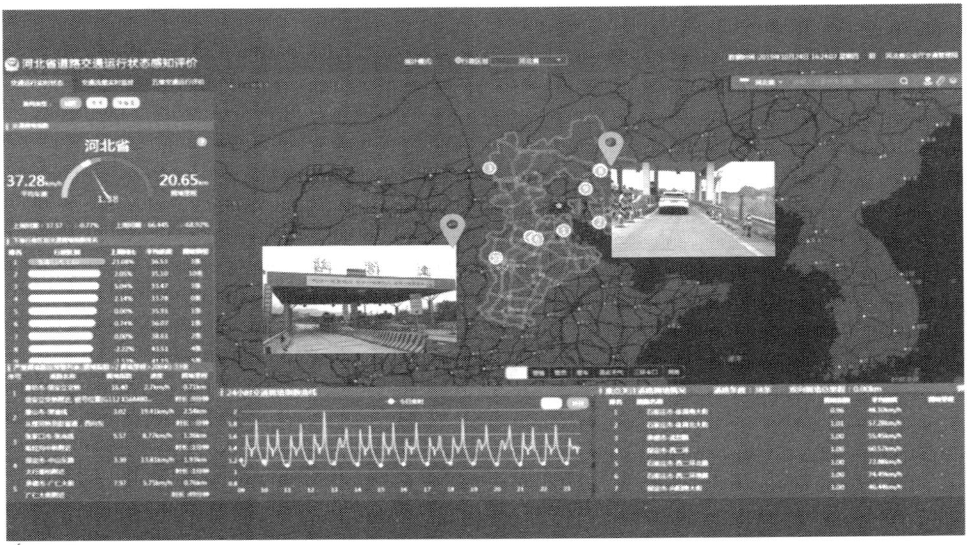

图 5-15　WebGIS 可视化大屏

5.4　基于检测系统精度的处罚率预测分析

影响“治超”非现场执法工作的关键技术因素是轴载检测设备工作性能问题，其测量精度和稳定性是确定检测有效性的重要指标，也是提升“治超”非现场执法有效性、可信性和处罚率的决定性因素。5.3.1 介绍了动态称重设备的选型、技术要求和安装要求，本节主要采用现场实验研究、数据采集分析的方法，对现有主流自动检测设备进行评价，综合分析后得出适合普遍使用的自动检测设备，并且在此基础上对一定条件下的“治超”非现场执法处罚率进行预测。

5.4.1　高速动态称重设备准确性比较分析

本小节通过多次现场实验对石英式、窄条传感式、平板式、双台面秤台式、压电式薄膜式五种技术类型轴载检测设备精度进行定量分析；分析研究五种不同技术类型高速轴载检测设备数据采集精度，包含检测结果的平均误差，离散度，不同速度、行驶方式对动态检测的误差影响等；综合比较超载检测系统的检测精度和数据打包的准确率，确定最优性价比检测设备和最优检测系统。更重要的是本小节通过超载自动检测设备的准确性比较分析，为分析“治超”非现场执法处罚率提供数据支持。

实验标定石英式检测设备、窄条式检测设备、平板式检测设备、双台面秤台式检测设备、压电薄膜式检测设备为统计样本，选取两部车辆对照组，通过改变变量参数，分别进行现场测试，系统比较“治超”非现场执法的相关设备的检测精度。

度量参数包括：

①车辆重量：四轴重型货车，核定载重为 32000kg；最大限度装载砂石料，“治超”站静态称重，称量结果为 68400kg，超载量 28400kg，超载率为 71%；未超载货车。

②轴数：4 轴。

③车速：40 ~ 50km/h（低速）、50 ~ 60km/h（中速）和 60 ~ 80km/h（高速）。

④行驶方向：车道内正常行驶（简称正常行驶），一侧车轮压道路中线行驶（简称压线行驶），跨道路中线行驶（简称跨线行驶）。

1. 数据预处理

为了提高数据分析的质量首先进行数据预处理，对采样样本求取绝对平均误差。为防止测量误差，影响数据分析准确性，剔除最大误差，如图

5-16 所示。

由于压电薄膜式检测设备误差最大，且精度超过 1 个数量级，为简化分析，不再对压电薄膜式检测设备进行分析。从图 5-16 可知，双台面秤台式检测设备误差最小。

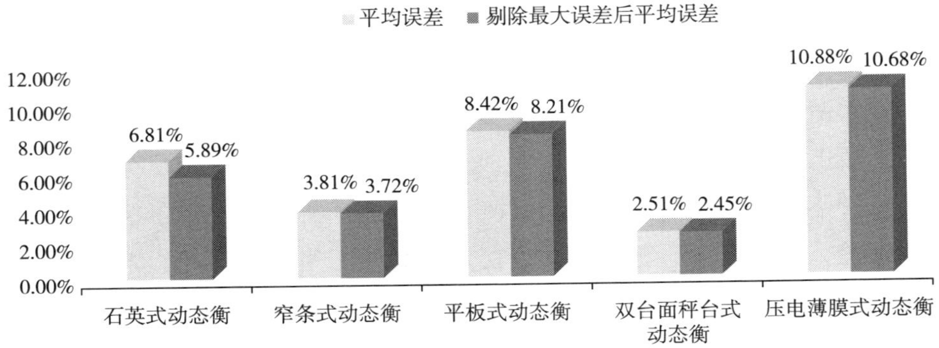

图 5-16　平均误差对比分析

2. 误差分析

（1）车辆类型测试结果分析

不考虑车速，分别对超载车辆和非超载车辆进行误差分析，通过折线图 5-17、图 5-18 能更好表现波动和幅值情况。

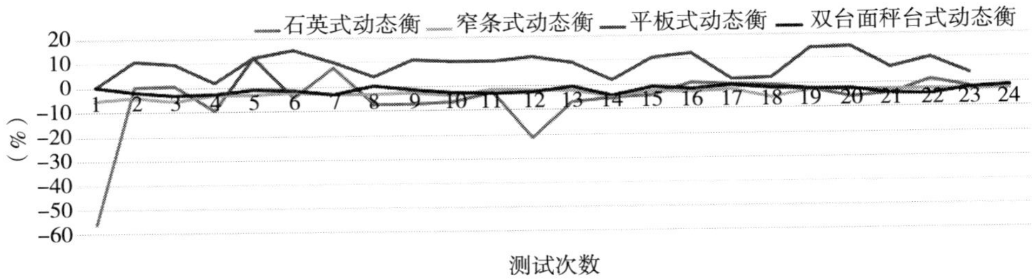

图 5-17　未超载车误差

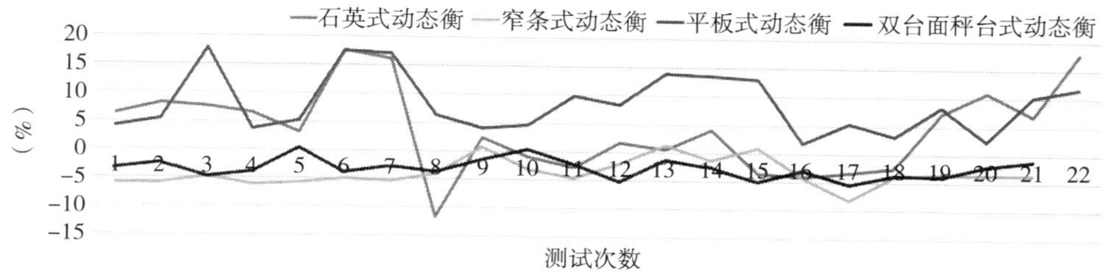

图 5-18　超载车误差

从图 5-17、图 5-18 中可以看出，双台面秤台式检测设备和窄条检测设备平均误差率较小且波动较小，误差基本是负偏差；平板式检测设备不论超载还是未超载，总体呈现正误差，且幅值最大；石英式检测设备波动性最强，测量值缺乏稳定性。在本次测试比对过程中，双台面秤台式检测设备误差最小、最稳定。

（2）行驶方式测试结果分析

根据车辆行驶方式（正常行驶、压线行驶、跨线行驶），分析三种检测设备称重结果。为增加数据差异性，对各组数据的绝对相对误差百分比求取平均值。由于比较数据量丰富，折线图较为混乱，柱状图更为直观，如图 5-19 所示。

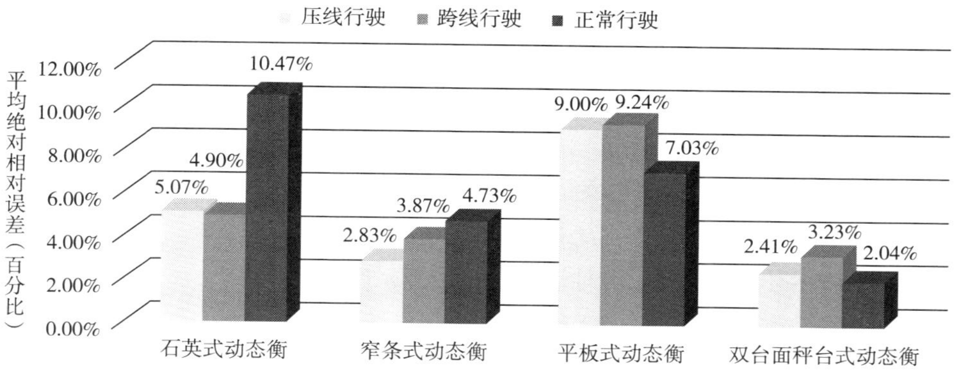

图 5-19　行驶方式对比分析

横向综合比较，双台面秤台式检测设备误差最小，正常行驶优于压线行驶，压线行驶优于跨线行驶；窄条式检测设备误差次小，压线行驶优于跨线行驶，跨线行驶优于正常行驶。纵向比较，石英式检测设备在跨线行驶时表现最好，窄条式检测设备在压线行驶时表现最好，平板式检测设备在正常行驶时表现最好。综合两方面比较，双台面秤台式检测设备误差最小。

（3）行驶速度测试结果分析

通过低速、中速、高速三种行驶方式，对各组数据的绝对相对误差百分比求取平均值，利用柱状图对比分析，如图 5-20 所示。

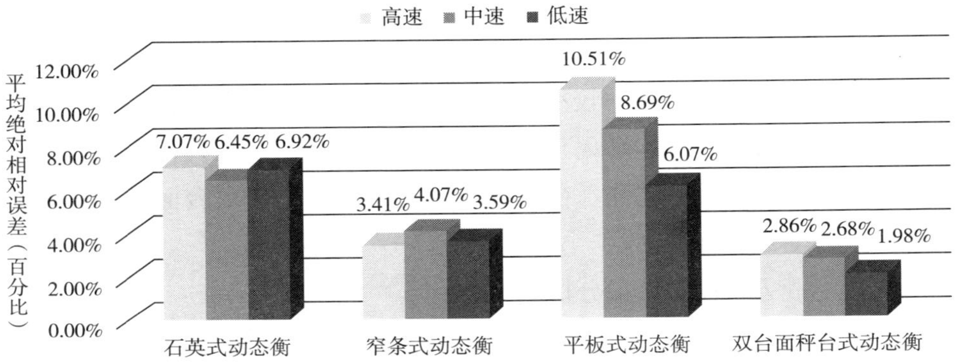

图 5-20　行驶速度对比分析

横向综合比较，双台面秤台式检测设备误差最小；纵向比较，双台面秤台式检测设备在低速行驶时表现最好，石英式检测设备在中速行驶时表现最好，窄条式检测设备在高速行驶时表现最好，平板式检测设备在低速行驶时表现最好。

（4）误差综合分析

从图 5-21 中可看出双台面秤台式检测设备和窄条式检测设备检测结果相对误差分布密集，且集中分布在±5%内，数据检测较为稳定；石英式检测设备和平板式检测设备相对误差分布比较分散，石英式检测设备大部分分布在 10%以内，平板式检测设备大部分分布在 15%以内。四种测试设备相对误差分布在±10%以上和±10%、±7%、±5%范围内的比例见表 5-3。

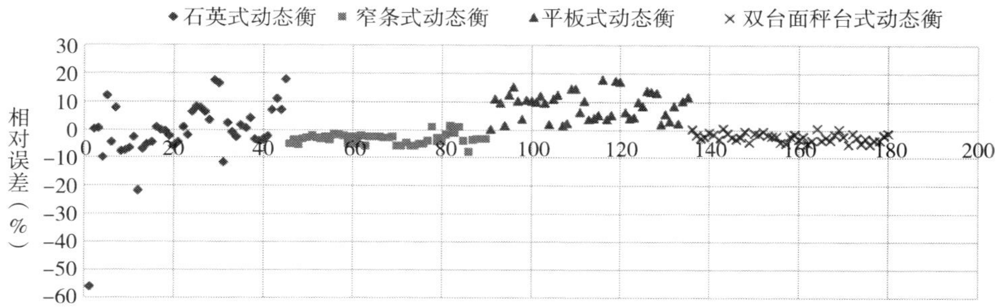

图 5-21 相对误差分布对比

表 5-3 测试设备相对误差分布

检测设备类型	±10%以上	±10%以内	±7%以内	±5%以内
石英式检测设备	16%	82%	67%	49%
窄条式检测设备	0	100%	98%	80%
平板式检测设备	44%	56%	42%	31%
双台面秤台式检测设备	0	100%	100%	95%

从表 5-3 可以看出，石英式检测设备检测结果中误差控制在±5%以内的占 49%；窄条式检测设备检测结果中误差控制在±5%以内的占 80%；平板式检测设备检测结果中误差控制在±5%以内的占 31%；双台面秤台式检测设备检测结果中误差控制在±5%以内的占 95%。

3. 离散度（稳定性）分析

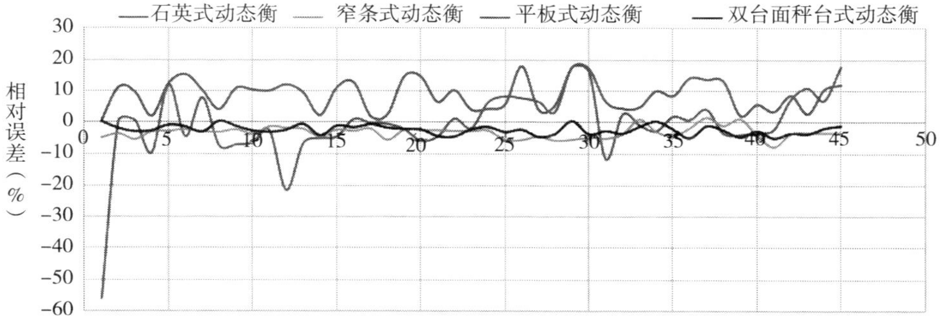

图 5-22 离散度（稳定性）分析

离散度为所有数据（两辆车称重结果）相对误差最大值与最小值的差。总体而言，双台面秤台式检测设备的稳定性最好。四种测试设备的离散度及评价见表 5-4。

表 5-4　测试设备离散度及评价

检测设备类型	最大正误差	最大负误差	离散度	评价
石英式检测设备	17.77%	-47.54%	65.31%	检测稳定性较差
窄条式检测设备	1.11%	-7.79%	8.90%	检测稳定性较好
平板式检测设备	17.90%	-14.64%	32.54%	检测稳定性一般
双台面秤台式检测设备	0.51%	-5.25%	5.76%	检测稳定性最好

4. 成果概述

通过对五种不同技术类型检测设备进行现场数据测试，包括常规测试和极限重载测试，对比分析实验数据得出石英晶体式检测设备的平均误差为 6.81%，平板式检测设备的平均误差为 8.42%，窄条式检测设备的平均误差为 3.81%，双台面秤台式检测设备的平均误差为 2.51%，压电式检测设备的平均误差为 10.86%。由于压电式检测设备产品平均误差最大，且超过 1 个数量级，不适合用于车辆非现场执法，后续不再进行分析。

石英式检测设备最大正误差为 17.77%，最大负误差为-47.54%，离散度为 65.31%，离散度较高，检测稳定性较差；窄条式检测设备最大正误差为 1.11%，最大负误差为-7.79%，离散度为 8.90%，离散度较小，检测稳定性较好；平板式检测设备最大正误差为 17.90%，最大负误差为-14.64%，离散度为 32.54%，离散度偏高，总重检测方面稳定性一般；双台面秤台式检测设备，最大正误差为 0.51%，最大负误差为-5.25%，离散度为 5.76%，离散度最小，检测稳定性最好。总体而言，双台面秤台式检测设备稳定性较好。

五种传感器对车辆的轴数识别准确率为 100%，在窄条、平板、石英、双台面秤台式检测设备检测结果中，车辆轴重总和与检测总重在不同行驶方式与行驶速度下均相等。

5.4.2　基于抽样数据分类的非参数检验模型

本书第 4 章对“治超”非现场执法制度进行了顶层设计，5.4.1 对现有动态称重设施进行了评价，为了对未来的处罚率进行预测，笔者引入对抽样数据进行分类的统计模型。抽样数据的速度是一个连续性的数值，根据 5.4.1 的数据，实验对特定速度下的车货总重进行了测试。在开始对数据进行分析前，首先对数据进行分类，按照不同的速度、实验数据进行聚类分析。为了进一步讨论，假设每个类的测量数据的偏差服从正态分布，按照测量误差的一般理论，这种假设是合理的。

抽样数据分类后的第 i 类的测量误差为 E_i，E_i 服从均值为 μ_i，方差为 σ_i^2 的正态分布，$i=1$，2，…，n，且 E_i 之间是相互独立的。

记第 i 类车辆实际的载重为 L_i，则测量载重 L_i^* 服从均值为 $L_i+\mu_i$，方差为 σ_i^2 的正态分布。记载重为 L_i 的车辆数量为 X_i，其限制重量为 U_i，则

当 $L_i<U_i$ 不超载车辆被错误判为超载的数量为：

$$X_i \times \int_{U_i}^{\infty} e^{\frac{-(L_i^*-L_i-\mu_i)^2}{2\sigma^2}} dL_i^*$$

当 $L_i>U_i$ 超载车辆被错误判为不超载的数量为：

$$X_i \times \int_{-\infty}^{U_i} e^{\frac{-(L_i^*-L_i-\mu_i)^2}{2\sigma^2}} dL_i^*$$

当 $L_i<U_i$ 错误判为超载的数量称为向上误判数量，当 $L_i>U_i$ 错误判为非超载的车辆数量称为向下误判率。

为了书写简单，记 $E_i^{+}=\int_{U_i}^{\infty} e^{\frac{-(L_i^*-L_i-\mu_i)^2}{2\sigma^2}} dL_i^*$，$E_i^{+}=\int_{-\infty}^{U_i} e^{\frac{-(L_i^*-L_i-\mu_i)^2}{2\sigma^2}} dL_i^*$，则上面两个式子可以写为 $X_i \times E_i^{+}$ 和 $X_i \times E_i^{-}$。

而实际中，只知道仪器测量的测量载重 L_i^*，而不知道实际的载重 L_i。根据测量误差服从正态分布的原理，可以把测量数据分成一个个的小区间，假设该区间的中间值为真实载重，而测量值中大于中间值时，有 E_i^{+} 向上测量误判率，而测量值中小于中间值时，有 E_i^{-} 向下测量误判率。

下面，对监测数据按照 5.4.1 检测实验的形式进行分组，分组按照下面的汽车速度和汽车轴数两类参数进行：

车速：40~50km/h（低速）、50~60km/h（中速）和60~80km/h（高速）。

轴数：3 轴、4 轴、5 轴、6 轴。

这样，把观察数据分成 12 类，各类的符号如表 5-5 所示。

表 5-5　各类符号表

		车轴数			
		3 轴	4 轴	5 轴	6 轴
车速	40~50km/h（低速）	X_1	X_2	X_3	X_4
	50~60km/h（中速）	X_5	X_6	X_7	X_8
	60~80km/h（高速）	X_9	X_{10}	X_{11}	X_{12}

根据限制条件，假设 3 轴的限制重量为 30000kg，4 轴的限制重量为 40000kg，5 轴的限制重量为 50000kg，6 轴的限制重量为 55000kg。

即 $U_1 = U_5 = U_9 = 30000$

$U_2 = U_6 = U_{10} = 40000$

$U_3 = U_7 = U_{11} = 50000$

$U_4 = U_8 = U_{12} = 55000$

根据正态分布的假设，可以假定当实际检测数据在限制重量的附近（可以利用 3σ 原则）时，向下测量误判或者向上测量无误判会发生。而当实际检测数据超过限制重量一定数值（可以利用 3σ 原则）时，误判不会发生。这样可以把每一类按照实际检测数据再分成四类：

$X_i = X_i^1 + X_i^2 + X_i^3 + X_i^4$，其中 X_i^1 是低于限制重量的一定数值的车辆数，X_i^2 是实际检测数据小于 U_i 在限制重量的附近的车辆数，X_i^3 是实际检测数据大于 U_i 在限制重量的附近的车辆数，X_i^4 是超过限制重量的一定数值的车辆数。记所有车辆的数目为 Y，则

$$Y = \sum_{i=1}^{n} X_i = \sum_{i=1}^{n} (X_i^1 + X_i^2 + X_i^3 + X_i^4)$$

而实际检测到的车辆数量的分布是不确定的，为了对未来进行预测，建立如下的非参数检验统计量 Q：

$$Q = \sum_{i=1}^{n} \left[\frac{(X_i^1 - \beta_i^1)^2}{\beta_i^1} + \frac{(X_i^2 - \beta_i^2)^2}{\beta_i^2} + \frac{(X_i^3 - \beta_i^3)^2}{\beta_i^3} + \frac{(X_i^4 - \beta_i^4)^2}{\beta_i^4} \right]$$

其中β_i^j，$i=1$，2，…，n，$j=1$，2，3，4 是每部分在全体中占的期望的相对比例。

观察频数与期望频数越接近，Q 值越小。Q 统计量用来测度实际发生频次与理论偏差频次之间的紧密程度，即拟合优度。

设一段时间通过货车数量为 Y 时，可以得到预测的超载车的总体数量为：

$$Y \times \sum_{i=1}^{n} (\beta_i^2 E_i^- + \beta_i^3 (1 - E_i^+) + \beta_i^4)$$

式中 $\beta_i^2 E_i^-$ 是第 i 类中超载车辆被判为不超载车的数量占所有监测到车辆的比例，$\beta_i^3 E_i^+$ 是第 i 类中误判为超载车辆数量占所有监测到车辆的比例。

设一段时间通过货车数量为 Y 时，则查出并确定为超载的车辆数为：

$$Y \times \sum_{i-1}^{n} (\beta_i^3 (1 - E_i^+) + \beta_i^4)$$

这样，在已知检测系统提供的超载车辆总体数量、确定超载的车辆数量情况下，则处罚超载车辆的准确率为：

$$\gamma = \frac{\sum_{i=1}^{n} (\beta_i^3 (1 - E_i^+) + \beta_i^4)}{\sum_{i=1}^{n} (\beta_i^2 E_i^- + \beta_i^3 (1 - E_i^+) + \beta_i^4)}$$

5.4.3　基于检测系统精度的处罚率预测分析

下面以窄条式称重设施检测数据来对未来的处罚准确率进行预测。笔者从北京市“治超”监管平台抽取 2015 年 8 月 16 日黄良路葫芦垡村轴载监测数据（窄条式）和长阳“治超”站北轴载监测数据作为实例进行分析。

根据 5.4.1 的分析结果，可知窄条式动态称重检测设备的误差在 10%以内，按照重量 1000 千克为区间，统计每个区间的车辆数量，并统计出每个区间内的车辆数。其中黄良路葫芦垡村轴载称重设施低速情况下统计结果分别如图 5-23 至图 5-26 所示。

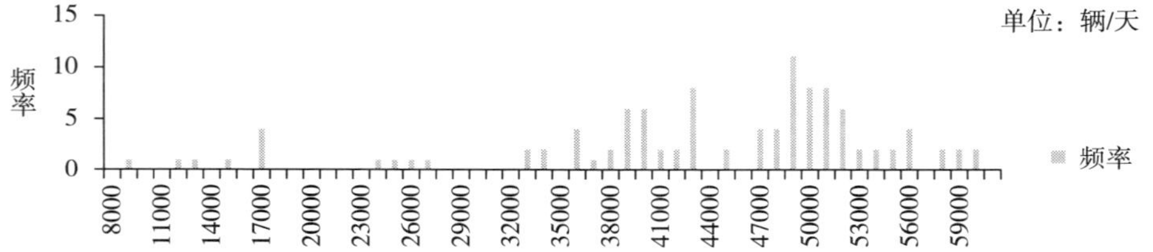

图 5-23 3 轴低速情况下检测载重

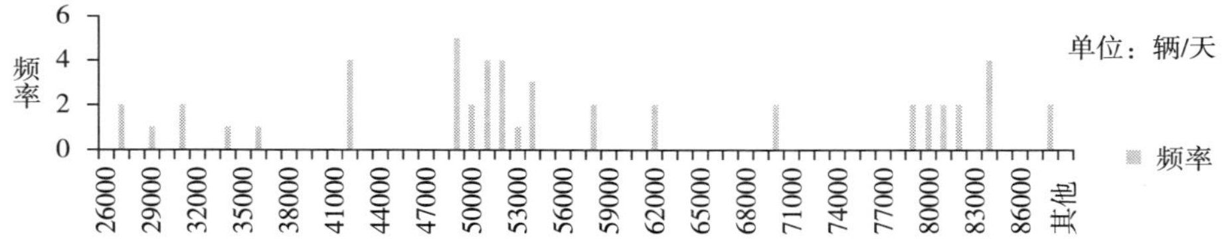

图 5-24 4 轴低速情况下检测载重

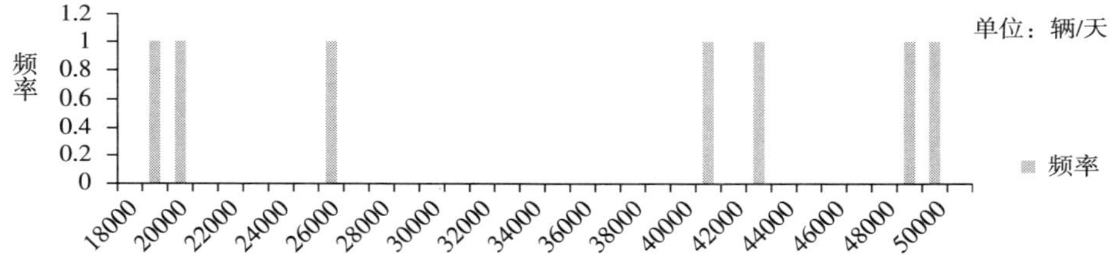

图 5-25 5 轴低速情况下检测载重

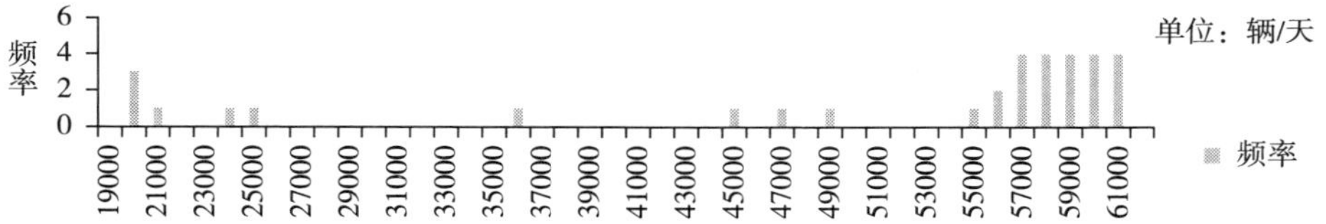

图 5-26 6 轴低速情况下检测载重

由于实验数据的实验结果只有 40~50km/h（低速）、50~60km/h（中速）和 60~80km/h（高速）三种情况，分析时只选取了三个速度段的数据来说明 5.4.2 中的模型的用法。结合 5.4.2 对三个速度段的数据进行统计，见表 5-6 至表 5-11。

表 5-6 40~50km/h（低速）情况下黄良路葫芦堡村轴载监测数据

		轴数			
		3 轴	4 轴	5 轴	6 轴
车速	$<U_i-2000$	12	7	5	10
	$[U_i-2000, U_i]$	0	0	2	1
	$[U_i, U_i+2000]$	0	4	0	6
	$>U_i+2000$	94	39	0	16

表 5-7 50~60km/h（中速）情况下黄良路葫芦堡村轴载监测数据

		轴数			
		3 轴	4 轴	5 轴	6 轴
车速	$<U_i-2000$	37	17	2	8
	$[U_i-2000, U_i]$	4	0	0	0
	$[U_i, U_i+2000]$	6	0	0	0
	$>U_i+2000$	242	6	0	4

表 5-8 60~80km/h（高速）情况下黄良路葫芦堡村轴载监测数据

		轴数			
		3 轴	4 轴	5 轴	6 轴
车速	$<U_i-2000$	44	14	9	13
	$[U_i-2000, U_i]$	0	1	0	0
	$[U_i, U_i+2000]$	6	2	0	0
	$>U_i+2000$	12	2	0	0

表 5-9 40~50km/h（低速）情况下长阳“治超”站北轴载监测数据

		轴数			
		3 轴	4 轴	5 轴	6 轴
车速	$<U_i-2000$	76	51	14	69
	$[U_i-2000, U_i]$	9	3	2	7
	$[U_i, U_i+2000]$	6	3	1	7
	$>U_i+2000$	40	44	4	25

表 5-10 50~60km/h（中速）情况下长阳"治超"站北轴载监测数据

		轴数			
		3 轴	4 轴	5 轴	6 轴
车速	$<U_i-2000$	184	101	19	88
	$[U_i-2000, U_i]$	15	1	1	8
	$[U_i, U_i+2000]$	11	2	2	6
	$>U_i+2000$	11	14	0	14

表 5-11 60~80km/h（高速）情况下长阳"治超"站北轴载监测数据

		轴数			
		3 轴	4 轴	5 轴	6 轴
车速	$<U_i-2000$	88	34	3	16
	$[U_i-2000, U_i]$	1	0	0	0
	$[U_i, U_i+2000]$	3	0	0	0
	$>U_i+2000$	6	1	1	0

按照5.4.1误差分析中（3）的误差实验结果，低速情况下的误差为3.41%，中速情况下的误差为4.05%，高速情况下的误差为3.95%。案例中的计算取

$$E_1^+ = E_1^- = E_2^+ = E_2^- = E_3^+ = E_3^- = E_4^+ = E_4^- = 3.41\%$$

$$E_5^+ = E_5^- = E_6^+ = E_6^- = E_7^+ = E_7^- = E_8^+ = E_8^- = 4.05\%$$

$$E_9^+ = E_9^- = E_{10}^+ = E_{10}^- = E_{11}^+ = E_{11}^- = E_{12}^+ = E_{12}^- = 3.95\%$$

抽样数据只有黄良路葫芦垡村与长阳"治超"站北的数据，计算落入每个载重区间车辆的频次β_i^j，$i=1, 2, \cdots, n$，$j=1, 2, 3, 4$，

$$\beta_i^j = \frac{\text{落入每个区间的车辆数}}{\text{总车辆数}}$$

总车辆数为1608。

这样得到下面的β_i^j，$i=1, 2, \cdots, n$，$j=1, 2, 3, 4$ 的数据表格（见表5-12）。

表 5-12 每个载重区间车辆频次数据

β_i^j	$j=1$	$j=2$	$j=3$	$j=4$
$i=1$	0. 0547	0. 0361	0. 0118	0. 0491
$i=2$	0. 0056	0. 0019	0. 0025	0. 0050
$i=3$	0. 0037	0. 0044	0. 0006	0. 0081
$i=4$	0. 0833	0. 0516	0. 0025	0. 0255
$i=5$	0. 1374	0. 0734	0. 0131	0. 0597
$i=6$	0. 0118	0. 0006	0. 0006	0. 0050
$i=7$	0. 0106	0. 0012	0. 0012	0. 0037
$i=8$	0. 1573	0. 0124	0	0. 0112
$i=9$	0. 0821	0. 0299	0. 0075	0. 0180
$i=10$	0. 0006	0. 0006	0	0
$i=11$	0. 0056	0. 0012	0	0
$i=12$	0. 0112	0. 0019	0. 0006	0

代入 $\gamma=\dfrac{\sum_{i=1}^{n}(\beta_i^3(1-E_i^+)+\beta_i^4)}{\sum_{i=1}^{n}(\beta_i^2E_i^-+\beta_i^3(1-E_i^+)+\beta_i^4)}$，可以得到超载车辆被处罚的比例为：

$$\gamma=\frac{\sum_{i=1}^{n}(\beta_i^3(1-E_i^+)+\beta_i^4)}{\sum_{i=1}^{n}(\beta_i^2E_i^-+\beta_i^3(1-E_i^+)+\beta_i^4)}$$

$$=\frac{\sum_{i=1}^{4}(\beta_i^3(1-E_i^+)+\beta_i^4)+\sum_{i=5}^{8}(\beta_i^3(1-E_i^+)+\beta_i^4)+\sum_{i=9}^{12}(\beta_i^3(1-E_i^+)+\beta_i^4)}{\sum_{i=1}^{4}(\beta_i^2E_i^-+\beta_i^3(1-E_i^+)+\beta_i^4)+\sum_{i=5}^{8}(\beta_i^2E_i^-+\beta_i^3(1-E_i^+)+\beta_i^4)+\sum_{i=9}^{12}(\beta_i^2E_i^-+\beta_i^3(1-E_i^+)+\beta_i^4)}$$

$$=\frac{0.2242}{0.2323}=96.51\%$$

根据上面的预测分析，可以得出处罚车辆占检测到的超载车辆比例高达 96. 51%，非现场执法具有非常大的潜力和优势。

5.5 本章小结

智慧交通的发展和大数据技术与应用的普及，为“治超”非现场执法提供了现实路径和政策工具，本章的研究围绕着“治超”非现场执法管理信息系统展开，5.1 和 5.2 构建了“治超”非现场执法的体系、业务平台结构、平台设定层级和边界，以及系统技术构架、开发原则，这些都属于顶层的研究。在这个理论研究指导下，提出实现“治超”非现场执法需要开发的五大系统，也就是实施五个交通工程，包括互联网环境下的信息采集、信息加工、信息资源整合和信息使用等各方面，注重人、技术和组织的有机集成，体现了实现利用信息技术提高“治超”的执法效率、支持组织的决策以及践行良治的价值观点。

这五大系统首先是场外采集系统，采集货运车辆完整的交通信息，搭建必要的采集装置，采集包括视频、位置、速度、重量等多种模式的信息，因此信息的采集、融合、叠加和处理是“治超”非现场执法最为基础的组成部分。除此之外，本部分针对数据处置、非现场执法管理、执法监察、决策分析系统进行了功能设计。开发系统依赖于智慧交通各种技术，需要将各种先进的信息技术进行有效集成，5.3 基于“治超”非现场执法环境搭建研究了称重传感、大数据、云计算、软件开发等新一代电子信息技术，归纳了信息的采集、处理、发布、共享、统计分析、自主控制、信息存储处理、多功能使用等特点，确定了“治超”非现场执法的技术工具，对货运车辆实施及时、安全、高效地管控。本章最后一部分通过实验方法对采集的数据进行分析处理，综合评价了石英式、窄条式、平板式以及双台面秤台式四种不同技术类型的高速轴载检测设备的检测精度。在此基础上确定准确性相对较高的称重设备作为样本，选取特定时段采集到的数据进一步聚类分析，通过设计统计模型定量计算，预测本书设计的非现场执法制度和技术体系理论上能使超载案件执法处罚率达到90%以上，从数理上论证了非现场执法的可行性。

第 6 章 “治超”非现场执法制度实施策略建议

“天下之事，不难于立法，而难于法之必行。”任何制度都必须得到组织和个人的支持和实施才能产生实质性的效果，“治超”非现场执法的实施需要政府、企业、司机、社会和媒体等多方共同努力。只有执行才是将本书设定的目标转化为政策现实的唯一途径。保障是否有力是“治超”非现场执法成败的关键，笔者在本章构建了由组织体系、法律体系和标准体系组成的三大支柱，确保“治超”非现场执法在实施过程中不会偏离方向和目标。其中组织体系的地位和担负的作用是从人财物和体制机制等方面提供制度执行和实施的条件，执行力的大小取决于主导力量的理念、影响力、人财物保障和职责履行情况。制度对象服从制度是因为害怕惩罚，制度对象轻视制度是因为有漏洞可以心存侥幸，本章法律体系围绕一些争论不休的问题和矛盾，对一些关键手段，如年检的限制性附加、证据有效性的鉴定等取得合法性认同分析了政策意图。标准体系实质是技术保障，科技“治超”在治理超载运输诸手段中起引领性作用，以动态快速检测、源头监控、车联网技术为代表的超载治理技术在“治超”工作中的地位将越来越明显，笔者梳理了“治超”中形成的趋于成熟的有应用前景的技术，把它们以标准的形式在一个阶段内固化下来，以引导和促进“治超”水平的提升。

6.1 制度实施需求分析

"治超"非现场执法制度和技术的实施是一项系统工程，必须考虑打通现有瓶颈环节，得到政府的支持，按法理要求在现有政策构架范围内活动，尤其是技术监控设备记录的资料要达到证据合法化的要求。在执法流程上，需既兼顾手续简化和效率，又不能有程序上的瑕疵。

6.1.1 实现政府职能需求

智慧交通技术的进步使得以大数据提升政府"治超"能力成为现实，但是不管信息技术如何先进，技术与制度的本末不能倒置，"治超"非现场执法技术体系助力、服务和支撑交通运输、公共管理和行业发展的定位不能颠倒。政府的主要职能是宏观调控、市场监管、公共服务、社会管理、环境保护，"治超"比较综合地反映了政府的主要职能。随着"治超"工作的持续开展，一些地方政府及相关部门对超载治理的关注和支持力度明显降低。本书提出的"治超"非现场执法是公路"治超"从传统方式向现代化、智能化执法转变的一个创新，这一创新首要的溢出效应是提高政府监管能力，帮助政府全面掌握实情，增强政策执行力和政府履职能力。虽然"治超"非现场执法制度具有一定的科学性、针对性和可操作性，但是非现场抓拍的车辆不来接受处罚怎么办？因此，这个制度实施的举措必须考虑弥补超载案件执行中可能遇到的僵局，从实际出发设计系统的防线和科学的管理信息系统，依靠大数据提升共治力、善治力、综治力，给违法犯罪分子编织网络的"笼子"，形成不想超、不敢超、不能超的氛围，提高政府公信力和主导力。

6.1.2 法理和政策需求

现行《道路交通安全法》第一百一十四条规定电子材料可以作为执法证据，这给公安交管部门非现场执法提供了法理上的依据；但是第九十二条又规定超载违法行为必须现场消除才能放行，从这一条看超载治理又不能纳入非现场执法模式。2016 年 8 月交通运输部令第 62 号《超限运输车辆行驶公路管理规定》第五十条明确规定，技术监控设备记录的资料可以用来处罚违法超载行为，正在全国各地困扰于“治超”非现场执法实践的时候，解决了交通运输部门无上位法的困境。但是公安交管部门目前仍处于探索阶段，这项工作还没有相关法律规定作为执法依据，影响了“治超”跨部门、跨区域非现场联动执法。另外，“治超”非现场执法目前还缺少全国统一的实施细则，具体操作办法始终各地不一，也给试点工作埋下了争议的隐患。因此，非现场执法的细则还需进一步完善，还需公安部门和交通运输部门从政策层面进行顶层设计，出台相关的配套政策和执行措施。

6.1.3　证据合法性需求

法的实施是指执法、司法和守法，在法律实施的过程中，国家公检法机关及其工作人员严格执行和适用法律，以事实为根据，以法律为准绳。回顾公安交管部门非现场执法模式探索初期的经验和教训，取证和证据认可是重点和难点，也是执法成功的基础。[①] 因此，取证的合法性是非现场执法合法性的前提，这里的证据合法性包括图像信息的合法性，更重要的是称重数据的合法性。“治超”非现场执法设备所获得的车号车型、行驶状态、视频录像等数据作为证据的合法性问题已经解决，但“治超”非现场执法设备所获得的计重数据作为证据的合法性问题还没有解决。

上面已经提到，《道路交通安全违法行为处理程序规定》规定，交通技术监控设备应当符合国家标准或者行业标准，并经国家有关部门认定、检定合格后，方可用于收集违法行为证据。在我国现行的设备计量工作要求下，对于称重设备共有两种计量检测方法，对应出具校准证书和检定证书两种证书。检定证书取得的前提是完全按照国标检定规程的检测项目进行了全部检测，最后给予检定结果，是完整的计量检测，公安交管部门超载处罚的证据只认可检定证书。而校准证书是只选择国标检定规程的某些检

① 李申．公安交通管理“非现场执法”法律探究［D］．北京：中国政法大学，2013.

测项目进行检测后给出的计量检测结果。

检定证书出具的依据是这类设备的国标检定规程，但是截至目前国内还没有针对非现场超载检测执法的相关政策文件和技术标准。目前，国内自动衡器标委会主要参考 R 134—2009 正在研究和制修订我国的车辆动态称重设备的相关产品标准及其配套型式评价和检定规程，因此执法部门需要加紧与质检等相关部门的沟通，尽快制定“治超”非现场执法技术设备的计量检定标准。

6.1.4 执法程序规范化需求

“治超”非现场处罚的本意是简化现有流程，提高执法效率，如果采用“发现即处罚”的流程还缺乏相应的配套政策，另外，现有的交通超载处罚流程也难以适应非现场执法事后处罚的方式。现有的路政超载处罚，因处罚额度较大，基本适用交通行政执法的一般程序，对当事人进行询问后才能立案，这就造成了非现场抓拍案件如果没有经过立案，就无法进入法院强制执行等后续程序；另外，路政处罚时要求重大案件集体讨论，非现场执法案件是否必须通过会议的形式进行集体讨论？这些都会影响案件处理的效率。本书认为，“治超”非现场执法工作虽然具有自己的特点，但还需要与现有的管理体制进行充分融合，通过优化现有相关部门的执法处罚工作流程，实现“治超”非现场执法的快速执法、协同执法。为达到以上目的，需要从“治超”非现场执法制度落地出发，统一全国的“治超”非现场执法流程和规范，对交通行政处罚一般程序规定进行调整和优化，建立一套新的标准化的执法流程；需要建立完善“治超”非现场执法联动机制，定义出各相关部门（路政、运政、交管等）在非现场执法工作中的职责和分工，实现这些部门间以及部门内的协同运行，形成有效的非现场执法案件后续处罚机制，形成巨大的威慑力量。

6.1.5 执法信息化顶层设计需求

在现有体制下的“治超”执法工作条块分割，难以形成有效的协同。“治超”非现场执法作为一项新生事物，需要跨越体制、机制的障碍和束缚，逐步形成“治超”执法技术体系，由此发展建立起路面“治超”的新模式。这就需要利用信息技术手段，站在全国的角度，开展“治超”综合执法信息化顶层设计，对全国“治超”非现场执法信息化的结构、功能、层次、标准等进行统筹考虑和明确界定，指导和规范“治超”非现场执法信息化建设管理，从源头上化解积弊，确保“治超”非现场执法信息化建设管理的思路统一性、目标合理性、工作规范性，用标准化来引领信息化发展的思路和方向，为未来一段时期我国“治超”非现场执法信息化项目建设的统筹和有序开展提供指导依据。

6.2 组织管理体系

即使最完善的制度设计和天衣无缝的技术保障，如果缺乏与之相适应的人文环境、专业执行人员和社会支持，也难以起到预期的效果。“治超”非现场执法制度的实现需要人员条件、社会条件、精神条件和物质条件作保障，从上到下跨越部级、省级、市级、区（县）级四个层面来执行固然有政治上的优势，但是面对千姿百态的地区差异和鱼龙混杂的市场环境，面对现有“治超”工作政策、法规、规划、标准、体制机制还不够健全的问题，如果没有强有力的领导、组织、指挥、调度体系，很难形成体制顺畅、步伐一致、密切配合、合力作战的“治超”非现场执法局面。

6.2.1 组织架构

“治超”非现场执法制度的实施与执法系统的建设必须由政府主导，提高超载非现场治理能力，需对现有“治超”组织和领导机构进一步完善，如图6-1所示。

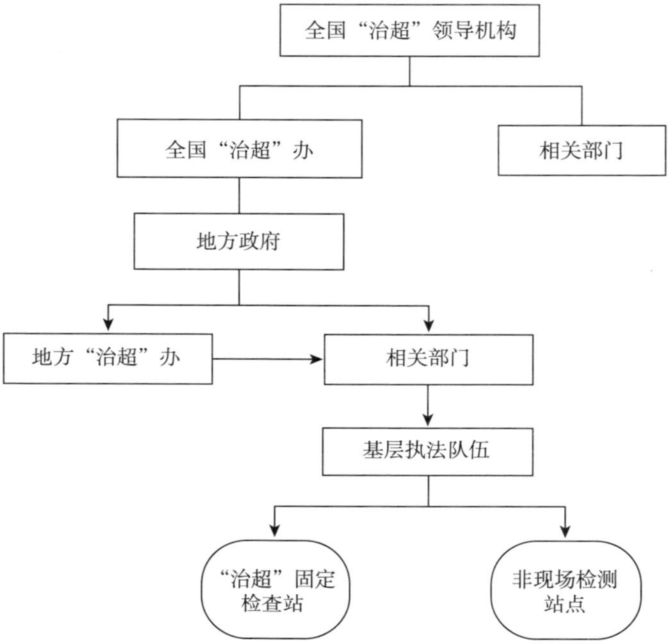

图 6-1　“治超”非现场执法组织和领导机构基本架构

在国家层面，成立政府领导亲自挂帅的领导小组，统筹协调方方面面，贯彻落实“治超”工作的各项方针政策。

在地方政府层面，组织制定辖区“治超”规划和实施计划，制定工作目标和工作任务；推进区域“治超”一体化；组织推进“治超”检测站建设运行、流动“治超”站设置、源头末端治理、路面执法等各项重点工作。地方政府履行“治超”主体责任，政府一把手是属地“治超”工作的“第一责任人”，应主动参与“治超”工作的谋划、组织、实施、监督等重点环节，组织好公安交管、交通、公路、国土、住建等各部门，建立综合治理体系，切实加强对“治超”工作的直接领导、具体指导。

6.2.2　主要部门职责

1. “治超”部门

完成非现场执法管理的中枢工作，包括案卷处理、数据和视频存储、超载信息发布、“黑名单”处理、人工判定等。“治超”站点和非现场超载检测站点主要对车辆超载信息进行检测采集和上传，不做数据分析和处理。

2. 公路管理机构

细化超载案件的处罚，按照公路超载行政处罚程序处理非现场执法案件，同时做好各类处罚文书的制作归档。

3. 道路运输管理机构

提供超载人车户等基础信息，货车综合性能检测机构在开展综合性能检测前，可从公路“治超”信息网查询打印车辆安全行驶证明，发现有违法超载运输记录且尚未接受超载处罚的营运车辆应当告知其到公路管理机构接受处罚。道路运输管理机构应将从业人员、营运车辆、运输企业处罚记录纳入相关信用评价考核体系，加大对从业人员和运输企业的监督考核力度。

4. 公安机关交通管理部门

提供超载驾驶员、车辆等基础信息；对超载运输案件进行处罚，严格落实记分制度，并反馈处罚结果；严把货运车辆登记关，对不符合国家标准的，不予办理注册登记，不予核发检验合格标志，严防上路行驶。

5. 质监部门

负责组织制定公路治理超载非现场执法动态称重设施的检定规程，组织属地对超载计量设备的计量仲裁检定，调解处理计量纠纷。

6. 其他部门

通过“治超”非现场执法采集的数据，倒逼其他部门尽职尽责开展工作。工业和信息化部门从设计生产的源头抓起，严禁生产载重限值不达标和非法改装车辆进入市场；工商部门严把辖区内企业销售非法改装车辆和非法经营企业的关口；立法机关积极研究将非法超载行为列入以危险方法危害公共安全行为罪，积极推动超载入刑；财政部门和发展改革部门加大“治超”非现场执法软硬件建设资金保障力度；环保部门研究强化货运车辆低排放区政策，通过限行措施，最大限度地降低货运车辆排放造成的空气污染，以环保手段促进“治超”工作；安监部门切实搞好综合监管，对存在重大安全隐患的运输企业和矿山等源头企业，责令停产整顿，并实行挂牌督办；住建部门加强混凝土、钢材等建筑材料和施工工地的非现场监管，监督相关企业合法运输、合法装载。

6.2.3 政府、企业、社会齐抓共管的社会治理体系

积极动员社会各方力量加入“治超”行列，形成政府主导、企业等市场主体积极响应、全体社会成员主动参与、协同“治超”的良好格局。在整个超载治理体系中政府起主导作用，担负属地“治超”主体责任，主要职责是统筹协调方方面面，组织制定辖区“治超”目标和治理任务，领导辖区各部门和各级政府保一方平安和发展。

建立施工企业、货运源头企业、运输企业、运输车辆和货物运输驾驶员的信用管理体系，强化自身社会责任意识。依托行业协会，探索履约保证金、招投标限制等行业企业自律机制，加强自我管控和自我约束。建立高速公路经营单位协作机制，引导高速公路经营单位与行业主管部门共同研究制定符合实际的高速公路“治超”整体解决方案。

引导社会各个群体始终关注货运安全，把“治超”工作深入运输业户、维修企业、货主和司机家庭，营造全社会人人关注、人人参与超限超载违法运输治理的良好氛围。积极调动农村居民对乡村公路进行群防群治，在绕行可能性较大、等级相对较低的乡村公路采取物防措施。聘请社会监督员进行监督，动员社会媒体积极关注，曝光典型案例，强化社会监督。

6.2.4 投资保障机制

“治超”非现场执法的基本条件是建成公路超载监测“一张网”，即按照“充分利旧、随路建设、合理布局、全面覆盖”的原则，在主要道路、桥梁入口、高速公路入口、国省干线和普通公路等路网关键节点，布设货运车辆超载非现场检测系统，采集超载货运车辆的信息，监测统计路网超载情况，指导路面巡查，辅助执法管理，支撑“治超”决策。在重点货运源头必经道路安装非现场检测系统，实现对物流起止节点的全面监测和数据采集，加大对重点货运源头单位的监督检查。

建立长效的“治超”投资预算体系，鼓励地方政府投资建设超载非现场执法系统，设定非现场执法系统建设在“治超”资金预算中的投资比例。借助交调系统建设和公路养护随路信息化建设资金，将非现场执法系统的建设融入公路新建扩建和大修的工程建设。借助公安交管和反恐防暴需求建设的公路监控站点建设“治超”非现场执法系统，形成对区域路网关键节点的体系化覆盖，提供投资效率。创新社会投资模式，引进 PPP（Public-Private-Partnership）投资模式，政府做好规划和管理，鼓励社会资金投资“治超”系统建设，通过罚没收入或减少因超载造成的道路养护成本，探讨吸引投资的政策措施。建立财政稳定支持的运维资金保障体系，确保系统持续发挥“治超”功效。

6.2.5 交通需求管理理念

交通需求管理（TDM）理念的本质是改变或控制交通生成方式，影响交通出行方式结构、出行时间，削减不必要的交通量，促进交通与现实环境承载力相匹配和交通系统可持续发展。交通需求管理采取的方法一般是规划控制、政策调整等，基本的目标是对交通的基本需求和派生需求实行有效调节，均衡需求时空分布，将需求控制在现有供给能力所能承受的限度内，建立供需之间的经济调节杠杆，维系供需平衡的内在调节关系。① 交通需求管理研究的一个主要内容是从宏观层面理顺城市发展与交通发展的关系，在微观层面理顺交通流组织与道路设施条件的关系。交通需求管理理论基于现代交通规划理念，是治理交通乱象的一种创新型思维，相比过去的需求引导，交通需求管理理论考虑更多的是现有环境的承载能力和以人为本的幸福感，要求对道路等公共资源更加合理的配置，它已成为全球范围内推进交通可持续发展的价值观和方法论。②

超载治理的过程中引入交通需求管理理论的基本思路和理念，可以从以下两个方面考量：从宏观层面上，应该优化货物运输方式，加强对货运

---

① 张国伍．交通需求管理与城市交通可持续发展——“交通 7+1 论坛”第八次会议纪实［J］．交通运输系统工程与信息，2007，7（6）：1-10.

② 晏克非．交通需求管理理论与方法［M］．上海：同济大学出版社，2012：37.

市场的需求管理，通过公铁水联运降低公路货车使用强度，推动公路运输供给侧的结构性改革①，维护货运市场健康发展，探索研究借力打力治理超载的新思路方法。从微观层面上，可以开辟专门的货运通道，分流大货车与客车分道行驶；加强公路附属设施建设，监测货运交通流量和交通行为，通过新的交通执法手段的创立，例如，创设货车限行区域和限行时段来干预和调整作为市场主体的司机和车企的行为。

6.2.6 考核制度和运行效果验证评价机制

非现场执法的效果已经在公安系统被验证，但是在“治超”领域建立非现场执法制度是全新的治理模式创新，验证和评价这项制度的实施效果是一项专业性和技术性很强的管理活动。针对评价对象需要建立的评价方法、手段、方式同样也是一种创新，其核心是设计一套评价指标体系（主要指标至少应该包括一个区域的受检率、超载率、卸载率和处罚率）。本书在第 3 章中已经初步建立了评价“治超”各方式效果的模型，可据此对制度实施前后的效果进行对比分析和原因剖析，不断完善和推进这项制度实施。

为了保证“治超”非现场执法工作长期持续开展下去，还应建立“治超”工作绩效考核机制，建立考核评价指标体系，以此强化政府主体责任，将治理超载工作纳入政府综合治理工作考核体系，由政府开展治理超载绩效考核，建立政府主导、部门联合、综合治理、系统治理的长效机制；建立“治超”约谈问责机制，及时对“治超”不力的政府部门、重点企业进行约谈，督促落实超载治理责任，解决该管的不管、该检的不检、该卸的不卸、该罚的不罚等问题；建立责任倒查机制，对严重非法超载车辆，要倒查到货运源头、车辆所属运输企业和责任监管部门，坚持一查到底，对相关单位和部门进行追责；建立公路建设项目和养护经费与“治超”成效挂钩机制，对道路损坏严重的地方，采取道路基础设施项目限批和惩罚措施，对“治超”成绩突出、公路保护效果明显的区域给予奖励。

---

① 杨传堂. 在供给侧结构性改革中当好先行［N］. 学习时报，2016-03-07.

6.3 法律支撑体系

法律是用来维护社会安全和稳定的工具，也是越来越重要的“治超”手段。从长远看，需要改进多个部门多头执法的现状，改变多层执法的状况，组建相对独立、行动一致、集中统一的行政执法机构，实行综合执法，把“治超”执法机构设在基层一线，把骨干执法力量下沉一线。党的十八大以来，习近平总书记关于治国理政的一系列重要论述、关于依法治国和“四个全面”的论述，尤其是党的十八届四中全会决定全面推进依法治国，提出科学立法、严格执法、公正执法、全民守法，这既是实现国家治理体系和治理能力现代化的必然要求，也为依法“治超”提供了良好的机遇。

6.3.1 加强立法

专门性法律法规的滞后是“治超”的软肋，“治超”缺乏专门的部门法，存在高层次法律空当，只有一些镶嵌在其他法律法规中的规范性条款；有些条款法律规范要素不全，且可操作性不强。治理超载工作有法可依是十分紧迫的问题，要为创新执法方式创制更加符合实际的法律规范，把公路货运车辆的超载检测和非现场执法的规划、建设和管理纳入法制轨道，对公路货运车辆的超载非现场执法检测系统的建设、处罚的告知方式、车主承担的法律责任等，进一步细化具体化，使超载检测、非现场执法工作真正做到有科学、完备的法律依据。

当前首先要解决的问题是“治超”非现场执法的立法问题。2016 年修订发布的《超限运输车辆行驶公路管理规定》已明确“违法行为地或者车籍所在地公路管理机构根据技术监控设备记录资料，可以对违法超限运输车辆的所有人依法处罚”，现行法规中应着力突破《道路交通安全法》中相关限制性规定。《道路交通安全法》第九十二条规定，“……货运机动车超过核定载质量的……由公安机关交通管理部门扣留机动车至违法状态消除……”依据此条，公安交管部门认为，对于车辆超载只能采取扣留行动，只能采用现场处理的方式来处罚。《公路法》第七十六条也有类似的规定，但是非现场执法事后处罚的特点决定了一般情况下这一执法方式无法现场消除违法状态，这一点需要相关的上位法规对其进行明确支持。

笔者认为，对以上部门法规中规定的违法状态的消除仅仅适用于执法人员在检查站或在流动执法中的现场执法。现实环境中大货车往往在空间上绕行执法人员、在夜间躲避执法检查，而在这些不具备现场执法的路段或时间段，非现场执法采集到的有效证据应该不受上述条文束缚，从立法层面对此条款进行修改和完善是非常紧迫的事情。建议将上述相关条款修改为“现场执法检查中管理部门扣留机动车至违法状态消除；在不具备现场处罚的条件下，应依据技术监控设备记录资料对其进行非现场处罚”，从而为非现场执法松绑。

6.3.2 加强法律可操作性

非现场执法在公安交管部门的业务中已经实践了十多年，法律法规比较完善，建立起了普遍的执法公信力。但是在“治超”领域法律法规仍缺乏可操作的具体实施细则，需要进一步增强行政法规的针对性和实用性。[①]下一步，即使把超载非现场执法明文列入《道路交通安全法》等相关法律法规，具体执行中还应解决以下问题。

一是在《道路交通安全违法行为图像取证技术规范》（GA/T 832—2014）中增加“治超”非现场执法模式，明确公安交管部门对超载车辆非现场处罚的证据链、流程和办法。

二是确立高速动态称重设备的衡器性质，尽快修订《动态公路车辆自动衡器》（GB/T 21296—2007 和 JJG 907—2006），确定高速动态检测设备生产、检定标准，为解决超载执法工作提供事实证据、技术支持。超载处罚是行政执法行为，讲究证据的合法性，其中重要的证据是高速轴载检测设备采集到的重量数据，高速动态称重设备测量精度和稳定性是确定证据有效性的重要指标，也是能够证明证据有效性的由质监部门出具的检测设备

① 邓涛．关于陕西省治理公路超限超载运输长效机制的研究［D］．西安：长安大学，2009.

检定证书的先决条件。目前虽然部分新产品技术很好，然而现行各类高速轴载检测设备缺乏相应的国家、行业规范或标准，质检单位没有检定依据，“治超”非现场执法设备还无法取得质监部门的计量检定证书。要解决这个问题，一是要有国家层面的符合“治超”非现场执法称重设备的检定规程；二是在过渡期和等待期授权地方质监部门出台地方政府的检定规程，直接使用地方计量部门出具的“检定证书”作为非现场执法的计量认定标准，或者直接使用“校准证书”代替“检定证书”。笔者了解到，目前有些部门（如环保部门的某些执法检测）就采用“校准证书”进行执法处罚。

三是对货车年检和处罚附加限制性条款。路政路面执法检查时，发现以往有案底的车辆，对以往超载行为进行处罚，从技术上讲涉及区域和跨区域联网的问题，从法律上讲涉及溯及以往的问题，如在法律时效期内就应旧案新案一并处罚。但是车籍地运政部门在车辆年检时，发现以往有案底的车辆，责令其到路政部门接受处罚，目前还缺少必要的法规作为支撑；车籍地公安部门在车辆年检时，发现以往有案底的车辆，责令其接受处罚，同样遇到法律依据问题。《道路交通安全法》第十三条第一款规定：“……机动车安全技术检验机构应当予以检验，任何单位不得附加其他条件……”而公安部《机动车登记规定》第四十九条规定：机动车所有人申请检验合格标志前，“应当将涉及该车的道路交通安全违法行为和交通事故处理完毕。”且《行政许可法》第十六条明确规定，法规和规章对行政许可条件作出的具体规定，不得增设违反上位法的其他条件。因此，公安部《机动车登记规定》第四十九条将机动车涉及道路交通安全违法行为和交通事故是否处理完毕，作为核发检验合格标志的前提条件之一，是有违上位法的。事实上，交通违法未处理而没有办成车辆年检、车主状告交管部门的案例很多，而且大多情况下都是交管部门败诉。政府部门败诉具有放大效应，会给交通秩序和交通安全带来隐患，也给一线“治超”执法带来了困扰。显然，要突破这个障碍需要在《道路交通安全法》中增加“机动车所有人应当将涉及该车的道路交通安全违法行为和交通事故处理完毕”作为车辆年检的前提条件，至少应将危及公共安全的大货车等机动车的处理违法记录作为车辆年检的前提条件写入法律。

四是目前技术状况下，为了减少甚至消除实际执法过程中在称重计量上的纠纷，可通过提高货车超载浮动值的办法来满足非现场执法查找超载与进行处罚的准确性，即依据5.4.1的验证结果将称重设备检测到的重量扣除10%以消除设备误差，扣除后计算货车的超载幅度，按照“抓大放小”的原则抓住确定超载的车辆，一并规避因设备测量误差带来的争议，进一步降低执法带来的各种成本。

6.3.3 “治超”执法简易化、电子化

实现执法流程的简易化和电子化是有效进行“治超”非现场执法的必要前提。一般情况下公路执法机构现场处罚一起超载案件，需要的交通行政执法文书达20多种（见表6-1）。如此复杂的执法流程和文书制作，很难适应复杂的“治超”现场状况，更不适应对科技要求相对较高的“治超”非现场执法。笔者结合“治超”实际，依据交通运输部行政执法文书规范、文书制作规范以及部行政执法文书案卷评查标准等规范性文件，对比公安交管部门交管处罚文书，本着改革突破、依法行政的原则，将原20余种常规文书减少、合并至8种，预计处理一起案卷平均时间由原来的1小时或可缩短至10分钟左右。

表6-1 一般交通行政执法文书与“治超”非现场执法文书对比表

序号	一般交通行政执法文书	超载现场处罚文书	“治超”非现场执法文书
1	现场笔录	✓	非现场执法取证单
2	举报记录		
3	立案审批表	✓	
4	协助调查通知书		
5	询问笔录	✓	询问笔录
6	勘验（检查）笔录	✓	
7	抽样取证凭证		
8	鉴定委托书		
9	鉴定意见书	✓	

续表

序号	一般交通行政执法文书	超载现场处罚文书	“治超”非现场执法文书
10	证据保存清单	✓	
11	证据先行登记保存处理决定书	✓	
12	车辆暂扣凭证	✓	
13	责令车辆停驶通知书	✓	
14	解除行政强制措施通知书	✓	
15	责令改正通知书	✓	
16	回避申请书		
17	同意回避申请决定书		
18	驳回回避申请决定书		
19	违法行为调查报告	✓	
20	违法行为通知书	✓	违法行为通知书
21	陈述申辩书	✓	
22	听证会通知书	✓	
23	听证公告	✓	
24	听证委托书	✓	
25	听证笔录	✓	
26	听证报告书	✓	
27	重大案件集体讨论记录	✓	重大案件集体讨论记录
28	行政（当场）处罚决定书	✓	案件处理呈批表
29	行政处罚决定书	✓	行政处罚决定书
30	不予行政处罚决定书	✓	
31	分期（延期）缴款申请书		行政处罚缴款书
32	同意分期（延期）缴纳罚款通知书		
33	不予分期（延期）缴纳罚款通知书		
34	行政强制执行申请书	✓	

续表

序号	一般交通行政执法文书	超载现场处罚文书	“治超”非现场执法文书
35	文书送达回证	✓	
36	处罚结案报告	✓	结案报告

1. 文书设计主要原则

（1）兼顾法治与创新

严格遵循《公路法》《行政处罚法》《行政强制法》《交通行政执法文书制作规范》等法律法规关于实体、程序内容的规定，结合《公路安全保护条例》《超限运输车辆行驶公路管理规定》，针对违法超限运输存在的现实问题及非现场称重设备的引进对传统“治超”执法模式的改进，进行执法内容修订和执法流程再造，健全交通运输行政执法与刑事司法衔接机制，完善案件的移送程序。

（2）兼顾法治与效率

在严格遵守行政处罚必需的法律程序和文书制作程序的基础上，本着方便当事人处理、提高行政执法效率的初衷，在合法、合规的前提下作出调整，将路面检测技术设备引入治理超载工作，采取对违法超载运输车辆进行动态监管并进行后续处理相结合的执法模式，在调查取证、通知当事人涉嫌违法并前来处理、案件审批等环节做相应变动。

（3）兼顾法治与科技

基于当前治理超载现状，适应科技“治超”、依法“治超”的发展趋势，坚持适度超前、敢于创新，充分考虑现场与非现场执法两种执法途径，确保文书的现实操作性。文书设计过程中，以基层执法实际为依托，以执法电子化、无纸化办公为导向，意图使超载运输现场执法与非现场执法在执法环节上联系起来，更加符合执法人员现实操作，执法流程合法顺畅。

2. “治超”非现场执法文书流程

“治超”非现场执法文书包括三个部分，即常规文书、非常规文书、证据材料及其他。其中常规文书涉及 8 个必备程序：检测取证—通知当事人违法情况—确认违法事实—告知拟处罚情况—案件呈批—行政处罚—缴款—结案报告；3个非必备环节：陈述申辩环节、听证环节、强制执行环节，视情开展。

（1）常规文书及流程

非现场执法技术系统对过往运输车辆进行称重检测、识别，将违法车辆的具体数据返回到后方应用系统，生成“非现场执法取证单”，执法人员对其进行分拣，将取证清晰、违法事实清楚的“非现场执法取证单”连同“违法行为处理通知单”一并通过邮寄方式送达当事人，告知当事人在一定时限内到指定的执法窗口接受处理。由于“非现场执法取证单”是本节执法文书设计中与传统执法文书最大的不同，因此一并附在文中，具体内容如表6-2所示。

表6-2 “治超”非现场执法取证单

<table>
<tr><td colspan="4">“治超”非现场执法取证单</td></tr>
<tr><td>检测时间</td><td colspan="3"></td></tr>
<tr><td>车牌号码</td><td colspan="3"></td></tr>
<tr><td>轴数</td><td></td><td>吨数</td><td></td></tr>
<tr><td>总重量</td><td colspan="2"></td><td>吨</td></tr>
<tr><td>超重重量</td><td colspan="2"></td><td>吨</td></tr>
<tr><td>超线率</td><td colspan="2"></td><td>%</td></tr>
<tr><td>货物</td><td colspan="3"></td></tr>
<tr><td>驾驶人员</td><td colspan="3"></td></tr>
<tr><td>执法人员</td><td colspan="3"></td></tr>
<tr><td>执法单位</td><td colspan="3"></td></tr>
<tr><td colspan="4">超载照片</td></tr>
</table>

当事人前来处理案件时，执法人员通过询问、收集其他证据材料进一步确认违法事实，制作“询问笔录”，并向当事人发放“违法行为通知书”，告知违法行为和拟作出的行政处罚。

案件调查终结后，办案人员对当事人的违法情况进行汇总、确认，并将处理意见送交法制人员提出初步处理意见，然后交行政机构负责人进行审批，制作"案件处理呈批表"；重大复杂案件交由行政负责人组织集体讨论，制作"重大案件集体讨论记录"。

违法案件经审批后，执法人员向当事人发放"行政处罚决定书"，告知当事人作出处罚决定的事实、理由及依据，当事人限期缴纳罚款（以"行政处罚缴款书"为缴款凭证）；交款后，制作"结案报告"。

（2）非常规文书及流程

陈述申辩程序：执法人员向当事人告知行政处罚应发放"违法行为通知书"，如当事人有意见，须自签收"违法行为通知书"之日起3日内到有关部门陈述申辩，制作"陈述申辩书"并作记录。否则视为放弃陈述申辩权。

听证程序：拟作出较大数额罚款、吊销证照的行政处罚决定时，"治超"部门执法者应告知违法超载当事人有举行听证的权利。听证会一般公开举行，在规定的时间内确定听证会的细节，向当事人送达"听证通知书"，发放"听证公告"，制作"听证笔录"；听证会结束后，听证主持人制作"听证报告书"，连同"听证笔录"一并报送上一级执法部门。

强制执行程序：超载当事人不履行行政处罚责任，也不申请行政复议、不提起行政诉讼，"治超"管理部门应书面催告当事人履行义务，向其发放"催告书"；催告书送达10日后，当事人仍未履行义务，执法人员应向行政机关负责人呈报"行政强制执行事项审批表"，经批准后制作书面的"强制执行申请书"，与其他材料一并提交有管辖权的人民法院，由人民法院裁定后决定是否向当事人发放"行政强制执行决定书"。

3. 执法文书电子化实操

开发"治超"非现场执法系统过程中，应根据法律文书制作相应的文书模板，录入基本信息后，系统自动生成相关的法律文书。"治超"非现场执法系统与其他执法部门信息系统互联互通后，能够迅速收集非现场执法案件行政处罚决定书所需的支撑材料，所有材料均可通过计算机设备在后方应用系统中的处罚系统生成，能适应行政处罚信息化工作需求。除电脑有备份外还可以打印成卷存档，提供文书加盖电子签章、查询、打印、导出等功能。案件信息一旦输入终端（电脑、手机或 IPAD），当事人柜台处理时只需对事实进行确认，能极大提高执法人员的办事效率。系统自动保留案件处理痕迹，一方面能更好地落实执法责任制，另一方面也能确保案件处理的公正性。

6.4 技术标准体系

标准是科学技术传播和创新成果产业化的桥梁与媒介，是实现社会管理目标的有效方法。标准化是“治超”管理理念的创新，“治超”标准体系建设是一项先导性工作，是各地推进“治超”非现场执法系统建设的重要依据，既便于整体规划、科学管理，又可以统揽全局、高屋建瓴，打通横向与纵向之间的关联，甚至做到全国的互联互通互控，为提高“治超”管理水平创造有利条件。

6.4.1 “治超”非现场执法技术标准体系的主要标准

标准体系是由一系列具有内在联系的标准组成的有机整体。《标准体系表编制原则和要求》（GB/T 13016—2009）将标准体系定义为“一定范围内标准按其内在联系形成的科学的有机整体”。从上述定义可以看出，一定范围指的是一组相关的标准化对象，标准体系的组成单元是标准，而不是新产品或服务。[①] 本节提到的“治超”标准体系服务于“治超”货车监测系统标准化、规范化建设，非现场执法系统的平台技术要求、终端技术要求、通信协议及数据格式要求，支撑环境、信息资源、网络环境、通信及信息安全等的标准化设计，为保障非现场执法系统的建设，需要建立完整的技术标准体系，包括但不限于：

①《公路车辆动态称重设施生产标准》；

---

① 北京市质量技术监督局，北京市标准化研究所．首都标准化战略纲要读本［M］．北京：中国质检出版社，2011：55-57.

②《公路车辆动态称重设施检定规程》；

③《"治超"非现场执法数字和图像取证技术要求》；

④《"治超"非现场执法系统设备通信协议标准》；

⑤《"治超"非现场执法外场系统安装技术要求》。

6.4.2 公路车辆动态称重设施生产标准和检定规程

根据《计量法》，公路车辆动态称重设施的生产应该达到《动态公路车辆自动衡器》（GB/T 21296—2007，后被 GB/T 21296.1—2020 代替）的要求；投入使用以后的检定工作，应该达到《动态公路车辆自动衡器》（JJG 907-2006）的要求，并取得检定证书后才能用于执法。可以说检定规程是动态称重系统监测的车辆总重能否作为超载证据的关键环节，上述衡器只有拿到检定证书，才能更好地解决证据合法性的问题。

早在 2003 年，随着超载治理以及计重收费在国内的推广，为了规范动态公路车辆自动衡器的生产，动态公路车辆自动衡器国家标准 GB/T 21296—2007 和 JJG 907—2006 参照国际法制计量组织的（OIML R134—1：2005）《动态公路车辆自动衡器》应运而生。随着新技术的发展，此标准难以解决压电石英、压电薄膜等新型动态车辆称重系统的生产需求和检定需求，为了规避执法风险，从时效性出发，应鼓励地方先行制定新型动态车辆称重系统生产和检定的规程或地方标准。

一是加大技术创新，攻克压电石英等传感称重技术的局限性，将已经在实际中使用的几类传感器列入称重衡器的型批目录，解决拿不到生产许可证的问题。

二是目前在实际使用中可以达到"治超"非现场执法要求的高速称重设施，其产品性能无法完全适用现有标准规定的检定方法，包括：车辆高速行驶时很难做到称量数据稳定的线性特征输出；无法同时满足静态称量和高速动态称量的要求；对安装的路面环境的要求很难统一。如果要进行非现场执法体系的建设，必须得到《计量法》认可的衡器设备对车辆进行称重，其称重结果才能作为执法的依据。为此，标准的制定应坚持客观、实用的态度，按传感器材质的技术性能，编制相关的技术要求和检定规程，合理地设定非现场执法的精度标准、计量检定方法、周期等技术要求，包括检定参考车辆的选择、检测次数的要求、检测项目的要求、检测步骤的要求、检测结果的评定等内容。

6.4.3 “治超”非现场执法数字和图像取证技术要求

为推进公路联合执法一体化、超载案件移送一体化，实现路政和公安交管部门间超载案件的证据互认、电子证据移交和在线协同办理，研究并提出非现场执法设备的自动取证技术标准。标准应规定公路货车质量超载数字图像取证的图像模式、数字格式，包括数据的长度、范围、精度、规则等内容，与《道路交通安全违法行为图像取证技术规范》（GA/T 832—2014）完全兼容，与固定“治超”站、计重收费站超载检测取证标准进行统一。对于超载货运车辆采用图片加视频（10秒钟货运车辆经过监控范围的视频图像）取证的方式，建立单次公路货车超载违法行为的证据材料，用于执法管理部门对后续超载违法行为的执法处罚工作。

6.4.4 “治超”非现场执法系统设备通信协议标准

为保证不同厂家、不同设备类型的非现场执法设备的数据接入和协同工作，制定非现场执法动态汽车称重设施及附属设备的通信规程，主要内容包括协议信息体的结构与含义、连接和通信方式、同步方式、传送速度、传送步骤、信息发送和接收的时序、握手验证、检纠错方式以及控制字符定义等内容。

6.4.5 “治超”非现场执法外场系统安装技术要求

在5.3.1研究的基础上对非现场执法及相关附属设备的技术条件、现场安装工艺等内容进行规定。一是设备选型的技术要求，实验室测定的技术参数，包括设备的外观质量、通信接口、电气安全、环境适应性、身份识别、来电恢复、可靠性、数据存储以及标志、包装、运输与储存等内容；二是现场安装工艺要求，包括安装区域路面的转弯半径、坡度、平整度、路面结构等技术要求；三是对系统的性能作出要求，包括可靠性、网络性能、响应时间、可维护性以及可移植性等。

6.5 本章小结

从前几章政策问题的界定、政策方案的制定、政策工具的选择到本章政策执行和保障环节，本书基本上构成了一个比较完整的政策过程。美国政策学者艾利森认为在实现政策目标的过程中，方案确定的功能只占10%，而其余的90%取决于有效的执行。① 本章从政策实施中需要优先解决的问题入手，主要研究了保障"治超"非现场执法制度执行的组织、法律、标准三个体系，以期与非现场执法制度目标相互作用，将观念形态的东西转化为实际行动和效果。

组织体系是实施"治超"非现场执法制度的主体，本章在组织体系保障中按照从上到下的原则确定了"治超"非现场执法的执行机构和运转机制，对组织机构中涉及的单位进行责任分解，编制政策执行活动的路线图和时间表，筹备人力、物力、财力等条件，提出制定必要的管理制度，包括目标责任制、监督制度、评估调整制度等，对整个实施过程加强监督和控制。

法律体系是实施"治超"非现场执法制度的根本保障，随着客观形势的发展和科学技术的进步，为了使"治超"非现场执法有法可依、有章可循，本章在立法和修法方面提出增加非现场技术取证可以用来执法的相应条款，修改行政法规与部门规章相冲突的条款等建议；为了规范和提高"治超"执法效率，本章简化了原有现场执法流程和文书，提出"治超"非现场执法和文书简易化、电子化的建议，使司法方式在政策执行中的权威性、强制性和规范性最大化。

标准体系是"治超"非现场执法制度规则体系的重要组成部分，也是

① 陈振明．政策科学——公共政策分析导论［M］．北京：中国人民大学出版社，2003：128；乔迪．兰德决策：机遇预测与商业决策［M］．四川联合大学，译．北京：天地出版社，2001：58-63.

实施这项工作的质量保障，一些国家在主要路段的主要控制点设置了监测站点，配备先进的称重技术设备，推广动态称重技术进行检测，对过往货物运输车辆进行自动检测。参照国外先进做法，本章提出发挥标准先导作用和技术后发优势，在现代称重检测技术标准化和实现“治超”非现场执法之间架起桥梁和纽带，全面推行公路车辆动态称重设施生产、检定、取证、通信、施工五项标准先行，为全国范围协同执法、互联互通奠定基础。

第7章 结论与展望

《兰德决策》一书详细介绍了兰德公司的四种理性化思考模式：一是"发生了什么事"，这种思考模式要使以往无序、不确定或者令人困惑的事情（如公路货运超载运输）逐渐变得有序；二是"这事为什么发生"，它使人们从观察问题转到查找分析其产生的原因（守法成本高、违法成本低、执法能力弱等）；三是"应该采取哪一条行动路线"，它要求人们必须找到一条最有可能达到某一特定目标的行动路线图（"治超"非现场执法制度体系）；四是"展望未来究竟会发生什么"，它激发人们进一步探讨付出努力研究的问题、得出的结果前途如何，究竟会有什么发展。① 尽管并非所有的研究都尽善尽美，解释未来的能力也不会使人百分之百地信服，但这种未来导向式的思考却使人们受益无穷。本章基于这种理性化思考模式来总结和结束本书的研究。

7.1 结论

现阶段我国处于经济高速发展和转型的关键时期，交通运输保持着旺盛的需求态势，但运输结构不尽合理，大量高密度、低附加值的物资还主要依靠公路来运输，导致超载运输问题在一定范围内较为突出。超载运输

① 乔迪．兰德决策：机遇预测与商业决策［M］．四川联合大学，译．北京：天地出版社，2001：58-63.

直接造成交通事故和人员伤亡，毁坏道路桥梁等基础设施，带来巨大损失和负溢出效应，恶化交通环境和秩序，加剧空气污染，有很大的危害性，世界各国都对非法超载运输采取严厉的措施予以打击。尽管如此，少数业户受利益驱动进行非法超载运输的现象时有反弹。本书围绕“治超”非现场执法政策分析过程，构建了“治超”非现场执法制度体系、技术体系和保障体系，这三个体系相互支撑，逻辑关系如图 7-1 所示，整个研究取得如下基本结论：

第一，非法超载运输屡禁不止的主要原因是执法能力不足、执法效率不高，法律手段失之于宽、失之于松、失之于软，有法不依、执法不严，无法遏制地方政府和企业过度追求政绩、利润和税收的动机。“治超”非现场执法的透明性、可溯源性、大数据的关联性和对逐利行为制约的无缝化，使得这一创新模式比传统的“治超”方式更为管用，是主导政府治理超载行为的必然选择和希望所在。

第二，非法超载运输与公允价值及规范相冲突，是一个公认的政策问题。提出问题、确定目标是构建政策的第一步，也是政府方案制定的基本要素，超载行为中利益攸关方的多元化和复杂性决定了“治超”非现场执法的目标是多元性的，它不仅要达到司法理性、社会理性的目的，而且要达到市场理性的目的，并在政治承受度、社会接受力、市场承载性上求得平衡，因此，降低超载率、提高处罚率的目标只能是社会公平、正义前提下的目标。

第三，“治超”非现场执法制度体系能够实现对非法超载行为的有效控制和治理，这一切建立在政策的网状组合上。达到“治超”非现场执法目标必须坚持合法性、科学性、有效性、可行性、适时适用、系统性等原则，科学设计公路超载车辆非现场执法制度。对违规超载行为的处罚，经济处罚只是一种补偿性处罚，只有做到超载处罚大于违规收益，才能达到有效控制违法行为的目的。信用制度使超载者名誉受损，“黑名单”会剥夺从业者的多项资格，超载入刑使严重违法者受牢狱之苦，超载者付出的这些预期代价足以让其望而却步。如果运营人员相信执法者不会对其违规行为查处而心存侥幸，那么基于大数据关联的公开透明的执法监督制度会促使执法者忠诚地把权力放在公共利益最大化的一边，非现场执法对违法行为每

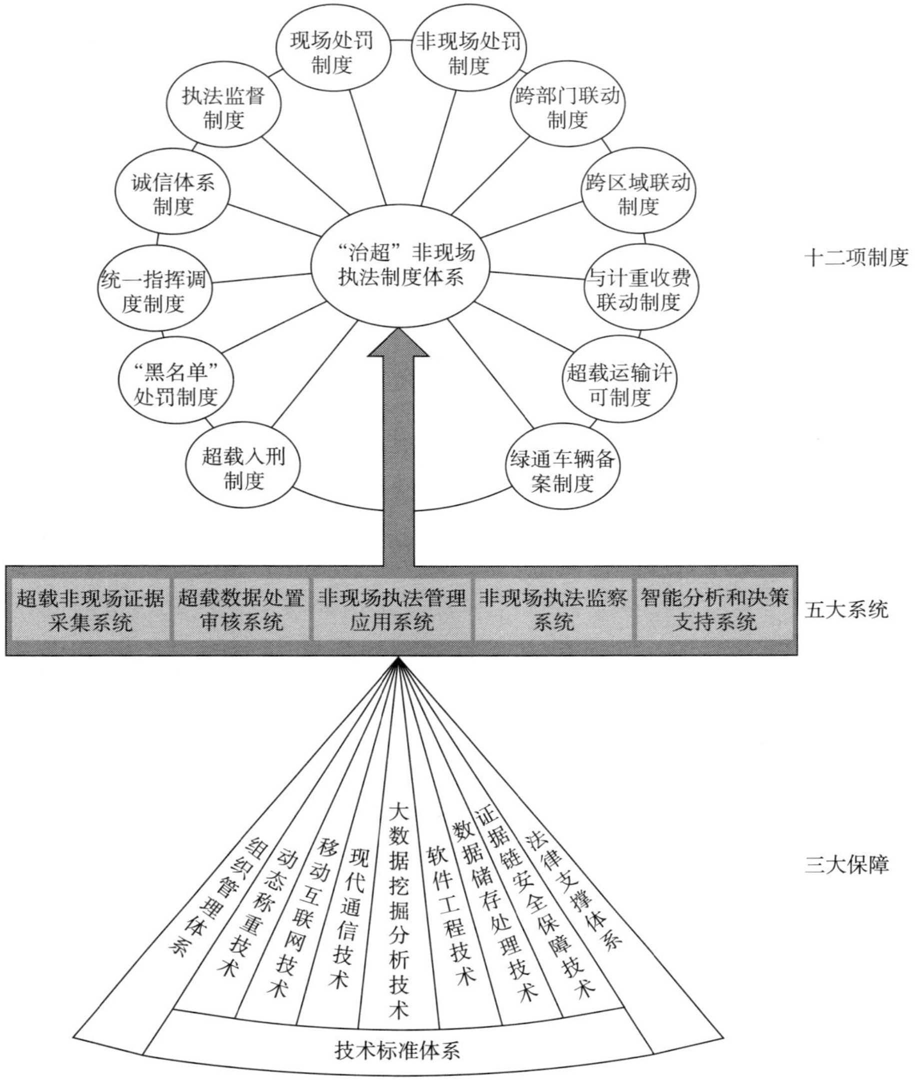

图 7-1　“治超”非现场执法制度及技术体系总体框架

时每刻的观测加上跨部门联动、跨区域联动、统一指挥调度制度的实施，将会形成强大的防范和打击威慑。

第四，“治超”非现场执法是依法“治超”和科技“治超”的高度融合。基于智慧交通技术的“治超”非现场执法大数据系统建设和应用，将直接提高执法处罚率和降低超载率。“治超”非现场执法的事后性决定了政策主体和客体在“治超”链条上的所作所为都必须在线留下印迹，因而开展信息化“治超”非现场制度顶层设计，搭建“治超”非现场执法技术路径，开发全国统一联网的非现场执法综合监管平台及其取证采集系统、数据处置审核系统、执法管理系统、执法监察系统、智能分析和决策支持系统，可以把超载机会主义的存在减至最少。

第五，基于超载治理需求分析，“治超”非现场执法的实施应建立涵盖组织体系、法律体系和标准体系的战略保障体系，坚持自上而下，建立部级、省级、市级、区（县）级四个层级的“纵到底”的体系，对公路超载治理进行逐级分层式动态监管；在行政区域内建立起由多个部门支撑的跨部门联动和统一指挥调度体系，即“横到边”的体系，从而形成“治超”非现场执法制度的组织架构，打通法律线路，解决技术瓶颈，统一开发标准，有效治理公路超载违法行为，促进交通运输行业全面协调可持续发展。

7.2　展望

本书设计的制度体系和技术系统丰富了“治超”手段；交通运输部颁布的《超限运输车辆行驶公路管理规定》采纳了将技术监控记录用于“治超”非现场执法的建议，这从一个侧面证明了“治超”非现场执法系统与平台的正外部性，利用这个平台或延伸这个平台的建设思路，具有很好的拓展前景。

7.2.1　多源数据的整合与上升

整合交管和路政部门已经完成的大量外场设施设备，将三位一体的公路监测系统更新升级为公路货运车辆监管平台。如果新建外场交通执法设施，“治超”非现场执法设备完全可以支撑交管和交调两项业务的需求；对于交管而言，只需在其“公路车辆智能监测记录系统”中增加“高速轴载称重采集”设备，将轴载高速称重设施的技术标准列入选型标准，就可以将“治超”需求融入交管非现场执法设备的建设中去；对于路政交调设备而言，轴载称重系统符合交调的技术要求，可以将轴载高速称重设施作为交调的一个产品类型，在交调设备的建设中随路建设。如果改造外场交通执法设施，交管标准的车牌识别系统+两条以上轴载称重传感器组成的高速称重系统设备+数据融合的工控计算机，就可以完整支撑三部门的技术需求。在非现场执法平台基础上建设公路货运车辆监管平台，需接入和共享与"治超"相关的各部门数据，直接的边际效益就是对治安防控、节能减排、交通调查等部门工作的支撑和促进，为城市治安防控提供立体防线，为对大气污染贡献率巨大的重载货运车辆尾气排放监测提供便利。因此，以"治超"非现场执法平台为基础，结合源头末端治理和相关部门职能需求，可以建成一个比"治超"非现场执法功能更为强大的"治超"监管平台。

7.2.2 高新技术的引进与应用

"治超"监管平台的需求越复杂，纳入"治超"监管平台的技术就越广泛。从安全的角度来讲，货车长、宽、高超过标准同样是一个威胁，因此可以应用"地磁技术"，准确地判断车辆的速度、长度、宽度、行驶车道、行驶方向、起始和到达时间等；应用"智能视频识别系统"，通过对海量视频图像信息的学习，高比率识别车辆的车牌、型号、出厂年份、宽度、高度等准确信息，与出厂车型数据进行比对，判断车辆是否装载超高、超宽等。货车里面装载的货物是否危险禁运品，同样需要快速检测出来，引进门洞式 X 光机透视技术，对货车货物类别进行不停车精准检测，还可以形成驾驶员的人脸特征库，通过数据匹配自动判断驾驶员的身份。

针对货车车牌污损严重、不易识别的特点，加快推进电子车牌（汽车电子标识）技术应用，采取"北斗+汽车电子标识"的模式，融合 RFID 技术、北斗卫星与高分技术、数据异构融合技术、云计算技术、计算机与网络技术等手段，为注册汽车配装"汽车电子标识"，将公安交通管理元素以及环保、保险、交通运输、城市管理等涉车信息"写入""汽车电子标识"内，使汽车成为一个能适应和支持现代信息技术环境的电子化、数字化身份标准信源。同时，在市域卡口和城区主要路口路段、桥梁、隧道等交通节点处建设读写基站网，形成一个动态、实时、精准、权威、全覆盖的

“交通物联网”，实现对所经过车辆进行不停车、远距离、动态、实时的车辆与驾驶员信息监测和精准识别。

利用虚拟现实技术，将多个离散的摄像头视频整合到一个统一的场景中，通过多个视频反映环境动态变化，实现自动虚拟巡逻、距离测量、面积测量、历史时间切片回放、多源信息融合、车牌自动抓拍、全程监控、全程取证等功能，实现对“治超”站全局状态和变化的快速掌握，提高“治超”站连续监控和举证的效率，并可进一步向重点监控路段以及货运源头末端进行推广应用，提高超载货车连续监控和举证水平。应用车辆称重自检自控装置技术，直接将称重传感器安装在车辆悬挂或底盘上，如果装载超过车辆核定限重则车辆不能起动行驶。

7.2.3　人性化服务的提升与扩展

非现场执法平台促进超载治理方式的改善，按照社会、企业、政府共同治理的思维进一步转变“治超”模式，建立从围堵到疏导进而向信用建设和信息服务发展的模式。如对配合政府监管的企业，相对于不配合的企业有更多资源倾斜和扶持，打通“治超”部门与运政管理、特殊行业管理等之间的渠道，基于交管执法授予的超载证据分拣审核的职责，以限行、执法裁量的有条件优惠等为红利，引导源头末端“治超”监管体系的建设。由多层级、多部门、多事项处罚向一层级、一部门、单一事项处罚转变，同时要有异常分歧事务协商处理的心理准备和预案准备。

物流配货平台是货运车辆云集的规模性大互联网服务平台，由于其本身业务的需要，货运车辆的实时位置信息和装载信息均有获得的渠道，而这些信息是“治超”监管信息的必要补充。同时，超载信息、信用信息等都是物流企业和关联各方合作的基础，在信息互通有无的需求下，“治超”业务可以有效利用物流平台，在超载治理和行业服务之间架起一座桥梁。

目前在货运司机手机中使用频率较高的App包括地图导航和电子支付等软件，“治超”工作应通过与这些公司的合作，委托开发相关的超载治理服务模块，提供相关的检测信息发布、政策宣讲、处罚查询、限行公告、积分奖励等专门服务货运司机的功能和增值服务，促进“治超”工作由他律向自律深入拓展。

总之，"治超"非现场执法最大的优点是执法效率的最大化和无处不在的威慑压力。可以预见，伴随着科技"治超"与依法"治超"的深度融合，一些新的变革现象将倒逼行业改变"治超"执法模式，利用新技术增强运行感知、行为预控和应变能力，提高行业治理的社会参与程度，促进"治超"执法向联网联控、精准精细、集约高效、公平公正的方向发展。相信随着"治超"非现场执法制度和技术的落地，货车超载治理能力和依法行政水平将会显著增强。

参考文献

[1] 安向杰．公路货运超载超限对物流经济的影响及对策分析 [J]. 北方经济，2011 (10)：87-88.

[2] 白秋薇．凝聚多方合力重拳出击“源头” [N]. 中国交通报，2013-10-25 (4).

[3] 白阳，邹伟．公安部：“醉驾入刑”三年，酒驾事故数下降 25% [N]. 新华每日电讯，2014-10-20 (5).

[4] 白永亮．我国公路超载超限的经济学解释及长效治理机制构建 [J]. 中国软科学，2006 (10)：64-73.

[5] 鲍鑫荣．日本车辆超限超载治理综述 [J]. 交通世界，2005 (21)：16-18.

[6] 北京市环保局．北京市 PM2.5 来源解析报告 [R]. 2014.

[7] 北京市“治超”办．北京市治理车辆超限超载工作年度报告 [R]. 2014.

[8] 北京市质量技术监督局，北京市标准化研究所．首都标准化战略纲要读本 [M]. 北京：中国质检出版社，2011.

[9] [美] 冯·贝塔朗菲．一般系统论 [M]. 林康义，魏宏森，等，译. 北京：清华大学出版社，1987.

[10] 陈刚，金通．“公路超载”问题的本质及其制度因素分析 [J]. 当代财经，2005，244 (3)：11-14.

[11] 陈广华，鞠娜，杨飞．基于粘贴式应变传感器的车辆超载监测系统 [J]. 北京航空航天大学学报，2011，37 (4)：409-414.

［12］陈红．基于制约理论的超限超载形成机理与治理思路研究［J］．经济问题，2012（4）：74-78.

［13］陈雷．安徽省公路超限超载综合治理系统建设方案［J］．中国交通信息化，2014（1）：94-96.

［14］陈佳鞠．从家电下乡探讨农村公共政策执行现状及监督对策［J］．东南大学学报（哲学社会科学版），2011（13）：115-118.

［15］陈水利，李敬功，王向公．模糊集理论及其应用［M］．北京：科学出版社，2005.

［16］邓军．路政超限运输非现场执法模式的应用优势［J］．运输经理世界，2015（Z1）：78-79.

［17］邓涛．关于陕西省治理公路超限超载运输长效机制的研究［D］．西安：长安大学，2009.

［18］高敏，杜桢．汽车超载的控制［J］．华东公路，2007（1）：88-90.

［19］耿莉萍．公路超载的理论分析与治理措施的探讨［J］．北京交通大学学报（社会科学版），2013，12（1）：67-71.

［20］郭兰英．车辆超载运输对高速公路使用寿命的影响［J］．路基工程，2005（4）：44-46.

［21］郭宁，郑小玲．管理信息系统［M］．北京：人民邮电出版社，2010：1-38.

［22］郭振东．治理公路超限超载运输问题的策略分析［J］．2010，32（3）：84-86.

［23］何承，朱扬勇．城市交通大数据［M］．上海：上海科学技术出版社，2015.

［24］何杰，魏琳．公路超载运输治理与经济协调发展的系统动力学模型［J］．交通运输系统工程与信息，2006，6（5）：59-64.

［25］何伟雄．广东省治理车辆超限超载运输问题研究［D］．广州：华南理工大学，2011.

［26］衡连伟．现代物流背景下公路货运超载成因分析及管理体系研究［D］．合肥：安徽理工大学，2014.

［27］侯训田，亓春红．公路超载现象原因分析及对策研究［J］．城市建设理论研究，2013（8）．

［28］胡强．公路超限超载运输治理对策研究［D］．天津大学，2010.

［29］黄永刚．静态不停车快速检测系统在“治超”工作中的应用［J］．价值工程，2013（26）：202-203.

［30］蒋在文．道路超限超载运输治理的机理与对策［D］．西安：长安大学，2010.

［31］荆强．载运汽车超载限制器的研制［D］．长春：吉林大学，2013.

［32］阚鹏飞．载运货车超载限制系统设计［D］．哈尔滨：哈尔滨工业大学，2013.

［33］李方媛，胡大伟．道路货运超载控制的完美贝叶斯均衡分析［J］．信息与安全，2013，31（1）：61-64.

［34］李晓峰，尚晋平．公路超限超载治理的宏微观经济学分析［J］．公路交通科技，2005，22（4）：152-155.

［35］李欣．现场之外的力度——实施路政“治超”非现场执法的四个诀窍［J］．中国公路，2012（2）：76.

［36］李扬．国外汽车超载治理技术的发展及应用［J］．交通标准化，2004（9）：80-82.

［37］李扬．美国车辆超限超载治理综述［J］．交通世界，2004（12）．

［38］李扬．英国对道路超限超载运输的治理［J］．交通世界，2005（1）：12-17.

［39］李永福，张红卫．世界各国治理运输车辆超载的方式方法［J］．物流技术与应用，2007（2）：57-59.

［40］李忠奎，荣朝和．治理公路超载超限运输的长效机制和对策研究［J］．中国公路学报，2005，18（4）：96-99.

［41］梁勇．浅谈超限检测智能信息系统的应用［J］．中国交通信息化，2015（1）：33-35.

［42］林鑫．公路车载动态称重系统的设计与开发［D］．南昌：华东交通大学，2008.

[43] 林有贵，林家胜，罗竟．超载汽车对沥青路面的影响［J］．广西交通科技，2000，25（4）：35-38.

[44] 刘丰军，等．杭州市货运车辆违法超载非现场执法系统方案研究［J］．城市道桥与防洪，2014（3）：173-176.

[45] 刘建平，王冬梅．公路超载的经济学分析与治理对策［J］．湖北经济学院学报，2005，4（3）：90-93.

[46] 刘莉，李巧莎，耿军会．公路超载的经济学分析及治理对策［J］．产业与科技论坛，2008，7（4）：163-164.

[47] 刘伟．汽车超载预警系统设置［D］．咸阳：西北农林科技大学，2011：1-61.

[48] 柳茂森．论超限运输的性质与治理［J］．综合运输，2004（7）：73-76.

[49] 陆原．超载运输对道路使用性能影响的研究［D］．南京：东南大学，2001：14-15.

[50] 路成章，王文龙．超载运输对社会的危害［J］．公路交通科技，2004，21（5）：149-154.

[51] 马俊．基于车辆高速精确检测的公路“治超”非现场执法模式研究［D］．成都：西南大学，2014.

[52] 聂胜华．车辆超载运输的危害及整治措施［J］．交通世界，2010（2）：113-114.

[53] 戚秀真，汪文斌，李娜．一种车辆超限自动检测系统设计［J］．现代电子技术，2006（5）：119-121.

[54] 乔迪．兰德决策：机遇预测与商业决策［M］．四川联合大学，译．北京：天地出版社，2001.

[55] 沈一昌．汽车运输中的超载问题及对策［J］．运输与物流，2012（21）：93-95.

[56] 孙学海．车辆超载的动态监测和治理［J］．城市道桥与防洪，2011（8）：54-55.

[57] 涂子沛．大数据［M］．桂林：广西师范大学出版社，2012.

[58] 王鑫涛，史丽平．科技手段在治理公路车辆超限超载中的应用

[J]. 中国交通信息化，2015（2）：118-120.

［59］杨士炯. 我市车辆严重超载损坏道桥的调查报告［J］. 天津建设科技，1997（1）：1-6.

［60］殷兴旺. 初探科技在公路非现场执法工作中的作用和意义［J］. 科技致富向导，2015（14）：225.

［61］张国伍. 交通需求管理与城市交通可持续发展——“交通 7+1 论坛”第八次会议纪实［J］. 交通运输系统工程与信息，2007，7（6）：1-10.

［62］张海藩. 软件工程［M］. 北京：清华大学出版社，2010.

［63］张红卫，王文龙. 车辆超限、超载与公路运输安全性分析［J］. 公路交通科技，2004（3）：132-136.

［64］张淮阳. 道路交通安全管理非现场执法研究［D］. 苏州：苏州大学，2009.

［65］张琼. 严重超限入刑十分必要［N］. 中国交通报，2016-03-10（1）.

［66］张新. 基于智慧交通的“治超”模式创新研究［J］. 中国交通信息化，2014（9）：119-122.

［67］张忠. 治理公路超限运输长效机制研究［D］. 西安：长安大学，2005.

［68］张旭凤，崔广贤. 汽车超载问题的深层次研究［J］. 供应链，2007（4）：84-86.

［69］赵龙. 信息化时代下的公路超限超载运输管理［J］. 科技视界，2015（27）：300，313.

［70］郑秀春. 货车超限超载运输的危害及其治理对策［J］. 交通世界，2012（5/6）：150-151.

［71］周冰，魏文科. 公路超载行为的体制原因及其治理［J］. 山东大学学报，2013（1）：141-147.

［72］朱超. 基于博弈分析和效用理论的“治超”策略研究［J］. 公路，2009（2）：100-104.

［73］朱杰，明平顺. 载重汽车行重测量方法初探［J］. 武汉汽车工业

大学学报，1996，18（4）：6-9.

[74] AHulst，AOosterbroek. Roadsin Developing Regions. Reportfromthe Netheralands - PiarcXVIII World Roads Congress，Brussels，Belgium，September13-191987 [R]. Netherlands：PermanentInternational Assocof Road Congresses，1987.

[75] AJánosi，AVértes. Standard Specificationfor Highway Weigh - In - Motion（WIM）Systemswith User Requirementsand Test Methods [J]. Chest，1991，100（1）：227-229.

[76] Ann Crabbe，Pieter Leroy. The Handbookof Environmental Policy Evaluation [M]. Londonand SterlingVA：Earthscan，2009.

[77] BJacob. Cost323：Weigh - In - Motionof Road Vehicles [R]. European Conferenceon Weigh-in-motionof Road Vehicles，1998.

[78] Bas Arts，Pieter Leroy. Institutional Dynamicsin Environmental Governance [M]. Dordrecht，The Netherlands：Springer，2006.

[79] CMorin. Strategic PlanningbyOCDE [J]. Transportation Research Circular，1985（9）：19-20.

[80] FAUrquhart，AHRhodes. Loading Characteristicof Heavy Goods Vehiclesand Their Affectonthe Structural Designof Highway Pavements. Report1：The Overloadingof Heavy Goods Vehiclesin Cheshire [R]. Alexandria，USA：National TechnicalInformation Service，1987.

[81] HighwayInnovative Technology Evaluation Center. Evaluationsof Thermocoax Piezoelectric Weigh-In-Motion Sensors [R]. Reston，United States：American Societyof Civil Engineers，2001.

[82] JFilseth. Controlofoverloadinginsouthern Africa [M]. Alexandria，USANational：TechnicalInformation Service，1987.

[83] JamesG. Strathman. The Oregon DotsLow-speed Weigh-in-motion（Swin）Project Final Report Statereserch#512 [R]. Oregon，UnitedStates：Oregon Departmentof Transportation ResearchUnit，1998.

[84] JamesN. Rosenau，Ernst-Otto Czempiel. Governancewithout Government：Orderand Changein World Politics [J]. American Political Science Asso-

ciation, 1993, 87 (2): 5.

[85] JNRosenau. Governanceinthe Twenty - first Century [J]. Palgrave MacmillanUK, 2009, 449 (7161): 405-405.

[86] MHalimic, WBalachandran, MHodzic, FCecelja. Performance Improvementof DynamicWeighing SystemsusingLinear Quadratic Gaussian Controller: IMTC'03. Proceedingsofthe20thIEEE [C]. IEEE, 2003: 1537-1540.

[87] OliverE. Williamson. The NewInstitutional Economics: Taking Stock, Looking Ahead [J]. Journalof Economic Literature, 2000, 38 (3): 595-613.

[88] R. Rhodes. The New Governance: Governingwithout Government [J]. Political Studies, 1996, 44 (4), 652-667.

[89] Rob Bushman, AndrewJ. Pratt. WeighIn Motion Technology-Economicsand Performance: North American Travel Monitoring Expositionand Conference [C]. Charltte, North Carolina, 1998.

[90] StephenJ. Shaw. Transport Strategyand Policy [M]. Oxford United Kingdom: Blackwell Publishers, 1993.

[91] TRB. SPeeial Re Port267. Regulationof Weights, Lengthsand Widthsof Commereial Motor Vehicles [R]. Washington. D. C. 2002.

[92] T. Papagiannakis, K. Senn. WIMSyetem CalibrationusingAVI~equipped Vehicles [J]. Nippon Sanka Fujinka Gakkai Zasshi, 1995, 40 (40): 43-50.

[93] VMsipa, GBennett. Traffic Management, ITSand Operations [J]. IRFBulletin Special Edition, 2008 (8): 16-18.

[94] VPServas, DWNVan, RBeger. Annual Transportation Convention Heldat CSIRConferenceCenter; Meiring Naude Road, Pretoria, Republicof SouthAfrica, 4-7 August 1986 [R]. Wokingham, United Kingdom: Transport Research Laboratory, 1988.